U0569517

电子化行政立法研究

曾　娜◎著

知识产权出版社

全国百佳图书出版单位

图书在版编目（CIP）数据

电子化行政立法研究／曾娜著 . —北京：知识产权出版社，2017.7

ISBN 978－7－5130－5006－7

Ⅰ.①电… Ⅱ.①曾… Ⅲ.①互联网络—应用—行政法—立法—研究—中国

Ⅳ.①D922.104－39

中国版本图书馆 CIP 数据核字（2017）第 208108 号

责任编辑：雷春丽　　　　　　　　　　　责任出版：刘译文

封面设计：SUN 工作室　韩建文

电子化行政立法研究

曾　娜　著

出版发行：	**知识产权出版社** 有限责任公司	网　　址：	http：//www.ipph.cn
社　　址：	北京市海淀区气象路 50 号院	邮　　编：	100081
责编电话：	010－82000860 转 8004	责编邮箱：	leichunli@cnipr.com
发行电话：	010－82000860 转 8101/8102	发行传真：	010－82000893/82005070/82000270
印　　刷：	北京嘉恒彩色印刷有限责任公司	经　　销：	各大网上书店、新华书店及相关专业书店
开　　本：	720mm×1000mm　1/16	印　　张：	15
版　　次：	2017 年 7 月第 1 版	印　　次：	2017 年 7 月第 1 次印刷
字　　数：	206 千字	定　　价：	40.00 元

ISBN 978－7－5130－5006－7

前　言

行政立法是当代无可避免的现实，作为实施法律以及落实社会、经济、环境、公众健康和安全等政策最常用的方式，被誉为"现代政府最伟大的一项发明"。作为结果，任何改进行政立法过程的建议，都值得行政官员和政策研究者认真的关注，电子化行政立法就是其中之一。开始于 20 世纪 80 年代信息技术上的突破，以及随之而来的互联网和电子政务的兴起，已形成一种普遍的共识，即信息技术能够应用在行政立法中，以促进参与机制更广泛的使用，并最终产生更好的决策。

电子化行政立法这个术语涵盖了信息技术在行政立法过程中的广泛运用，其发展过程开始于 20 世纪 90 年代早期，美国在此领域居领先地位。从电子化行政立法的实践看，至少涉及两种技术选择：一是便利公众经由互联网接近行政立法信息，并通过电子邮件提交评论，主要是将传统的纸面立法过程数字化；二是充分利用信息技术的互动性潜力，未来不仅对行政立法程序的主要目标——形式性、效率和参与——造成极大的冲击，甚至在一些重要方面改变立法中的权力格局，实现行政立法的"电子革命"。到目前为止，电子化行政立法的发展重心很大程度上表现在立法信息的网上公开以及在线提交评论，局限于立法过程的计算机化，注重技术手段而未尝试重塑立法过程。

总体上看，电子化行政立法虽在改善公众参与以及提高政府透明性和立法质量上取得一定的成效，但相比在该领域作出的巨大投入，并未产生一个成比例的积极影响。而且，随着电子化行政立法的深入应用，相关的问题也不断涌现，首当其冲的是法律上的争议，公众参与导致行政立法过程普遍政治化，远离行政专业判断。此外，不平等接近、隐私、技术选择及过度参与等现实问题也限制着行政机关对信息技术的利用。这些均反映了在一个多元社会中，对于能否以一种真正的民主方式进行治理的怀疑主义。

针对电子化行政立法的未来效果，存在两种不同的观点：一是认为信息技术在促进公众参与上不可能产生重大的利益；相反的观点则认为，信息技术可以通过拓宽公众在治理中的合作能力而加强民主。就目前的实践看，电子化行政立法并未实质上改变行政立法过程，仅使公众更容易获得立法信息。不过，考虑到行政法的功能已从否定性转向肯定性，即从阻止不合法的或专断的行政权力的行使转变到合理回应受行政决定影响的社会、经济利益，行政立法中公众参与的扩大是一个长期的趋势。行政机关不仅需要向公众收集信息，更应反映这些信息的采纳结果。为应对行政立法中不断攀升的信息强度，不能轻易贬低电子化行政立法的价值，尤其是考虑到信息技术的互动性潜力尚未在立法中得到充分利用。

信息技术发展的多种可能性提出了一个问题：什么样的电子化行政立法才能被视为是成功的？据此，有必要建立相应的评估标准，基于提高民主正当性、改善政策决定、降低行政成本及增加规制服从等四项指标，分别判断电子化行政立法相比传统的纸面立法，是否取得实质性的改进。为了确保在电子化行政立法领域日益增加的投入能带来有效的和有意义的革新，信息技术需要与行政规制过程的制度设计相结合。一方面，技术手段的设计和贯彻应考虑行政立法中的法律、政治和管理问题；另一方面，为更全面地利用技术，现行的规制结构和行政立法程序构造也可能需要重新配置。成功的电子化行政立法需要将技术的和制度的分析相结合，将行政需要和法律限制明确考虑进网上立法平台的设计中，其潜力的最大化将依赖于在信息技术和规制制度之间创造一个良好的适应关系。

目 录
CONTENTS

表 目 录

第一章
行政立法与信息技术

行政立法是当代无可避免的现实，其内容虽较法律具体，但相比行政行为，又更具包容性，戴维斯教授（Kenneth Culp Davis）将之誉为"现代政府最伟大的一项发明"。① 作为一种实质意义上的立法权行使，行政立法的容许性与必要性一直受到质疑。传统上主要通过运用法律保留原则和授权明确性原则，由法院对行政立法进行法的控制，以确保行政立法的合法性。然而，这一控制途径在行政国家的现实下已难以发挥功效。相反地，确保利益相关人参与行政立法的形成过程，借助此种对立法过程的复制来提升其合法性，日渐受到各国的关注。问题是，若要实现公众对行政立法的有效参与，不仅需要耗费可观的行政资源，管理上也存在相当的困难。开始于 20 世纪 80 年代的信息技术上的突破，以及随之而来的互联网和电子政务的兴起，已形成一种普遍的共识，即信息技术能够应用在行政立法中，促进参与机制的更广泛使用，并最终产生更好的立法。如诺维克教授（Beth Simone Noveck）所言，作为现代政府最伟大发明的行政立法，正在经历一场静悄悄的电子政务革命。②

第一节　技术变迁与电子政务

一、信息技术的应用与普及

20 世纪 40 年代以来，以计算机网络和现代通信为代表的信息技术的出现与广泛应用，对人类的生产活动和社会活动产生极其深远的影响。特别是随着信息技术的应用领域从最初的军事科研扩展到社会的各个领域，引发了深刻的社会变革，并将继续产生难以估量的影响。

---

① ［美］肯尼斯·卡尔普·戴维斯：《裁量正义》，毕洪海译，商务印书馆 2009 年版，第 70 页。
② Beth Simone Noveck, "The Electronic Revolution in Rulemaking", Emory Law Journal, 2004, Vol. 53, p. 433.

（一）信息技术的内涵

对信息技术内涵的分析与研究，离不开对"信息"的理解。"信息"概念的界定，与时代背景紧密联系，始终没有定论。研究者基于自身的气质、偏好、利益及政治目的，提供了若干方案。从实用的角度，信息是指"关于事物的运动状态及其陈述，是表示事物状态的一种普遍形式，是以文字、数据或信号等形式来表现的可以传递和处理的对象"。① 在人类漫长的历史进程中，信息传播方式经历了若干根本性的转变，从语言、文字、印刷术及电磁波的使用，一直到以 1946 年计算机的问世为标志的信息技术，大体呈现出从纸质到电子的载体形式的发展变化。

关于信息技术的定义，存在多种研究视角。简单地讲，信息技术是指利用计算机、传感、网络、多媒体、信号处理等多种电子技术获取和传递所需信息并加以处理的技术。② 其本质所在，就是将信息的获取、传递、存储、处理与各种电子技术有目的地结合起来。这些技术主要包括传感技术、通信技术、计算机技术和信号处理技术等，并以计算机的普及应用及计算机与网络的结合为主要特征。当前，信息技术的应用已经与互联网紧密地联系在一起，特别是互联网时代到来后，以网络技术为代表的现代通信技术已经渗透于人们日常生活中的每个环节。

互联网，即通常所说的因特网，"是由广域网、地域网和局域网以及单机遵循一定的通信协议所构成的国际性的计算机互联网络"。③ 互联网始于1969 年的美国，最初设计目的是作为政府和教育用途的网络，现已成为全球最大的开放式计算机网络。人们通常所说的"上网"中的"网"，就是指互联网。互联网的普及是现代信息社会的主要标志之一，单纯从技术的角度来理解互联网的意义远远不够，以之为代表的信息技术的快速发展，不仅推动

---

① 方静："试论信息技术的应用特点与未来发展趋势"，载《信息与电脑》2011 年第 1 期，第 167 页。
② 李志强等："浅析信息技术的应用与发展"，载《电子制作》2013 年第 13 期，第 72 页。
③ 刘仕顺："信息技术的发展前景分析"，载《硅谷》2013 年第 9 期，第 3 页。

了各国经济发展模式的变革，更深刻地改变了人们交流的方式。可以说，互联网的最大成功不在于技术层面，而在于对人的影响。

（二）信息技术的应用特点

自"信息高速公路"这一划时代的革命性概念在 20 世纪 90 年代提出以来，一场以信息技术为核心的信息革命席卷全球。从应用情况看，信息技术具有以下三个方面的特点：（1）智能化、集约化，计算机智能研究是建立在科学基础上的，智能化是计算机发展的一个重要方面。现代信息技术可以模拟人的感觉行为和思维活动，进行集约化逻辑分析、综合处理信息。（2）网络化、数字化，随着计算机应用的深入，网络成为现代信息技术与计算机技术的结合产物。通过计算机高清晰的数字处理技术以及网络化运行，能够实现信息资源的共享与互动交流。（3）高效化、快捷化，现代计算机网络技术的开发应用，是对各种信息资源的整合与存储的基础上，通过计算机信息处理技术，实现各种信息的高效率、快捷化管理。①

当今时代，信息作为一种重要的资源和财富，已成为构成人类生活的基础性要素，影响着社会的联系和运转。② 互联网已取代传统媒介，成为公众获知信息的主要途径。面对信息技术的发展趋势，社会的各个领域都将面临巨大的挑战。在此背景下，政府管理也无法独善其身。自 20 世纪末开始，各国纷纷将政府管理和信息技术结合起来，建立了各具特色的电子政务。不论是发达国家还是发展中国家，都在大力推进着电子政务建设，迎接全球竞争的挑战。

二、电子政务的兴起

（一）电子政务的内涵

1. 何为电子政务

纵观历史，新发明、新科技所提供的新的工具和力量，必然会改变人们

---

① 方静："试论信息技术的应用特点与未来发展趋势"，载《信息与电脑》2011 年第 1 期，第 167 页。

② 张锐昕主编：《电子政府与电子政务》，中国人民大学出版社 2010 年版，第 4 页。

工作和生活的方式，国家的权力行使也会随之变化。当前与信息有关的科技进步，正在很大程度上改变政府的结构和范畴。信息技术在政府管理中的应用，即通常所说的电子政务或电子政府（electronic government 或 e‑gov），是一个参照电子商务而提出的概念。作为信息技术以及互联网发展到一定阶段的产物，电子政务正在改变政府机构的运作以及政府与公民、企业和其他组织的联系，冲击着公民与政府机构在所有层面的交往。可以预测的是，政府在下一个十年的变化，将远甚于在过去一百年内发生的变化。[①]

然而，欲回答什么是电子政务这个问题，却始终存在着困难。不仅是因为对新兴的、发展迅速的信息技术的理解和实践的不同，导致人们对电子政务概念理解上的差异；更重要的是，对电子政务下定义，就与对政府本身下定义一样，是变化多端的、复杂的。政府是一个目标、结构和功能的动态混合物，服务于多样的、各不相同的对象。电子政务这个术语，包含了怎样使用信息技术改善政府对公众的服务、提高政府效率以及将传统的行政过程数字化等一系列活动。这就导致电子政务的定义，随着信息技术及政府本身的发展变化，而不断地改变。美国学者简·E. 芳汀（Jane E. Fountain）精辟地指出，"构建虚拟政府与其说是对最终结果的预测，不如说是制度变化的过程和较力"。[②]

在通常的表述中，电子政务是指"政府机构应用现代信息和通信技术，将管理和服务通过网络技术进行集成，在互联网上实现政府组织结构和工作流程的优化重组，超越时间、空间与部门分隔的限制，全方位地向社会提供优质、规范、透明、符合国际水准的管理和服务"。主要包括三方面的内容：（1）电子政务必须借助于电子信息和数字网络技术，离不开信息基础设施和相关软件技术的发展；（2）电子政务处理的是与政权有关的公开事务，除政府机关的行政事务以外，还包括立法、司法部门以及其他一些公共组织的管

---

① Mark LaVigne, "Electronic Government: A Vision of a Future That is Already Here", Syracuse Law Review, 2002, Vol. 52, p. 1244.

② ［美］简·E. 芳汀:《构建虚拟政府：信息技术与制度创新》，邵国松译，中国人民大学出版社 2004 年版，第 228 页。

理事务；（3）电子政务并不是简单地将传统的政府管理事务原封不动地搬到互联网，而是要对其进行组织结构的重组和业务流程的再造。① 据此，电子政府与传统政府之间有着显著的区别，不仅在于信息技术手段的有效应用，更关键的是，由此衍生而来的政府管理模式和运行方式的根本转变。为形象起见，将传统政府与电子政府的特征对比列表如下。②

表 1 – 1　传统政府与电子政府的对比

传统政府	电子政府
实体性	虚拟性
区域性	全球性
集中管理	决策权下放
政府实体性管理	系统程序式管理
垂直化分层结构	扁平化辐射结构
在传统经济中运行	在以知识为基础的数字经济中运行

需要注意的是，电子政务不同于电子治理（e – governance）。后者不是信息技术在公共事务领域的简单应用，而是一种更多地与政治权力和社会权力的组织与利用方式相关联的社会—政治组织及其活动的方式，它涉及公众如何影响政府、立法机关，以及公共管理过程的一系列活动。因此，电子治理与电子政务，无论是在对象还是范围方面都存在一定的差别。如果说电子政务主要集中于政府、政府管理和政府服务范围内的虚拟政府形式及其活动，那么电子治理就是更广泛地应用于政治、社会群体相互间关系领域的虚拟政治—社会结构及其相互关系方式。不过，尽管电子治理和电子政务的概念存在明显的不同，但在目前信息社会的形成和发展过程中，两者面临的问题有

---

① 国务院发展研究中心课题组："电子政务在我国的发展与制度建设"，载《经济社会体制比较》2002 年第 3 期，第 92 页。

② 张凤杰、潘文娣："电子政务及其对行政法的影响"，载《华东政法学院学报》2004 年第 2 期，第 27 页。

很多都是重叠的，也可以说一些基本问题的解决实际上是互为因果的。①

2. 电子政务的核心要求

电子政务是信息技术与政府管理在多个层面融合的产物，当前正处于从一种政务工具向一种政务模式、政务路径的发展过程中。因此，在理解电子政务时，需要认识到电子政务不是简单地将信息技术应用到政府管理，也不是将已有的政府管理实践复制到互联网。电子政务与行政管理体制改革从一开始就应当是一体化的概念，电子政务建设必须与转变政府职能和机构改革紧密结合起来。

据此，电子政务的核心要求是增加公民、企业与政府之间的直接接触，提高公民对行政活动的参与度，从根本上改善政府的公共服务，换句话说，尽量减少或消除公民、企业与政府之间互动时的延迟和中间环节，减少管理的交易成本。以此为出发点，电子政务必然要求对行政管理体制和行政机构进行根本性的转型，以提高组织效能、效率、适应性以及创新能力。著名电子政务专家雷切尔·西尔科克（Rachel Silcock）和 2001 年美国《电子商务及发展报告》都强调，电子化政府运用网络信息技术来进行公共事务的管理和公共服务的传递，以便使公民、商行与职员受益。② 就我国而言，推行电子政务不仅是国家信息化工作的重点，更是深化行政管理体制改革的重要措施。很长时间以来，传统政府运作呈现出纸面重负的形象，人力和时间的耗费极大。通过信息技术的应用，有助于打破行政机构间的孤岛状态，帮助它们整合行政业务流程并简化信息管理，使政府减少因具有多个互不连通的信息系统而造成的信息堆积，显著降低信息收集、分析和传播成本，尽量减少腐败性的游说且透明化政府的行动，令公众恐慌的"老大哥"（big brother）将无立足之地。由此可以更好地为公民提供公共服务，改善与工商界的互动，提高公众接近信息的能力，以及促进更高效的政府管理。

---

① 王浦劬、杨凤春："电子治理：电子政务发展的新趋向"，载《中国行政管理》2005 年第 1 期，第 75 页。

② 蔡立辉："当代中国电子政务：反思与走向"，载《中山大学学报（社会科学版）》2005 年第 3 期，第 12 页。

电子政务能够成为一种世界潮流，主要源于各国政府转型和政府改革及其对行政民主与行政效能的强烈需求。其突出之处在于，它是一个合并了信息和服务的版本。当今时代，政府信息公开的方式远比过去容易得多，不仅公众接近信息更加方便，所获得的信息品质也大为改善。在《电子共和国》一书中，拉里·格罗斯曼（Larry Grossman）认为："这是第一个公民能够看、能够听、能够自动而持续地判断他们的政治的世代。这也是第一个政治领导者可以直接向大众陈述己见并且能够持续地得到关于人民所反馈的想法和欲求之世代。互动式的电传通讯，渐渐地给予一般社会大众，有机会直接接近影响及生命财产的重大政治决定。"这表示科技的进步，可以使政府更负责任，将人民与政治过程重新联结。如学者所言，"电子化共和国"的出现，给予一般社会大众相当有力的政治标杆。在此观点上，科技提供给一般社会大众一个游戏的场域，在这个场域中，他们可以与专业的说客或政治人物竞争。[①]

据此，电子政务不仅改善公众获得信息的能力，更重要的是改变了社会作出集体决定的方式。"服务于我们的子女和孙子女的政府，必然将极大地不同于服务我们的父母的政府"。[②] 在电子政务的发展趋势下，传统的行政管理体制终将崩溃，这是因为在电子政务背后，所发生的一定是权力运行方式的根本转变。

（二）电子政务的法律争议

1. 法治视角下的电子政务

从法律的价值追求及其实现方式来看，法治国家的历史形态在 19 世纪和 20 世纪经过了形式法治和实质法治两个阶段，受全球化浪潮的影响，21 世纪将步入后现代阶段，即全球化法治国家阶段。作为一种政府治理范式的电子政务是现代信息技术、政府再造和法治国家等三个核心要素的产物，政府治

---

① 廖义铭：《行政法基本理论之改革》，翰芦图书出版有限公司 2002 年版，第 164 页。

② Mark LaVigne，"Electronic Government：A Vision of a Future That is Already Here"，Syracuse Law Review，2002，Vol. 52，p. 1251.

理范式的再造过程同时是政府法制的再造过程，也是后现代的全球化法治国家形态的生成过程。后现代法治国家追求的价值观应当是电子政务的价值目标，而后现代法治国家的不少问题往往由电子政务引发。①

（1）电子政务的法律地位。

电子政府是否具有与传统有形政府同样的法律地位？高家伟教授认为，所谓电子政府的虚拟性是其作为一种现代政府治理范式的技术属性，而不是其作为法治国家一种组织形态的法律属性。一方面，在法律上，电子政府是一个需要规范的实实在在的对象，需要特殊组织规则加以规范，不可能虚拟化，否则就会产生法外行政组织，违反依法行政原则。另一方面，相对于有形的政府组织而言，电子政府不过是一个分身术，真正能够承担法律后果的仍然是其依附的有形行政机关，电子政府性质上属于有形行政机关下设的行政机构，没有对外行文的行政主体资格，其行为的法律后果归属于所依附的行政机关。②

从美国的电子政务实践看，首先，由电子政务引发的法律争议并不存在不同于以往的新的特征。事实上，在这个领域中，最重要的是通过一些法律原则，如平等接近政府、合理保护隐私及阻止政府监视权力滥用等，展开精确地思考。其次，信息技术可以促进政府和公众之间的交流，但认为技术能够治愈民主的弊病是不合理的。民主的协商形式，如果要让参与者感觉到他们是民主过程中一个真实的部分，不论是否经由互联网，仍然要求实际的意见交换和一个费时费力的说服过程。因此，信息技术既不好也不坏，它只是一个工具，可以做人们让它做的任何好的或坏的事情。如学者所言，这个问题在历史上反复出现，即将技术进步看作是人类社会根本问题的解决方案，但它们不是，仅仅只是稍微改变挑战的性质。③

德国法上认为，电子数据处理只是行政管理的辅助手段，它不但需要公

---

① 高家伟："论电子政务法"，载《中国法学》2003年第4期，第67页。

② 高家伟："论电子政务法"，载《中国法学》2003年第4期，第68页。

③ John C. Reitz, "E – Government", The American Journal of Comparative Law, 2006, Vol. 54, p. 754.

务员操作，而且必须安装一般程序和输入具体数据后才能运行。毋庸置疑，使用电子数据处理事实上具有合目的性，法律上也具有一般适法性。紧迫的问题是技术和法律控制，因为细节上存在许多法律问题，例如，数据收集和处理的法律保留，自动作成决定的法律性质和法律形式，访问电子数据处理设备的权利，对行政组织、行政程序的影响，以及自动系统错误控制的排除责任。①

（2）电子政务对行政法的冲击。

电子政务作为新型的政府运作模式，必然要给传统的法律部门带来巨大的冲击，而行政法是关于公共行政的法律，自然首当其冲。信息技术在行政环境中的应用，可以使政策制定更透明、公众参与更有效，但也侵蚀着作为行政法基础的代议制原则。在行政程序方面，电子政务对公开和参与的重视，可以提升相对人的程序地位，使之真正成为程序主体。然而，如行政机构仍然固守传统的程序观念，原封不动地移植到互联网中，电子政务可能会趋向于电子专制。借助电子政务进行政府再造而形成的无缝隙政府一旦失去正当程序的控制，将演变成对公民实行无缝隙专制的"理性魔鬼"。②

因此，在评价电子政务对行政法的影响时，不能仅从客观效率的角度，还必须从法治国家的角度认识，即电子政务不得导致侵害公民基本权利的后果。公民的基本权利保障是法治国家的核心要素和宪政的本质，它作为一般法律原则对国家权力的限制和约束，并不因电子政务的推行而丧失。从电子政务的实践看，行政机关需要特别注意的是公民隐私权的保护。政府信息的网上公开在带来巨大的公共接近和透明性时，也提出了一个关注：个人信息广泛传播的风险，对公民宪法上的隐私权和信息自主权可能造成侵害。

总之，信息技术为行政开辟了崭新的、不可预料的发展空间。当行政机构从纸面转向电子时，必然引发法律及政策上的问题，这些问题的复杂性更

---

① ［德］哈特穆特·毛雷尔：《行政法学总论》，高家伟译，法律出版社 2000 年版，第 438～439 页。

② 杨桦："论电子政务与行政法观念的更新"，载《广东社会科学》2011 年第 2 期，第 238 页。

大地在于未来发展的不可预测性。可以说，电子政务的发展过程也就是行政法的发展和创新的过程，也是行政法对电子政务予以保障与规范的过程。①这就需要行政法积极应对信息时代的挑战，确保电子政务在法治国家框架下健康发展。

2. 电子政务的民主必要性

在全球化趋势下，各国政府均面临新的、激烈的竞争压力，这种压力反映了如下的信念：更多地依赖信息技术来降低行政成本，提高政府服务的便利性、速度和效率，实现公民对政府的有效问责。如果没有电子政务，社会治理的交易成本几乎肯定攀升到排除民主治理的水平。因此，从民主的角度，电子政务具有以下优势。

（1）收集和分析公民的需求信息。

在代议民主制下，行政人员应努力收集充分的、精确的和最新的信息，目的是向公众提供适当的服务，并用新的公共政策来替代或废除不合时宜的举措。为达此目标，政府必须全面收集和分析决策所需要的信息，根据不断变化的社会经济状况，将这些信息导入公共政策的制定过程。然而，整理、分析并以一种及时、经济上可行的方式有效地利用这些信息，似乎是所有层级的政府机构都具有的一个严重的弱点。信息技术的应用，为克服该问题提供了可能途径。目前决策所需要的大多数信息均是通过电子手段提供的，在信息的形式、数量和及时性上充分满足了政府的需要，有助于政府制定和更新重要的公共政策，并有效地加以执行，以建设一个富有生产力的、文明的社会。

（2）制定适当的公共政策并建立相应的落实机制。

为满足公众的需求，政府需要制定适当的公共政策。通常情况下，该项工作涉及权衡相互冲突的公民和组织的利益，需要耗费行政人员大量的时间和精力。政策制定者必须将收集和分析的信息用于政策制定，而且，一旦通过对海量数据的收集和分析，完成制定适当的公共政策的任务，接下来必须

---

① 杨桦、廖原：《论电子政务与行政法治》，湖北人民出版社 2008 年版，第 11 页。

解决这些政策的实施问题。公共政策的执行是行政的任务，而信息技术提供了更多的落实政策的手段方式。

（3）传播关于公共政策的信息。

直到互联网出现前，最常见的宣传法律和政策的办法是将它们装订成册并公之于众。这些书册通常会送到公共图书馆，理论上公众可不受限制地接近它们。问题是，公共图书馆充其量只是信息的消极保存者，且现实中均存在公开上的障碍。例如，为了解这些信息，人们常常需要成为图书馆的会员，亲自前往图书馆，然后通过索引寻找其中储存的大量信息。即使人们花费很多的时间和精力找到了所需要的法律、政策后，在遇到含义模糊的问题时，仍然要继续查找更多的资料来分析这些争议。信息技术的应用，极大消除了影响公众接近政府信息的时空障碍，在线讨论方式的运用，还可以加深公众对政策问题的理解。公众现在更容易知道政府在做些什么，从而也更容易向政府提出建议。也就是说，拜科技发展之赐，政府权力的下放和转移有了更大的操作空间。

（4）执行法律及确保公众遵循法律。

多数情况下，行政人员非常乐意看到电子信息的增加，这样可以减轻他们提供服务的负担，减少时间上的浪费。近年来，公众对政府服务的要求不断提高，促使了"大政府"的产生，由此带来诸多弊端。对此，一种观点认为，应通过切断资金供给及停止政府提供的某些服务，来控制行政成本；另一种观点则认为，减少政府的资源将削弱民主机构的吸引力，以及国家在国际社会的政治和经济竞争力，而且，现代社会生活的规模和复杂性也要求扩大政府收集和分析信息的能力。不断发展的信息技术，为解决这一两难困境提供了解决思路，使政府能在有限资源下更好地实现有效的管理。

总之，政府的功能是制定公共政策并将其体现在法律法规中，然后向社会公布。这一工作的顺利进行，离不开信息的收集和分析，必然要耗费高额的行政成本。在全球化时代，国与国之间的激烈竞争，对政府的行政管理提出更高的要求，促使各国政府纷纷扩大电子政务的适用。可以说，如果没有电子政务，所造成的后果很可能是：政府服务的交易成本不断上升，无法在一个日益变化的移动世界中作出及时的反应；政府为公众提供基本公共服务的能力显著降低；仅有富人可以接近政府，有机会将自己的诉求传达给立法机构和行政机构；受成本制约，普通公众很难参与公共政策的制定；以及国家在政治和经济全球化过程中的相对衰落，等等。简而言之，"电子政务的成功或失败，意味着治理的成功或失败"。①

（三）电子政务的立法状况

1. 美国

美国是全球最早提出电子政务概念的国家，也是到目前为止全球电子政务发展水平最高的国家。在涉及电子政务的基本立法方面，最重要的是 2002 年 12 月 17 日通过的《电子政府法》（E - Government Act）。该法要求联邦政府采用基于互联网的技术，以提高公众对政府信息和服务的接近，促进可接近性、可负责性和透明性。其主要内容是：（1）在白宫管理和预算办公室（Office of Management and Budget，OMB）下设立一个电子政府信息办公室，由政府首席信息官（Chief Information Officer，CIO）负责电子政府的资源协调和预算问题；（2）设立一个由各个行政部门首席信息官组成的委员会，负责政府各部门的合作和信息资源共享；（3）在财政部设立电子政府专项基金，保障电子政府建设经费的拨付；（4）联邦信息安全法，该法是电子政府法的组成部分。②

在电子政务建设的各个领域，例如，关于工作流程的优化方面，1980 年美国国会通过《文书削减法》（Paperwork Reduction Act），该法又在 1986 年、1995 年两次修订。这部法案最初的目的在于将政府部门从汗牛充栋的牍文中解放出来，首次提出了"信息资源管理"（Information Resource Management）

---

① William Fenwick, Erin John, Jason Stimac, "The Necessity of E - Government", Santa Clara Computer and High Technology Law Journal, 2009, Vol. 25, p. 465.

② 高家伟："论电子政务法"，载《中国法学》2003 年第 4 期，第 65 页。

这一概念，并要求制定和推行统一、连贯的信息资源管理政策。1996 年，美国国会通过《克林格—科恩法案》（Clinger - Cohen Act），以提高政府部门对信息技术的使用和部署水平。为达到这一目的，该法案提出两个相互关联的基本措施：在各联邦部门设立首席信息官和建立整合的信息技术系统。1998 年，美国政府又颁布了《政府文书销毁法》（Government Paper Elimination Act），该法是《文书削减法》的增补，目的是在联邦政府层面通过鼓励增加使用电子通信和文档，减少纸面的流动。该法要求，到 2003 年之前，联邦政府要实行无纸化办公，日常工作流程中采用电子表格、电子文件以及电子签名。总之，在联邦层面，1995 年的《文书削减法》和 1998 年的《政府文书销毁法》有力推动了电子政务的建设，上述法律被设计为通过鼓励电子沟通和电子文件的使用，减少联邦政府间的纸面的流动。

信息的公开与自由是电子政务运行的基石。1966 年，美国国会颁布了《信息自由法》，促进联邦政府信息公开化，赋予公民更大的知情权。随后的几十年中，这个法案被几次增补修订。1996 年，美国政府出台了《电子信息自由法增补案》（Electronic Freedom of Information Act Amendments），要求所有的联邦信息都能够以电子版本的形式发布传播，要求联邦部门设立电子阅读室，为公民获取电子信息提供便利。

保护公民隐私是美国电子政务立法的一个主要要素。在保证信息公开的同时，美国政府也对保护公民的隐私采取了法律措施。美国国会于 1988 年增补了《隐私法》，新增补颁布的法案全称为《计算机匹配与隐私保护法》（Computer Matching and Privacy Protection Act）。该法案确定了联邦部门对公民个人信息进行登记匹配时所遵循的原则与程序，加强了对个人隐私的保护。同时，该法要求所有进行信息登记和匹配的部门都要成立由资深行政官员组成的数据完整性委员会（Data Integrity Board），对整个匹配过程进行监督、评估，并定期汇报。①

---

① 姜雷、陈敬良："美国电子政务的立法状况及其对我国的启示"，载《北京工商大学学报（社会科学版）》2011 年第 2 期，第 123～125 页。

2. 中国

我国于 20 世纪末开始推进电子政务建设，已取得很大成绩并积累了一定的实践经验，有关电子政务的立法数量也越来越多，但主要集中于涉及信息技术领域的计算机立法和网络安全方面的立法。这些法律对电子政务活动提供一种间接的保护，到目前为止，我国仍没有一部法律或者行政法规专门规定电子政务，明确提到"电子政务"概念的法律只有一部，即《行政许可法》第 33 条。电子政务相关法规几乎都属于行政法规或部门规章，效力层次上远远不及法律，适用上也不具有法律的权威性。

我国国家层面涉及电子政务的法律主要是《行政许可法》和《电子签名法》。其中，2003 年 8 月 27 日通过的《行政许可法》，是我国电子政务立法领域的一件大事，从某种意义上说，它是最早站在法律的高度对电子政务予以认可的规范。《行政许可法》第 29 条规定："行政许可申请可以通过信函、电报、电传、传真、电子数据交换和电子邮件等方式提出。"特别是该法第 33 条指出，"行政机关应当建立和完善有关制度，推行电子政务，在行政机关的网站上公布行政许可事项，方便申请人采取数据电文等方式提出行政许可申请；应当与其他行政机关共享有关行政许可信息，提高办事效率"。不过，必须看到的是，《行政许可法》对电子政务的规定过于原则，并不是一部专门规范电子政务的法律。2004 年 8 月 28 日通过的《电子签名法》是我国第一部真正意义上的信息化法律，它首次肯定了电子签名与文本签名的同等效力，并明确电子认证服务市场准入制度、保障电子交易安全。但是，《电子签名法》仅适用于电子商务领域，对于政务活动，该法第 35 条授权国务院或者国务院规定的部门依据该法制定使用电子签名、数据电文的具体办法。地方电子政务立法主要集中在电子政务的建设方面。相比滞后的国家层面的立法，地方政府的电子政务立法活动较活跃。例如，2004 年 8 月 1 日起施行的《天津市电子政务管理办法》，系统地从电子政务平台建设、数据库建设、政府信息公开、信息安全、应急处理、知识产权、相关方的责任等方面作了详细规定，是比较全面地规范电子政务的地方性法规。①

可以看到，现行电子政务的规定大多属于部委规章或者地方立法，效力层级比较低，不利于树立电子政务的法律权威。近年来，我国的电子政务只能依靠高层的政策推动，缺乏法律所具有的持续推动力度。随着电子政务的推进，必然会触动深层既得利益格局，传统法律对电子政务的制约作用会越来越大，成为电子政务推进的障碍。这种局面下，仅仅依靠诱致性制度变迁已经很难满足实践的需要，也很难真正推动电子政务向纵深发展。因此，通过制定综合性的法律（尤其是制定电子政务法），引入系统性改革，进行强制性制度变迁，就会变得越来越迫切。② 2006 年，国家信息化领导小组颁布的《国家电子政务总体框架》（国信〔2006〕2 号）明确提出，"开展电子政务法研究，推动政府信息公开、政府信息共享、政府网站管理、政务网络管理、电子政务项目管理等方面法规建设，推动开展修订相关法律法规的研究"。

针对我国与电子政务相关的行政法律建设所应遵循的原则，有学者建议，应依据基础先行、需求引导、软硬兼顾、衔接配套和层次分明的原则，开展立法工作。③ 在立法模式上，选择统一立法和单行立法相结合模式，制定统一的电子政务法，与此同时，加大配套单行法的制定和修改力度。具体而言，统一的电子政务法由下列部分组成：（1）电子政府法，这是电子政务的组织法，主要调整两个事项：一是电子政府的主管部门及其职权职责，二是电子政府的设置及其法律地位；（2）电子政务技术法，主要规范现代信息技术在公共行政中应用产生的技术性法律问题；（3）电子政务基金法，这是电子政务的财政法，主要调整电子政务财政资金的来源、预算、使用及其监督等事项；（4）电子行政行为法，主要调整电子行政行为的合法要件和效力，确立

① 张寒："我国电子政务立法现状及发展建议"，载《中国行政管理》2007 年第 11 期，第 24 页。

② 周汉华："电子政务法研究"，载《法学研究》2007 年第 3 期，第 11 页。

③ "电子政务与行政法律建设"课题组："电子政务与行政法律建设"，载《国家行政学院学报》2006 年第 1 期，第 63 页。

电子行政行为的特殊法律规则；（5）电子政务监督法。此外，部门电子政务法是有关行政行业部门电子政务实践的法律规范，目前初见端倪的是电子税务法、电子警察法、电子海关法，其他行业的电子政务法还在酝酿之中。①

在电子政务法的立法方面，中国社会科学院法学研究所电子政务法研究课题组在原国务院信息化工作办公室的委托之下，于 2009 年发布了《中华人民共和国电子政务法（专家建议稿）》。该建议稿的主要内容除了包括监督电子政务项目建设，规范政府的数据电文、网上办公等信息技术应用行为外，还建议政府机关设立"首席信息官"，以保障信息公开制度、公民个人信息安全。起草者认为，制定该法的最大意义在于"政府机关可以充分利用现代信息通信技术，更好地为公众提供优质的公共服务，实现从以管理者为中心向以服务接受者为中心的转变"。② 2012 年国务院办公厅认为，国务院有关部门已开展了电子政务法立法前期调研，形成了初步研究成果，立法的条件日趋成熟，建议将电子政务法纳入全国人大立法计划。③ 不过，该法案目前尚未进入十二届全国人大常委会立法规划。

三、电子政务的主要应用

随着信息技术的快速发展，特别是互联网在全球的广泛使用，电子政务已被联合国经济和社会事务部确立为"信息高速公路"五大应用（电子政务、电子商务、远程教育、远程医疗、电子娱乐）领域之首。④ 我国从 20 世纪 80 年代开始就积极推进信息技术在行政管理中的应用，党和政府对此项工作非常重视，意图以电子政务建设为突破口，改革行政管理体制。

（一）电子政务的发展历程与现状

建立电子网络政府，推动电子政务的发展，是一种世界性潮流，也是信

---

① 高家伟："论电子政务法"，载《中国法学》2003 年第 4 期，第 66 ~ 67 页。

② "电子政务法专家建议政府设首席信息官"，载 http：//www.cnii.com.cn/20080623/ca572090.htm，访问日期：2016 年 5 月 25 日。

③ "已开展电子政务法立法前期调研"，载 http：//www.legaldaily.com.cn/rdlf/content/2012 - 12/16/content_ 4058213.htm? node =34018，访问日期：2016 年 5 月 25 日。

④ 中国 MBA 网："信息技术在政府管理中应用"，载《硅谷》2012 年第 1 期，第 116 页。

息技术应用到政府管理的必然趋势。按照联合国经济和社会事务部掌握的数据，1996 年，全球只有不到 50 个政府部门建立了自己的网站；而到 2002 年，全球就已开通了 5 万个政府网站，电子政务已经列入了所有工业化国家的政治日程。① 2014 年，193 个联合国成员国首次全部拥有自己的政府网站。电子政务的发展历程，如从 20 世纪 80 年代的"信息高速公路"建设开始，大致经历了五个发展阶段，分别是起步、单向互动、双向互动、事务处理和无缝集成。② 各国之间存在着严重的发展不平衡现象，《联合国 2014 年电子政务调查报告》对各国电子政务发展状况进行了排名，表 1 - 2 列举了处于前十位的国家以及中国的电子政务发展水平。③

表 1 - 2　2014 年全球电子政务排名

2014 年排名	国家	电子政务发展指数	2012 年排名	名次变化
1	韩国	0.9462	1	–
2	澳大利亚	0.9103	12	+ 10 ↑
3	新加坡	0.9076	10	+ 7 ↑
4	法国	0.8938	6	+ 2 ↑
5	荷兰	0.8897	2	–3 ↓
6	日本	0.8874	18	+ 12 ↑
7	美国	0.8748	5	–2 ↓
8	英国	0.8695	3	–5 ↓
9	新西兰	0.8644	13	+ 4 ↑
10	芬兰	0.8449	9	–1 ↓
70	中国	0.5450	78	+ 8 ↑

---

① 张基温、张展为、史林娟编著：《电子政务导论》，人民邮电出版社 2014 年版，第 30 页。

② 姜奇平、汪向东："行政环境与电子政务的策略选择"，载《中国社会科学》2004 年第 2 期，第 81 页。

③ "联合国 2014 年电子政务调查报告：电子政务成就我们希望的未来"，载 https：//www. un. org/development/desa/publications/e - government - survey - 2014. html，访问日期：2016 年 5 月 25 日。

1. 美国

20 世纪 50 年代之前，纸张是记录美国公民和政府机构之间互动情况的主要媒介。然而，到了 21 世纪初，根据 2000 年 10 月加州大学伯克利分校的研究，有高达 95% 的政府信息最初就是数字形式的，其中一半多的信息从未打印出来以纸面形式保存。[①]

美国电子政务的发展大体分为四个阶段实施：第一阶段为初始阶段，主要是提供一般的网上信息，简单的事务处理，以及有限的技术复杂程度；第二阶段，进一步发展门户网站，更复杂的事务处理，实现初步协作，技术复杂程度也逐渐提高；第三阶段，实现政府业务的重组，建立集成系统以及复杂的技术体系；第四阶段要建立具有适应能力的政务处理系统，实现政府与企业、公民的互动式交流与服务，与此同时，建立高度复杂的技术支持系统。按照美国政府的规划，到 2005 年将有 35% 的政府处于第二阶段，到 2010 年，绝大多数现有政府部门将按照电子政府的要求被改造。[②] 以下分别阐述在最近的三任总统任期内，美国电子政务建设所取得的具体进展。[③]

（1）克林顿政府时期——电子政务起步与建设时期。

电子政务的理念成形于克林顿政府时期，上任不久，克林顿总统便进行了"重塑政府"的运动，对政府进行"企业化"的根本性改革，力图把一个官僚行政型政府转变为一个高效、节约、以任务和顾客为导向的政府。这成了美国电子政务发展的政治基础与方向。随后，克林顿政府设立了由副总统戈尔领导的国家绩效评估委员会（National Performance Review，NPR），提出了《运用信息技术改造政府》（Reengineering through Information Technology）的工作报告，明确提出对信息技术的运用，采用以下四个原则作为政府再造

[①] William Fenwick, Erin John, Jason Stimac, "The Necessity of E – Government", Santa Clara Computer and High Technology Law Journal, 2009, Vol. 25, p. 445.

[②] 中国行政管理学会政府信息化建设课题组："中国电子政务发展研究报告"，载《中国行政管理》2002 年第 3 期，第 4~5 页。

[③] 姜雷、陈敬良："美国电子政务的立法状况及其对我国的启示"，载《北京工商大学学报（社会科学版）》2011 年第 2 期，第 122~123 页。

的行动方向：删减法规，简化程序；顾客至上，民众优先；授权员工，追求成果；节约成本，提高效能。① 这是美国第一次在官方文件中正式强调要将政府管理工作与信息技术相结合。自此，电子政务成为美国政府改革的一个重要方向。1997 年，由国家绩效评估委员会与政府信息技术服务局（Government Information Technology Services Board）联合发布的报告第一次使用了电子政务这个概念。在克林顿当政期间，大约 30 个美国联邦政府机构运用 IT 与网络技术设立了网上虚拟的办事机构。同时，美国政府网站的门户站点（www. firstgov. gov，现已改为 www. usa. gov）也应运而生。它整合了美国所有电子政府的资源，至今仍是现存最大的网页存储器之一。

（2）布什政府时期——以安全为关注点的电子政务成熟期。

布什在 2001 年入主白宫后，由于联邦预算压力以及"9·11"后对安全与公民隐私权的重新考量，美国的电子政务建设经历了一个短暂的停滞期。但建设电子政务进而推动 IT 业的整体发展很快成了"9·11"后美国政府刺激经济复苏的政策手段之一。布什政府在 2002 年发布了《电子政府法》，目的在于"确保对联邦各机构信息技术活动的有力领导，确保信息安全标准，设定综合性的电子政府框架，确保互联网和计算机资源广泛用于公共服务的提供"。这使美国电子政务真正地走上了正轨。该法在美国白宫管理和预算办公室之下设立了一个新的机构——电子政府信息办公室，负责对电子政务工作的管理，并对跨部门的电子政务项目进行沟通与统筹。同时，联邦政府还进一步加大了对电子政务的投资力度，设立了电子政府专项基金，以推动 IT 技术在公共部门的运用。

在布什政府的努力之下，美国电子政务的发展逐渐步入成熟期。特别是在网络 2.0 技术成熟之后，电子政务的优势更是被极大地发挥出来，成了政府部门与公民互动的平台。通过电子政务，政府不但提高了工作效率与公共服务的质量，同时还极大地促进了公民的政治参与。在这一阶段，反恐与国家安全成为联邦政府的政策核心。电子政务的发展也围绕着"安全"这个要

---

① 张基温、张展为、史林娟编著：《电子政务导论》，人民邮电出版社 2014 年版，第 44 页。

素展开。通过对实际的电子政务领域的全景式考察，美国的电子政务可分为六大主题：安全、隐私、企业化 IT 管理、公民政治参与、协作与信息共享以及数据的管理使用与存储。而在这六大领域中，安全是联邦政府最为关切的问题，也投入了最多的研发经费。

（3）奥巴马政府时期——以"信息公开"与"透明政府"为关注点。

在竞选期间，草根出身的奥巴马便显示了其亲民的特质。当选总统后，他大力推动"透明政府"。2009 年 1 月，新入主白宫的奥巴马总统发布了他的第一个致各部门行政长官的总统备忘录：关于透明与公开政府的备忘录。在该备忘录中，奥巴马强调国家首席技术官要同管理和预算办公室以及总务管理局（Administrator of General Services，GSA）协调合作，以保证政府的透明性与公开性。在奥巴马的政策主张里，电子政务成了他建设透明公开政府的利器。

奥巴马政府建立了 recovery. gov 和 data. gov 两个网站，专门用于联邦政府的信息披露和数据公开。2009 年 5 月，47 亿美元的联邦资金投入了商务部下属的国家电信与信息局，用以成立宽带技术项目组（Broadband Technology Opportunity Program），大力架构国家的宽带信息网络，在人口密集的社区设立社区信息中心。这些举措的目的在于缩小数字鸿沟，为更多的公民提供便捷的互联网接入服务，从而使公民能够在网络这个电子平台上实现直接的政治参与，进一步建立透明、公开的政府形象。

2. 中国

改革开放以来，信息技术在我国得到了飞速的发展，与此同时，电子政务也已经悄悄进入我们生活的每一个领域。电子政务在改变政府部门工作方式的同时，也在逐步改变着政府部门工作人员的观念，甚至提供了体制改革的巨大动力。大致上看，我国的电子政务建设经历了三个阶段：以办公自动化建设为核心的阶段、以行政监管为核心的阶段和以公共服务为核心的阶段。①

（1）办公自动化建设阶段。

我国从 20 世纪 80 年代中期开始电子政务建设，1987 年国务院在北戴河召开"全国政府办公厅系统办公自动化工作会议暨全国政府办公厅系统软件交流会"。各政府部门尝试利用计算机进行一些最基础的政务活动，比如文件电子化处理、数据电子化存储，这就是所谓的"办公自动化"工程，是我国实施电子政务的第一步也是最基本的一步。其特点是利用计算机替代一部分手工劳动，提高政府文字、报表处理等工作的效率。到了 20 世纪 80 年代末，全国各地一些政府机构开始建立起各种纵向或横向的内部信息办公网络，很多政府机构成立了专门的信息中心，为提高政府的信息处理能力和决策水平起到了重要的作用，这是电子政务的早期形式。

（2）以行政监管为核心的建设阶段。

20 世纪 90 年代之后，政府信息化建设进一步加快，尤其是一系列"金字工程"的启动，标志着中国政府与国民经济信息化的序幕正式拉开。从 1993 年开始的"三金"工程建设，到 2002 年的"中办发 17 号"文件中提出的"十二金"工程，我国进入了重点以提高行政监管能力为目标的电子政务建设阶段，特别在"十五"期间有了较大发展。

1993 年底启动的"三金工程"，即金桥工程、金关工程和金卡工程，② 这是中央政府主导的以政府信息化为特征的系统工程，重点是建设信息化的基础设施，为重点行业和部门传输数据和信息。"三金工程"是我国国民经济信息化的起步工程，也是我国电子政务的雏形，它的提出对个人、企业和政府产生了巨大的影响，并取得了很大的成绩。这个阶段，电子政务得到了初步应用。

到了 20 世纪 90 年代末期，由于信息网络技术的快速发展和信息基础设

---

① 孙国锋、张少彤、武晓鹏："我国电子政务的现状与问题"，载《中国信息界》2005 年 19 期，第 6 页。

② 具体而言，金桥工程属于信息化的基础设施建设，是中国信息高速公路的主体；金关工程即国家经济贸易信息网络工程；金卡工程即建设面向全国主要大中型城市的银行电子货币工程。

施的不断完善，电子政务的发展进入快车道，突破了部门和地域限制，向交互性和互联网方向发展。1998 年 4 月，青岛市在互联网上建立了我国第一个严格意义上的政府网站"青岛政务信息公众网"。1999 年 1 月，40 多个部委（局、办）的信息主管部门共同倡议发起了"政府上网工程"，其目标是在 1999 年实现 60% 以上的部委和各级政府部门上网，在 2000 年实现 80% 以上的部委和各级政府部门上网。截至 2001 年 1 月底，以 gov. cn 为结尾注册的域名总数达到 4722 个，占国内域名总数的 4%；已经建成的 www 下的政府网站达 3200 多个，70% 以上的地市级政府在网上设立了办事窗口。①

2002 年 8 月 5 日，中共中央办公厅、国务院办公厅联合下发了《国家信息化领导小组关于我国电子政务建设指导意见》（即"中办发 17 号"文件），提出了"十二金"工程，这是一个重要的转折点，对我国发展电子政务意义重大。"十二金"工程由国家发展和改革委员会主持建设，其内容包括金宏、金关、金税、金财、金融（含金卡）、金审、金盾、金保、金农、金水、金质、办公业务资源系统等十二个业务系统。同时，"十五"期间，各级政府依照相关要求和政策进一步在全国范围内加快建设政务平台，整合信息资源，统一平台、统一标准，并围绕"两网一站四库十二金"重点展开。"两网"，是指政务内网和政务外网；"一站"，是政府门户网站；"四库"，即建立人口、法人单位、空间地理和自然资源、宏观经济等四个基础数据库。"两网一站四库十二金"覆盖了我国电子政务急需建设的各个方面，涉及信息资源开发、信息基础设施建设与整合、信息技术应用等领域，初步构成了我国电子政务建设的基本框架。

（3）以公共服务为核心的建设阶段。

胡锦涛总书记曾指出，我国信息化的目的是要提高行政透明度，提高管理效率，推进勤政廉政。说到底，如果搞信息化不能便民，反而更麻烦、更复杂了就没有生命力了。要确实让老百姓感到信息化是为人民服务，为老百

---

① 国务院发展研究中心课题组："电子政务在我国的发展与制度建设"，载《经济社会体制比较》2002 年第 3 期，第 97 页。

姓服务，这才有意义。① 当前，我国已开始强调通过电子政务建设促进政府职能由管理型向服务型转变，不断改进政府行政监管职能的行使方式，通过"以人为本"的公共服务手段，更为"人性化"的行使政府管理职能。《2006~2020 年国家信息化发展战略》（中办发〔2006〕11 号）明确指出，逐步建立电子政务公共服务体系，推动服务型政府建设。

2006 年 1 月 1 日，中华人民共和国中央人民政府网站（简称"中国政府网"）正式开通，标志着由中央政府门户网站、国务院部门网站、地方各级人民政府及其部门网站组成的政府网站体系基本形成。2006 年 12 月 29 日，《国务院办公厅关于加强政府网站建设和管理工作的意见》（国办发〔2006〕104 号）出台，提出将政府网站真正办成政务公开的重要窗口和建设服务政府、效能政府的重要平台。与此同时，专业化的政府服务网站日益增多，服务内容更加丰富，功能不断增强，互动性大大提高。例如，北京市工商行政管理局建立了网上办公平台——红盾 315 网站（www. hd315. gov. cn），开展了网上专项审批、网上注册与年检、网上经营者身份及经营行为合法性认证、经营性网站备案核准、域名备案登记等业务。

总之，自 1993 年提出"三金工程"算起，我国的电子政务建设发展至今已超过 20 年。到 2008 年，100% 的省级政府和国务院组成部门、98.5% 的地市级政府，以及初步统计超过 85% 的县区级政府已经建立了政府网站。北京、上海、广州、深圳等地方政府网站提供的网上办事和服务项目超过 2000 项。② 然而，与数量上的急速增长相比，我国电子政务的整体发展水平还较低。根据《联合国 2014 年电子政务调查报告》，中国电子政务发展指数为 0.5450，全球排名第 70 位。尽管相比 2012 年，排名上升了 8 位，但也充分显示出我国尚处于电子政务发展的初始阶段，远远不能满足公共服务的需求。

① "国务院信息化工作办公室陈小筑司长演讲"，载 http: //tech. sina. com. cn/other/2004 - 11 - 19/1439462115. shtml，访问日期：2016 年 5 月 25 日。
② 吴昊、孙宝文："当前我国电子政务发展现状、问题及对策实证研究"，载《国家行政学院学报》2009 年第 5 期，第 123 页。

考察我国电子政务的发展，以政府办公自动化为起点，历经金盾工程、政府上网工程、政府门户网站建设，到数字城市、数字中国构想的提出，走的是一条技术驱动、以重点突破带动全面发展的建设路线。虽取得了一些成就，但这种技术驱动的发展战略也带来了一些影响我国电子政务可持续发展的问题，电子政务建设或游离于政府管理体制之外，发挥的作用有限，或流于适应传统管理体制的怪圈，背离政府业务流程重组、治理结构变革和管理创新的初衷，或各自为政，重复建设，产生"电子浪费"和新的信息孤岛。[①] 因此，对电子政务发展来说，下一步解决的首要问题是电子政务与行政管理体制改革的融合。"融合"蕴含两个意思：一方面，电子政务本身要发挥其功能，从信息化的视角推动机构的优化；另一方面，电子政务本身的深化需有行政管理体制改革作为保障。通过两者的融合互动，提升政府的公共服务能力。

（二）电子政务的应用领域

电子政务这个术语覆盖了非常宽泛的领域，具有相当不确定的轮廓。一般而言，可从四个不同的角度予以观察，即电子服务、电子商业、电子民主和电子管理。[②]

1. 电子服务和公民（e - services and citizens）

电子政务为变革及改善政府的公共服务提供了无限可能性，行政机构可以不休息地、24 小时不间断地提供服务，而公众也可从任何便利的地点，如住宅或办公室的电脑，访问政府信息或接受公共服务，彻底改变了政府与公民之间的沟通方式。借助信息技术，政府可以根据公众的需要，而不是从自身的便利出发，提供公共服务。公民、企业或其他组织从中获得的利益，包括收集、传播信息的费用的降低，不受办公时间限制全天候访问政府，以及要求行政机构更准确、更快捷地提供信息等。

---

① 熊枫："电子政务管理内涵探析"，载《中国行政管理》2012 年第 12 期，第 119 页。

② Mark LaVigne, "Electronic Government：A Vision of a Future That is Already Here", Syracuse Law Review, 2002, Vol. 52, pp. 1245 - 1247.

可以说，到目前为止，行政机构对信息技术的最重要，也是最广泛的应用，集中在信息的传播或公布（即所谓的电子公开，e-publication）。通过将互联网转换成一个巨大的政府公告栏，极大提高了公众从政府处获取信息的能力。目前，政府网站是最常见的公开信息的电子方式。这些网站通常向公众提供一些基本的政府信息，如政府官员的姓名、机关地址和电话号码、在线出版物、电子邮件地址以及与机关功能相关的其他特定信息。通过电子公开，显著加强公众与政府官员之间的沟通能力，提高行政机关的可接近性，并增进了透明性。当然，这样做也存在一定的争议，主要表现在是否有助于加强政府的正当性。

2. 电子商业和政府交易（e-commerce and government transactions）

电子商业是指购买政府提供的服务，或反之，政府向社会的采购。例如，公民可通过电子方式交税，或政府经由互联网购买办公用品等。此种应用方式尽管看起来很像电子商务，但仍是电子政务的一部分。目前，政府正在从事的电子商业形式还包括在线拍卖剩余设备、更新汽车登记或建立公共设施预订网站等。通过电子方式处理这些交易，相比传统的纸面形式，不仅提高效率，且更具成本效益性。

3. 电子民主和公众参与（e-democracy and public participation）

电子民主属于电子政务革新的政治面或参与面，一般指向加强公众参与的一系列活动，如电子投票、虚拟市镇会议、反馈调查、公共调查或社区论坛。公众参与虽无统一的定义，但为指引信息技术的应用，仍有必要为电子化参与确定一个可供遵循的一般性概念。具体而言，电子化参与是指使用电子化工具来鼓励公民与利益相关团体参与政府机关的决策或者法规制定过程，通常以三种形式呈现：决策透明化、电子邮件以及电子化法规制定。①

在传统官僚制的管理体制下，政府管理缺乏公众参与，其中一个原因

---

① 金湘军："电子政务背景下的公民参与和政府管理创新"，载《马克思主义与现实》2010年第3期，第85页。

在于信息传播的方式不便利且成本高。信息技术发展的一个最为重要的面向，就是沟通能力的加强，即通过实质性地减少交易成本，促进参与机制更广泛地应用。此一新的电子沟通媒介具有极强的互动性，透过政府与社会大众之间的双向沟通，可以促进公众对政治过程更为深入的参与。互动性同样也可以增进政府的责任性和可接近性，强化责任政治。通过这些电子媒介，社会大众能够获得更多的知识，并得以更好地理解，从而促进对公共事务的批判性辩论与讨论。在此一面向，信息技术在某种程度上，可以引导我们走向哈贝马斯所说的理想言谈情境，在理性基础上促成更好的行政决策。

因此，必须将促进公众参与确定为电子政务不可或缺的应用领域。不过，也要看到，信息技术虽能便利公众与政府官员之间的交流，但对于确保实质性的交流和协商，或确保政府官员实际上将公众意见考虑进政策内容中，却没有什么帮助。也就是说，将公众意见传给政府是一回事，确保政府实际上考虑这些意见又是另一回事。

4. 电子管理和政府效率（e-management and government efficiency）

电子管理指向在信息系统背后，支持政府管理和行政功能的所有活动，包括分享行政机构的数据、维持电子公共记录和数字图书馆、发展新的管理和工作团队等。例如，行政机构可将数据电子化，通过以电子形式储存（e-storage），降低成本。而且，计算机也可被行政机构作为一个管理工具，运用于案卷管理和效率研究，即所谓的电子卷宗（e-dockets）。

传统上，行政过程具有这样的一种形象，即人力和时间高度密集的纸面重负过程。随着政府在物理上和组织上持续地跨越传统的界限开展工作，电子化管理将在政府各部门的业务中发挥更大的作用。这些发展有效减少公民与行政机构之间的中间环节，打破行政机构之间的隔离，提升政府的治理效率。总之，互联网所塑造的技术革新正在改变着政府管理，曾经的纸面程序，很大程度上已经被一个电子过程取代。

第二节　电子化行政立法的概念界定

一、行政立法的概念辨析

（一）何为行政立法

行政立法这一术语本身及其涵盖的范围，一直都是有争议的。在我国，关于行政立法的概念，存在多种理解，通常从两个不同的角度展开分析：一是从制定主体入手，相对于立法机关制定的法律，行政立法的制定主体局限为行政机关，有争议的是包括所有的行政机关，还是仅指可以制定行政法规或规章的行政机关，学者们大多持后一观点。[①] 二是从法律效力入手，行政立法仅指对外发生法律效力的规范性文件，还是包括不具有外部效果的、规范内部行政秩序和运作的行政规则。由于行政规则虽属一般、抽象性规定，但并不直接拘束相对人，本质上为内部法，故不应将其视为一种"立法"。据此，行政立法是指行政机关（不限于形式意义上的行政机关）依照法定权限和程序，针对公民、法人或其他组织制定的具有普遍约束力的规范性文件的活动。上述概念是从广义上界定行政立法，包括行政法规、行政规章及具有法规范属性的其他规范性文件。这是因为三者在法律位阶上虽有所差别，却有着一个共通的特征，即都是一般、抽象的规则，在某特定范围内普遍地予以执行和适用。[②]

上述从法律效果上界定行政立法范围的做法，借鉴了德国的法规命令与行政规则，以及美国的立法性规章（legislative rule）与非立法性规章（non-

---

① 胡锦光编著：《行政法学概论》，中国人民大学出版社 2010 年版，第 69 页；姜明安主编：《行政法与行政诉讼法》，北京大学出版社、高等教育出版社 2011 年版，第 162 页；应松年主编：《行政法与行政诉讼法学》，法律出版社 2005 年版，第 127 页。

② 姜明安主编：《行政程序研究》，北京大学出版社 2006 年版，第 61 页。

legislative rule）之间的划分。从正当法律程序的角度看，行政规则原则上没有制定程序上的要求，一般也无须对外公布，只在解释性规则及裁量基准等具有间接外部效果的情形下，才有公布的义务，因此，正当法律程序的适用主要表现在行政立法上。我国早先制定的《行政法规制定程序条例》和《规章制定程序条例》中未采纳行政立法与行政规则的二元分类，学理上对该分类的合理性也存在怀疑。但由于该分类反映了程序设置上的功能性考量，近年来在统一行政程序法立法过程中逐渐受到重视，并在《湖南省行政程序规定》《山东省行政程序规定》等地方行政程序立法中得到部分体现。①

（二）行政立法与行政行为的区别

1. 行政行为概念上的争论

行政行为概念由大革命后的法国最先创造，后由奥特·玛雅（Otto Mayer）引入德国并成为行政法学的一个核心概念，他将行政行为界定为"行政机关对相对人在具体事件中作出的决定其权利的优越性的宣示"。不过，直到1976年经德国联邦行政程序法的明确规定，才成为实定法上的概念。② 在我国，针对行政行为的概念，理论上形成了不同的学说，大致分为行为主体说、行政权说和公法行为说，其中后者又包括全部公法行为说、立法行为除外说、具体行为说和合法行为说等四种观点。③ 这些学说一个重要的分歧点在于行政行为的外延界定，即行政行为是一个包含具体行政行为和抽象行政行为在内的属概念，还是仅指具体行政行为。

2000年施行的《最高人民法院关于执行〈中华人民共和国行政诉讼法〉

---

① 如《山东省行政程序规定》第43条规定："本规定所称规范性文件，是指除政府规章外，行政机关在法定职权范围内，按照法定程序制定并公开发布的，对公民、法人和其他组织具有普遍约束力，可以反复适用的规定、办法、规则等行政公文。行政机关制定的内部工作制度、人事任免决定、对具体事项的处理决定、工作部署、向上级行政机关的请示和报告以及其他对公民、法人和其他组织的权利义务没有直接影响、不具有普遍约束力、不可以反复适用的公文，不适用本规定。"

② 杨建顺：《行政规制与权利保障》，中国人民大学出版社2007年版，第278页。

③ 姜明安主编：《行政法与行政诉讼法》，北京大学出版社、高等教育出版社2011年版，第150～152页。

若干问题的解释》有意放弃了 1991 年《最高人民法院关于贯彻执行〈中华人民共和国行政诉讼法〉若干问题的意见（试行）》第 1 条对具体行政行为的定义，转为使用行政行为一词。2014 年修改后的《行政诉讼法》第 2 条借鉴了 2000 年司法解释，继续使用行政行为表述。这些举措具有扩大行政诉讼受案范围的可能性，一定程度上呈现出对具体、抽象之争的扬弃，从行政救济的需要出发，意图以延伸具体行政行为外延的方式达到扩张行政诉讼受案范围的目的。此举在暂时缓解一些矛盾的同时，也造成严重的后果。就行政程序领域而言，不仅需要区分抽象行政行为与具体行政行为在程序规定上的差异，而且，考虑到行政指导、行政合同等非权力行政手段在程序设计上存在特殊的要求与考虑，因此，对具体行政行为作扩大解释并不妥当，甚者需要进一步限缩其内涵与外延，重新回归传统的行政行为概念。[①] 基于上述因素，本书将行政行为界定为行政机关为实现行政目的，针对具体事件作出的对外直接发生法律效果的单方性权力行为。

2. 区分标准

从行政立法和行政行为的定义可知，区分二者的关键在于某一行政作用方式是否具有普遍约束力。所谓的"普遍约束力"，是指行政机关针对不特定对象发布的能反复适用的行政规范性文件。[②] 据此，是否具有普遍约束力，需结合"不特定对象"与"反复适用"两点认定，与之相符合的即是行政立法；反之，则为行政行为。德国、美国也采取类似的区分标准，例如，在德国，法规命令与处理具体事件的行政行为的不同之处在于"抽象——一般"的特征；[③] 美国联邦最高法院在双金属案（Bi – Metallic Investment Co. v. State Board of Equalization）中提出了区分规章与裁决的"一般—特定"二分法

---

① 关于这个问题，可参见杨建顺：《行政规制与权利保障》，中国人民大学出版社 2007 年版，第 282 页；余凌云：《行政法讲义》，清华大学出版社 2010 年版，第 212 页。

② 《最高人民法院关于执行〈中华人民共和国行政诉讼法〉若干问题的解释》第 3 条规定："行政诉讼法第十二条第（二）项规定的'具有普遍约束力的决定、命令'，是指行政机关针对不特定对象发布的能反复适用的行政规范性文件。"

③ ［德］哈特穆特·毛雷尔：《行政法学总论》，高家伟译，法律出版社 2000 年版，第 334 页。

（general – specific dichotomy），即规章是影响相对多数人的政府行动，而裁决是法律的适用或有关特定个人的事实的决定。①

"一般—特定"二分法作为区分行政立法与行政行为的标准，虽然得到法院的普遍认可，但由于很难在一般与特定之间划定清楚的边界，导致某些行政作用方式仍难以归类。戴维斯教授作出了一定的努力，指出裁决性事实回答的问题通常是谁做了什么、时间、地点、方式、原因、动机或目的；立法性事实通常并不关注直接的当事人，而是有助于裁判机构确定法律、政策和裁量问题的那些笼统的事实。② 尽管这些阐释在某些情况下有帮助，但并未提供一个可操作的方法。因此，将行政活动归类时，一方面需要考虑行政机关是否在调查针对个人的事实基础上，对其适用法律，如果属于这种情况，一般可归为行政行为；另一方面，当存在归类困难时，必须从各种法律行为的总体画面出发，将其纳入最贴切的法律形式之中。③

（三）行政立法程序的分类

1. 美国《联邦行政程序法》的分类

1946 年《联邦行政程序法》（Administrative Procedure Act，APA）规定了行政机关制定、修改或废止规章的程序，合称为规章制定（rulemaking），即行政立法程序。其中，对于立法性规章制定，《联邦行政程序法》规定了两种程序类型：正式程序（formal rulemaking）与非正式程序（informal rulemaking）。这是行政机关制定规章的最低程序要求，其中必经的公告评论步骤尤其体现了正当法律程序的基本内涵。

（1）非正式程序，又称公告评论程序（notice and comment rulemaking）。

根据《联邦行政程序法》第 553 条的规定，公告评论程序具体分为三个

---

① Edward L. Rubin, "Due Process and the Administrative State", California Law Review, 1984, Vol. 72, p. 1117.

② ［美］肯尼斯·卡尔普·戴维斯：《裁量正义》，毕洪海译，商务印书馆 2009 年版，第 274 ~ 275 页。

③ ［德］哈特穆特·毛雷尔：《行政法学总论》，高家伟译，法律出版社 2000 年版，第 190 页。

步骤：其一，拟议规章的公告，公告应刊登于联邦公报（Federal Register）上，但相关人员已被提及并个别地通知，或依法事实上已经得到通知者不在此限。公告的内容包括：拟议规章公开的时间、地点及性质的说明；拟议规章的权责机关；拟议规章的名称用语或宗旨，或对于所涉及的对象或争议的说明等。其二，评论，行政机关应赋予利害关系人参与规章制定的机会，不限于口头陈述，利害关系人也可藉由书面提出资料、观点或论据的方式来参与。其三，发布规章，行政机关应在通过的规章中附上有关制定该规章的基础和目的的一般性说明。行政立法除非法律明文要求必须适用正式听证程序，或者法律明文排除听证程序，只需对外公布并刊载联邦公报，否则都必须经过非正式程序。该程序的目的，用道格拉斯大法官的话来说，"是为了迫使那些重要的问题完全公之于众，以此促使行政机关作出行动时能更负责任"，同时，也希望行政机关能从相关评论中有所学习进而制定出更好的最终性规则。①

（2）正式程序。

这是一种司法化程度较高的行政立法程序，又称审判式听证程序（trial-type hearing rulemaking）。根据《联邦行政程序法》第 556 条、第 557 条之规定，程序上也是分三步走，其中公告和发布与非正式程序基本相同，只是在公众参与的方式上有所差别，采取的是听证程序，而不是一般的评论程序。② 正式程序中的听证是以对抗制审判方式进行，各方当事人可以相互质证，听证记录具有排他性，最终发布的规章须得到听证记录中证据的支持。总体上看，非正式程序基本上模仿立法程序，利害关系人参与的程度较浅；正式程序则是非常严格的司法式程序，给予利害关系人类似审判程序的参与保障。实践中，正式程序的使用率较低，据估计约有 15 部联邦法律有此要求，不到规章的 1%。③

---

① ［美］Russell L. Weaver："《联邦行政程序法》中的一个非立法性规则条款"，郑淑霞译，见杨建顺主编：《比较行政法——方法、规制与程序》，中国人民大学出版社 2007 年版，第 349 页。

② 姜明安主编：《行政程序研究》，北京大学出版社 2006 年版，第 75 页。

③ 应松年主编：《行政程序法》，法律出版社 2009 年版，第 39 页。

2. 我国法律中的分类

在我国，行政立法的程序问题与立法体制存在密切联系。现行立法体制是"中央统一领导和一定程度分权的，多级并存、多类结合的立法权限划分体制",① 这一实体上的立法权配置很大程度上影响着行政立法程序。相较于行政行为程序领域已出台多部法律，行政立法程序实现法制化的时间比较晚，且多表现为规章及其他规范性文件中的程序规定。鉴于在行政立法程序中，行政法规、规章的制定程序与其他规范性文件的制定程序差别较大，故分别予以介绍。

（1）行政法规、规章制定程序。

行政法规、规章的制定程序主要体现在国务院 2001 年 11 月 16 日公布，并于 2002 年 1 月 1 日实施的《行政法规制定程序条例》和《规章制定程序条例》。大体上看，行政法规、规章的制定程序需经过起草、审查和发布等三个环节。鉴于强化公众参与是当前行政立法的发展趋势和核心课题，以下将围绕公众参与介绍行政法规、规章制定程序。

公众参与主要体现在行政法规、规章的起草、审查阶段，具体规定如下：首先，在起草阶段，起草机关应广泛听取公众意见，听取意见的形式包括书面征求意见、座谈会、论证会和听证会等，其中《规章制定程序条例》第 15 条对听证会程序作出了详细的规定。② 其次，在审查阶段，以行政法规为例，国务院法制机构应当将送审稿或者送审稿涉及的主要问题发送国务院有关部门、地方人民政府、有关组织和专家征求意见；如果是重要的行政法规送审稿，经国务院同意后，可以向社会公布，征求意见。行政法规送审稿涉及重

---

① 周旺生:《立法学》，法律出版社 2009 年版，第 149 页。

② 《规章制定程序条例》第 15 条："起草的规章直接涉及公民、法人或者其他组织切身利益，有关机关、组织或者公民对其有重大意见分歧的，应当向社会公布，征求社会各界的意见；起草单位也可以举行听证会。听证会依照下列程序组织：（一）听证会公开举行，起草单位应当在举行听证会的 30 日前公布听证会的时间、地点和内容；（二）参加听证会的有关机关、组织和公民对起草的规章，有权提问和发表意见；（三）听证会应当制作笔录，如实记录发言人的主要观点和理由；（四）起草单位应当认真研究听证会反映的各种意见，起草的规章在报送审查时，应当说明对听证会意见的处理情况及其理由。"

大、疑难问题的，国务院法制机构应当召开由有关单位、专家参加的座谈会、论证会，听取意见，研究论证；如直接涉及公民、法人或者其他组织的切身利益的，国务院法制机构可以举行听证会，听取有关机关、组织和公民的意见。①《规章制定程序条例》的规定与之基本相同。

依公众参与程度的不同，可将行政法规、规章制定程序大致分为正式程序与非正式程序。听证会是一种正式的行政立法程序，除此之外，行政法规、规章还可以采取书面征求意见、座谈会、论证会等参与形式。后者要求起草部门在听取公众意见的基础上作出相应的说明，一定程度上体现了正当法律程序的要求——听取意见并说明理由，可以视为一种非正式的行政立法程序。

（2）其他规范性文件制定程序。

关于其他规范性文件的制定程序，迄今尚无全国统一的立法规定，国务院发布的一些文件中对此有所涉及。例如，《全面推进依法行政实施纲要》（2004年）和《国务院关于加强市县政府依法行政的决定》（2008年）中均规定行政机关在制定规范性文件时，应当采取多种形式广泛听取意见，重大或者关系公众切身利益的草案，要采取听证会、论证会、座谈会或者向社会公布草案等方式听取意见，同时还要建立对听取和采纳意见情况的说明制度。这些要求在地方政府制定的行政程序规定中，如《湖南省行政程序规定》（2008年）、《山东省行政程序规定》（2011年）及《凉山州行政程序规定》（2010年）等，均得到落实。

总之，考察我国行政立法程序的基本规定，不难发现，其主要是以行政机关为基点作出规范，内容上以内部程序为主。如果换个角度，从公众参与入手，则可将程序内容概况为立法草案公告→征求公众意见→公布正式文本等三个步骤。大体上类似于美国《联邦行政程序法》的公告评论程序，只是在每一步骤的具体要求上，存在侧重点的不同。

---

① 《行政法规制定程序条例》第19、21、22条。

二、电子化行政立法的概念与性质

（一）电子化行政立法的概念

1. 概念分析

电子化行政立法，在美国被称为电子化规章制定或在线规章制定（e-rulemaking, online rulemaking），针对其定义，学者们有不同的表述。如王贵松博士认为，电子化行政立法是指行政机关"利用互联网技术进行起草立法草案、公布草案、就草案征求意见、表决和公布最终法案等立法活动。其关键目标在于，让公众更容易获取政府规章的信息，并参与到制定规则的过程之中"。[①] 美国康奈尔大学的法瑞拉教授（Cynthia R. Farina）认为，电子化规章制定是"使用技术（特别是计算机和互联网）来从事下列活动：（1）协助制定拟议中的规章；（2）使规章制定材料可以更广泛地通过在线方式访问，以及提供搜索、分析、解释和管理所获得的信息的工具；（3）促进更有效、更多样化的公众参与"。[②]

从电子化行政立法的字面意思看，其实就是将信息技术应用在行政立法过程中的一系列活动。尽管行政实践中，存在着许多关于行政机关如何使用信息技术来制定或执行规范性文件的做法。就本书而言，电子化行政立法的定义被限定在行政立法过程中，即从规范性文件的起草到正式文本的公布的范围内，行政机关使用信息技术的一系列立法活动。比如，在网站上张贴拟议规章及其最终文本的公告；在线共享信息；接受公众在线评论；管理电子卷宗中的制规记录；以及举办在线公众会议或使用社交媒体、博客或其他web 应用程序，提高公众参与立法的意识，等等。

2. 性质争议

关于电子化行政立法的性质，主要存在两种观点：一是认为它是一种新

---

① 王贵松："论立法中的电子革命"，载《法学家》2005 年第 5 期，第 129 页。

② Cynthia R. Farina, "Achieving the Potential: The Future of Federal E-Rulemaking (2009)", Administrative Law Review, 2010, Vol. 62, p. 281.

型的立法行为；二是认为它仍然是传统的立法，只是利用电子手段实现而已。针对二者之间的分歧，正如学者所言，"电子化规章制定可以从根本上改变立法过程，或者只是纸面流程的简单数字化"。① 类似于电子政务与传统政府的区别，电子化行政立法并不是简单地将立法过程数字化，更不是仅仅将传统的纸面立法实践复制到互联网。信息技术对于行政立法而言不仅是一种形式和手段，它将对行政立法的整个运作过程产生深远的影响，不仅改变行政立法的程序和模式，而且还会影响到行政立法主体的价值理念即政府官员的行政理念和行政相对人的政治理念。② 可以说，如果设计得当，信息技术能够促进协商，并给予公众在政策制定中发出更大的声音。长此以往，行政立法将从目前以行政为起点的单向度程序，最终发展为以公众为起点的双向度程序，实现"规章制定的革命"（rulemaking revolution）。

（二）电子化行政立法的主体和对象

基于本书对行政立法的定义，在我国，电子化行政立法的主体不限于具有行政法规和规章立法权限的特定行政机关，即国务院及其主管部门，省、自治区、直辖市和设区的市、自治州的人民政府，而且包括一切具有制定规范性文件权限的行政机关。此外，当提到美国的电子化规章制定时，特指联邦政府及其所属15个政府部门中的170多个不同的规章制定实体以及一些独立规制机构，所从事的规章制定活动。

电子化行政立法的对象是指行政机关制定的规范性文件，包括行政法规、规章和其他规范性文件等三大类。其中，后者是指"行政机关及被授权组织为实施法律和执行政策，在法定权限内制定的除行政法规和规章以外的决定、命令等普遍性行为规则的总称，俗称红头文件"。③ 可见，行政立法的对象指向适用于不特定公民、法人或其他组织的普遍性规则，由此区别于行政行为。

① Jeffrey S. Lubbers, "A Survey of Federal Agency Rulemakers' Attitudes about E-Rulemaking", Administrative Law Review, 2010, Vol. 62, p. 454.
② 臧震：《美国电子化行政立法研究》，山东大学法学院2007年硕士学位论文。
③ 姜明安主编：《行政法与行政诉讼法》，北京大学出版社、高等教育出版社2011年版，第176页。

就美国而言，根据《联邦行政程序法》第551条的定义，规章系指行政机关为执行、解释或规定法律或政策，或说明该机关的组织、程序或实行要件，而向未来生效的一般或特别适用情形的全部或部分的说明，包括未来的费率、工资标准、公司体制、财务结构及其改组、价格、设施、装置、服务、津贴、估价、成本、会计，或关于上述事项实行方法的核准或规范。在类型上包括立法性规章和非立法性规章，前者是由国会授权行政机关制定，可创设公民的权利义务关系，有等同于法律的拘束力，对法院、行政机关及公民都具有约束力；后者主要包括解释性规章和政策性说明，对外没有约束力，不适用《联邦行政程序法》的规章制定程序。据此，美国的电子化规章制定实际上针对的是立法性规章。

（三）电子化行政立法的优势

互联网应用带来的技术革新，正在深刻地改变着行政立法程序的基本特征。曾经的全纸面过程，已经在很大程度上被一个电子过程取代。在电子化行政立法中，规章草案的公告可以得到更广泛的传播，甚至可以将公告自动发给事先申请的个人或组织。此外，公告还可链接上与草案内容相关的研究报告、规制分析及其他信息，以方便公众查阅。征求意见的过程也更加人性化，通过要求公众围绕特定主题提出意见，回应行政机关的需要，实现互动式立法。草案还可切割成不同的部分分别征求意见，形成对特定问题的"线性"评论。在行政立法程序的最后阶段，通过采用新的技术手段，能够将最终法案与其他所有相关的规范性文件、评论及行政机关的回应相链接，为公众遵循法律提供便利。

据此，相比传统的纸面立法过程，电子化行政立法具有两个突出的优势：一是为行政立法活动提供充分且有意义的信息；二是促进公众参与的真正实现。前者意味着在行政立法生成的每一个步骤上，为公众提供接近信息的途径，即公众应当获得一个关于进行中的或最终的法案的垂直视图。后者要求参与者与其他利害关系人一样能够实时参与立法过程，通过一个更合理的、互动的、更少对抗性的参与途径，实现法案内容的最优化。不过，电子化行政立法的这两个优势，附带地也存在一些问题。其中，信息方面的问题包括安全、隐私、监督和版权等；参与方面的问题包括怎样最大限度地吸引公众关注立法公告，提供更便利的评论机会的可能性，在线聊天室应当适用的规则，以及更复杂的电子协商立法等。

虽然电子化行政立法尚处在初期阶段，远未实现"规章制定的革命"，但毫无疑问，其具有提高立法过程的可理解性、透明性和可负责性的变革潜力。也就是说，电子化行政立法如能得到有效贯彻，可以将立法过程公开给更广泛的参与者，公众更容易获得立法信息，便于利益组织之间就政策的内容及其实施展开对话，改善规制协调，并产生更有效的、更容易被公众接受的以及行政机关更容易执行的法案。这将极大地促进公众参与，提升政体的民主正当性。

第三节　电子化行政立法的产生背景

一、行政立法的信息需求

（一）信息在行政立法中的作用

截至 2011 年 8 月底，我国已制定现行宪法和有效法律共 240 部、行政法规 706 部、行政规章 12 000 多部，[①] 行政立法已数十倍于全国人大及其常委会制定的法律，法治（法律的统治）日益成为规章乃至规范性文件的统治。行政立法是行政机关实施法律，贯彻社会、经济、环境及公众健康和安全等政策的最常用的方式。然而，任何制度皆是"有限理性"的产物，作为行政制度之一的行政立法又如何克服其"有限理性"的囿域，促进公共利益的实现？可以说，这些局限的克服在很大程度上有赖于信息的利用及其功能的发

---

① "《中国特色社会主义法律体系》白皮书"，载 http://news.xinhuanet.com/2011-10/27/c_111127507.htm，访问日期：2016 年 5 月 26 日。

挥。行政立法的科学、理性及民主性要求，决定了行政立法必须要有充实的信息作为基础。①

1. 行政立法需要利用信息以增强其实效性和公信力

行政立法往往针对某一特定领域或专门问题，在制定某项具体行政法规或规章时，行政机关必须先要了解相关"行情"。现代社会日新月异的发展和飞速的变革，要求立法主体对特定领域的技术信息、行业发展状况、最新技术更新情况等有充分的了解，要求对科技发展的程度、技术信息的现状及其未来走势的基本预测和评估有相当的洞察力。如有关能源的立法就要求有较高的专业性和技术性，如果对能源现状需求、技术发展、开发利用的现状、现行制度障碍等因素没有充分的认知，就不可能制定出高质量、可行性强的相关行政立法。全球化的浪潮也冲击了法治的园地，立法人员还应当具备对海外立法经验的借鉴能力，通过对照、比较，结合实际情况择优而用。如果行政机关对相关信息的收集、获取不充分，就无法有效地利用这些信息并将它们反映在立法中，制定出来的行政法规或规章就不可能与实际社会生活相适应，就会降低行政法规、规章的实效性和公信力，甚至出现"执法难"的局面。因此，只有具备充实的信息基础，充分结合实际的需要，行政立法才能做到内容充实、执行有效。

2. 立法的民主性要求行政立法充分地利用信息

民主是立法正当性的前提和保证，但行政立法主体不是民意代表机关，且我国现行行政体制的行政首长负责制亦适用于行政立法，故而行政立法往往缺乏民主的机制。这是我国行政立法在制度上的两难境地。如何克服这种两难境地，无疑需要从民主角度加以突破。民主立法原则，要求立法内容体现民意，立法程序公开、民主，应当充分听取各方主体的意见。体现民意的前提是了解民意。行政立法的民主性建立在听取各方意见、充分收集各方信息的基础上。在行政立法过程中，实施民主参与是行政立法主体获取、了解

---

① 杨解君、张黎："信息时代行政立法的信息利用"，载《南京社会科学》2008 年第 5 期，第 108 页。

民意信息的最佳途径。行政立法的主体不应当仅仅局限于行政立法机关，还应当广泛吸收社会各界的主体参与其中，实现立法主体的多元化，以保证立法内容和程序的民主性。

3. 行政立法应当反映和体现多方的利益需求，必然要求其了解和掌握多方的信息

信息包含着利益表达，这是相关立法信息的重要特征。法是调整利益关系的分配规则，立法过程中的主要工作就是搜集相关利益要求、对利益要求进行分析并在最后对利益要求进行整合并将其纳入立法文本。法律触及社会的方方面面，不同主体之所以参与立法，表达自己观点和意见，都是出于利益的考虑。所以，立法的过程实质上就是利益处理的过程，是不同社会阶层利益表达和博弈的过程。这些利益就包含在各方主体争先恐后表达的信息当中。从利用信息的角度看，立法的过程主要表现为对信息的收集、获取、处理、使用的过程，其本质是对多元利益的了解、吸收、整合的过程。这一过程至关重要，它运作的好坏不仅决定一部法的质量，而且关乎人们对法律的信仰。要知道，"一个被法律规则抛弃的主体不会萌生对法律的信仰"。[1] 因此，在行政立法过程中一定要对包含多元利益主体利益要求的各种信息予以充分重视，以提升行政法规、规章的认同度。另外，多元利益主体可通过广泛的民主参与使其适当利益要求转化成"公益"。

4. 在行政立法中充分利用信息有助于克服"有限理性"的缺陷，使行政立法体现内容和形式的科学性

行政立法主体在获取利用信息时，由于其自身专业知识或技能不可能达到尽美的状态，也不可能完全掌握并贯彻良好立法理念，总会存在一些不可避免的局限性。例如，一些立法，特别是技术领域的行政立法往往具有高度专业性，单凭某一行政机关制定，难以保证法律规范所普遍要求的科学与严谨。技术专家、实务专家和法律专家的专业知识，是立法科学性的保证（如

---

[1] 于立深："行政立法过程的利益表达、意见沟通和整合"，载《当代法学》2004 年第 2 期，第 26 页。

法律专家对"法言法语"的精确把握），行政机关应与其保持相关信息的沟通与交流，听取专业意见。因此，行政机关系统内的信息沟通与交流和行政机关与专家之间的信息沟通与交流，尤其是行政机关与社会公众之间充分的信息沟通与交流，可以在很大程度上保证信息的全面与真实。广泛而充分的信息沟通与交流是提高立法科学性和理性程度的有效手段。[①]

（二）行政立法的信息强度

1. 行政立法过程的复杂性

从法律规定看，行政立法程序可以归纳为三大步骤：草案公告、评论（征求公众意见）和发布正式文本。然而，在行政立法实践中，实际运行的程序相比法律规定更加复杂且存在若干不同之处。例如，在立法草案公告之前，行政机关可能就与利益组织针对某一事项是否应当立法以及立法内容为何，展开持续性的交流。而且，即使行政机关发布了最终的法案，行政立法程序也并未结束。在有些国家，对立法内容不满的公民或利益组织可以提出法律上的挑战，如果法院发现行政立法与法律相冲突，可以宣布其无效。在此种意义上，行政立法过程是反复的、持续变化的。

除了在时间上比法律规定的开始得更早、持续得更长外，实际的行政立法过程比法律规定的立法程序还要复杂。从信息技术在立法中的应用看，行政立法过程的复杂性至少有两个重要的含义：第一，行政立法的复杂性引发了制度上、决策上的挑战，而信息技术可以帮助行政机关克服这些挑战；第二，通过对行政立法过程中复杂的制度环境的清楚理解，有助于设计出能够有效应用于该领域的信息系统。

2. 突出的信息强度

行政立法最突出的特征之一是它的信息强度。行政立法对政府决策者提出了一些社会中最紧迫的争议，要求广泛的信息收集和分析。而且，即使是一些日常立法活动中涌现出的常规争议，虽然要求的新信息极少，但累积下

[①] 杨解君、张黎："信息时代行政立法的信息利用"，载《南京社会科学》2008 年第 5 期，第 108~109 页。

来也对行政机关提出了繁杂的信息要求。行政立法中要求的信息之所以数量多且复杂，原因是有许多不同利益诉求的个人或机构涉入其中。起草法案需要行政内部不同机构和工作人员相互间的合作，是不同学科的努力成果；而且，来自行政机关外部的角色，如立法机关、法院、利益组织或公众又提供大量的信息，并提出有效交流信息的要求。更重要的是，程序运行的最终产物——法律文本，也需要传播给数量众多的使用者，这些用户既来自政府内部，也来自政府外部。

对此，美国行政法学者 Peter Strauss 教授警告：公众提交的评论数量上的巨大爆炸式增长，对接受这些评论的行政机关是一个挑战，因为这些评论有些是被操纵的，而且，将它们彼此区分开来并判断哪些是有效的，存在相当的困难。公众的评论被视为电子民主的反映，意味着行政机关不仅需要倾听公众的意见，更应反映公众的意见。也就是说，行政机关不是简单地收集信息，而是应当反映这些信息的采纳结果，这一要求在当今变得非常强烈。Michael Herz 教授也认为，这可能是一个问题：如何才能现实地期望一个机构处理高达百万数量的评论，其中可能还包括成千上万的彼此重复的评论？为此，他提醒，"信息超载"（information overload）导致过去旧的立法模式不太适合，不可避免地，行政机关将被迫使用新的信息技术来协助处理大量的立法信息。①

可以说，收集、加工、分析和交流信息的任务占据了大量的行政成本。对许多行政机关而言，行政立法中的信息管理成为一个沉重的负担。部分是出于这一原因，行政立法的质量一直受到公众严厉的批评。考虑到行政立法在当今社会的重要性，任何改进行政立法管理和加强公众参与的信息技术手段，都应受到重视。借助信息技术的支持，因"信息超载"而压垮行政机关的担忧得到缓解，并有望在促进更有效的信息交流的基础上提高行政立法的质量。

---

① Jeffrey S. Lubbers, "A Survey of Federal Agency Rulemakers' Attitudes about E – Rulemaking", Administrative Law Review, 2010, Vol. 62, pp. 455 – 456.

二、公众参与的渐受重视

（一）行政法的"民主化革命"

行政国家出现以来，行政立法行为大量增加并在很大程度上取代了议会立法。立法机构不仅将立法权委托给非经选举产生的政府官员，在某些情况下甚至委托给私人。韦德和福赛斯教授指出，英国在传统上将行政立法视为"必要之恶，是对分权原则的不幸但又无可避免之侵犯"。由于行政机构一般不直接对公众负责，西方民主受到一定影响。对此，行政法的回应最终是制规程序的民主化。[①]

1. 民主正当性问题的提出

立法机关制定的法律如果不当剥夺或限制公民的基本权利，公民可以将矛头直接指向立法机关，通过行使选举权罢免选出的代表，使以后不再出现类似的立法，或者通过选举新的代表，修改不当的立法，总之，公民可以期望民主政治过程发挥对议会立法的制衡作用。行政立法的情况却与之不同，行政官员大多数不是通过选举产生的，公民通过行使选举权控制议会立法的做法在行政立法领域不免落空。

行政立法一般都有法律的授权，其正当性来自议会民主正当性的传送，但要求议会对行政立法实施全面的、实质的监督，只是传送带（transmission belt）模式下的理想情境。依靠法院事后的实体审查也存在严重问题，法院虽能够以违反法律保留或授权明确等理由推翻行政立法，但这种扶立法以抑行政的审查策略并不符合权力分立原则，也与行政国家的现实相背离。因此，在立法机关已习惯于弃置自己的权限的前提下，司法权的介入并不能为行政立法提供正当性。此时，如何使行政立法具备实效性和公信力？行政立法主体并非民意代表机关，行政立法如何克服其固有的民主局限？

[①] 张千帆、赵娟、黄建军：《比较行政法——体系、制度与过程》，法律出版社 2008 年版，第 762 页。

2. 公众参与抑或专家理性

既然通向议会的传送带不足以为行政立法传送充分的民主正当性，首选的替代方案是模仿议会的立法程序，将公众参与引入行政立法，通过民主参与来确保行政立法的正当性。就如斯图尔特教授所言，一个日益增长的趋势是，行政法的功能不再是保障私人自主权，而是代之以提供一个政治过程，从而确保在行政程序中广大受影响的利益得到公平的代表。[①] 当然，行政立法的正当性并不一定以一种基于民主的决策过程为基础，也可以来自公众对行政专业性的信任。据此，在实体审查趋于沉寂后，出现了两种不同的提升行政立法正当性的途径，即扩大公众参与或加强行政机关的专家理性。就后者而言，行政机关凭借对同一类问题的经常接触，以及通过专业训练选拔工作人员，可以获得相关的专门知识，这是法院和立法机关无法与之比拟的。然而，专家理性方式也面临不少问题，如管制俘获、反平等主义、隐含井蛙之见及不适于对相互竞争的社会价值作出选择等。[②]

对专家理性方式的质疑不仅表现在对行政机关保护公共利益的能力的怀疑，更重要的是对是否存在一种清晰可辨的公共利益存在疑问。从多元主义的立场看，政府的决定必须被视为集团之间的互动，不存在有别于具体集团的利益、包罗万象的公共利益。[③] 行政立法其实是对相互冲突的利益进行调整的过程，相较于公众，行政机关的专门知识在处理这些处于任何技术或专业能力界限之外的价值选择问题上，并不具有更高的优越性，在民主社会中能够为这种价值选择和利益权衡的结果提供正当性的机制只能是参与制度。因此，对行政立法程序的关注，不仅是为了尽可能地通过程序的合理化来追求立法结果的实体合理化，还需要通过公众充分而有意义的参与，为立法结

---

① ［美］理查德·B. 斯图尔特：《美国行政法的重构》，沈岿译，商务印书馆2002年版，第2页。

② ［美］杰瑞·L. 马肖：《行政国的正当程序》，沈岿译，高等教育出版社2005年版，第20~23页。

③ ［英］保罗·P. 克雷格：《英国与美国的公法与民主》，毕洪海译，中国人民大学出版社2008年版，第50页。

果提供正当性支持。这一参与民主虽未达到直接民主的理想，不过也可减少间接民主的种种流弊。①

（二）公众参与成为技术上可行的民主实践

行政立法理想上非常适合于公众参与，因其关注的主题相对特定，且受到法律提出的目标的拘束。然而，对参与实施管理并不容易，资源耗费也较大，对于行政机关来讲是毫无希望地费时，导致实践中行政机关普遍对公众参与持抵制情绪。更重要的是，公众参与对行政机关的政策决定没有什么影响，亦即，公众虽提出大量的批评意见，却无力提供一个替代性方案，而太多的意见对于行政机关的功能发挥来说是有害的。由此造成行政机关并不愿意受制于公众提交的评论，将它们忽略不计或置若罔闻。可以说，不管将行政立法当作利害关系人间的协商还是信息的采集过程，使参与具有可行性的工具的缺乏已经削弱参与作为一种权利的重要性。

长期以来，对传统纸面立法中公众参与的不信任，是电子化行政立法产生的一个背景，它是信息技术与民主理念相结合的产物。尽管技术本身不是公众参与的救世主，但可以降低参与的成本，从而促进参与机制的广泛使用。通过嵌进信息工具内的个人相互间交流和信息交换方式的改进，能够形塑和限制交流，清除无关的和过剩的瓶颈路段，使交流更有用，行政机关可以使用这些工具在立法中产生更有质量的和更易于管理的交流。行政立法中的公众参与既不是由政府驱动的自上而下的运动，也不仅仅是法院能在事后执行的程序权利，而应是一个框架，提供民主运作的方法，使个人和组织能有效参与公共事务，成为政府可以通过技术手段实现的一套民主实践，以增强公众参与以及改进政府的可接近性、负责性和透明性。总之，互联网作为一个参与媒介，为民主参与提供有效的技术手段，打开了思考立法民主化的新道路。

---

① 汤德宗："论行政程序法的立法目的"，载《月旦法学杂志》2000年第1期，第147页。

三、行政立法的控制必要性

（一）从实体控制到程序控制

1. 行政法控制模式的演进

以美国为例，行政法在过去一个世纪中经历了五种模式：（1）普通法模式，早先主要依赖公民针对行政机关提起的普通法诉讼，通过司法审查方式确保行政合法性。（2）传统模式，该模式将行政机关视为传送带，是服从于制定法和司法控制的从属机构，要求其在作出规制决定前，遵循审判式听证程序，法院则基于听证记录审查行政机关的事实认定和最终决定是否与法律一致。（3）规制管理的新政模式，新政期间设置的独立规制机构被视为政府的第四分支，拥有巨大的裁量权，带来了明显的民主赤字和专断权力的威胁，兰迪斯教授（James M. Landis）为此提出规制管理的观念，通过专家理性解决独立规制机构受到的批评。（4）利益代表模式，20世纪60年代以后，行政机关从逐案式的裁决转向通过规章制定来贯彻新的、影响深远的规制计划，法院对此的回应是在政府决策中参与的权利不应受到限制；（5）规制的分析管理模式，与利益代表模式同时期，里根总统签发第12291号行政命令，要求行政机关对拟议的主要规制和替代方案进行成本利益分析，目的是"规制"规制者，服从于白宫管理和预算办公室而不是法院的审查。①

2. 程序控制的必要性

行政法的传统模式将行政视为执行立法旨意的传送带，要求行政机关的行为具有立法的授权，由法律所指引、理性地运用，并由司法部门检验。亦即，公民通过选举控制立法机关，行政机关经由立法机关授权间接取得源自选举的民主正当性，法院的功能是确保行政服从于法治。据此，美国发展出禁止授权原则（non‑delegation doctrine），从实体上约束国会授予行政机关立法权；而德国法上的法律保留原则、授权明确性原则虽源自德国学理，但

① Richard B. Stewart，"Administrative Law in The Twenty‑First Century"，New York University Law Review，2003，Vol. 78，pp. 439－443.

实际上也是传送带模式的具体表现。对行政立法正当性的传送带解释，在行政国家的现实下却越发难以立足，这是因为行政裁量权的行使，是政策执行上无可避免的，并且行政机关也不可能毫无问题而机械化地执行立法机关的政策。现实中，即使立法机关努力强化制定法的详尽性，仍无法改变实体控制的松弛无力，依靠法院来落实禁止授权原则更不可行。以美国为例，除新政时期两则昙花一现的判决外，联邦最高法院不曾以"授权过于宽泛"等实质的理由，宣告立法授权违宪。①

既然实体控制难以实现，在这种情况下，利益代表模式应运而生。该模式强调，行政法必须设计出一种程序，既可以调和处于利害关系之中的彼此竞争的私人利益，又可以最终使政府权力的强制行使正当化，对所有利害关系人予以适当考虑的观念就是这种程序的一个理想。因此，通过对行政立法实施事前和过程的程序上的控制，确保其是基于民主的参与过程的产物，自然是利益代表模式的内在要求。② 以日本为例，1993 年公布行政程序法时未将行政立法作为调整对象，随着行政立法的程序性统制的重要性，在实务中成为倍受瞩目的问题后，2005 年修法增加了意见公募程序，其中包括国民的参与这种民主性要素。③ 行政立法程序的完善，一方面有助于防止行政滥权，从而法律保留原则的适用范围可适度缩小，立法机关也可更宽泛地授权；另一方面，由于法院在程序审查上本就具有优势，更能有效地监督行政机关，发挥司法审查的功能。美国在联邦行政程序法制定后，原本以禁止授权原则为中心的实体控制更加式微，而由程序控制观念所取代。可见，在行政立法的程序规制与其他监督方式之间，存在一种"互易"关系。亦即，如有严密而有效的实体监督，严格限制立法（对行政）的授权，则程序监督将可适度放宽，反之亦然。④

---

① 汤德宗：《行政程序法论》，元照出版有限公司 2005 年版，第 225 页。
② ［美］理查德·B. 斯图尔特：《美国行政法的重构》，沈岿译，商务印书馆 2002 年版，第 127 页。
③ ［日］盐野宏：《行政法总论》，杨建顺译，北京大学出版社 2008 年版，第 210~213 页。
④ 汤德宗：《行政程序法论》，元照出版有限公司 2005 年版，第 215 页。

（二）正当法律程序在行政立法中的适用

在美国，联邦最高法院明确地将宪法正当法律程序条款的适用范围与裁决和规章的区分联系起来。考奇教授（Charles H. Koch）指出，一般地，只有那些在性质上属于裁决的政府决定才服从程序正当程序原则，立法行动并不承担这样的负担。[①] 这与正当法律程序所内含的价值有关，即针对个人的行政活动存在特别滥用的可能性，此滥用可能性一是来自行政机关与个人之间的交往所引发的不合法动机，二是来自个人缺乏除司法审查之外的其他保障措施。换言之，程序正当程序的中心目的是保护个人免于行政机关的个别化压制，由此导致该条款的适用局限于裁决情形。[②] 需注意的是，美国行政立法程序正当性审查的依据未系于宪法正当法律程序条款，并不意味着行政立法无须满足正当法律程序的要求。实践中法院通过判断行政机关是否遵守体现正当法律程序的联邦行政程序法规定的规章制定程序，来展开对行政立法的程序审查。

正当法律程序对行政立法的控制，不仅是法治原则的体现，而且暗含着对行政专业性的尊重，即法院通过审查行政机关是否依从适当的程序开展行政立法活动，以及有无合理地回应公众的意见，可以避免对系争行政立法作出实质上的价值判断。更重要的是，行政立法虽被视为"准立法"活动，在民主正当性上却弱于议会立法，可是行政立法又涉及各种相互竞争的利益的权衡，这就决定了正当法律程序在行政立法中应有适用的空间，只不过需要考虑行政立法相比于行政行为的特殊性，使正当法律程序得以制度化。据此，法院在审查行政立法程序时，不仅要关注行政机关是否遵守预先规定的行政立法程序规范，还需要考察行政立法制定过程中的公开程度及参与的有效性。

（三）信息技术对程序控制的意义

开始于 20 世纪 80 年代的信息技术上的突破，以及互联网和电子政务在

---

① Charles H. Koch, Administrative Law: Cases and Materials, LexisNexis, 2001, p. 116.

② Edward L. Rubin, "Due Process and the Administrative State", California Law Review, 1984, Vol. 72, p. 1119.

20世纪90年代的兴起，已形成一种普遍的共识，即新的信息技术能够应用在行政立法中，增强公众的参与，使立法过程本身对公众和政府更有效，并最终产生更好的决策。目前，信息技术已应用在行政立法程序的每一个步骤，例如，在互联网上公开行政立法草案，接受公众以在线方式提交的意见，并在网上公布最后通过的法案等。这些技术上的尝试可以帮助公众了解其他人提交的评论并相互交换意见，加深了作为门外汉的公众对政策问题的理解力，进而提高评论的质量。而且，在线交流促进参与者就某一议题达成共识，提高对政策运作的洞察力，透明性的增加可以最小化片面接触的影响，减少寻租及俘获的可能性。相比过去，普通公众对于行政立法有了更大的发言权，由此制定的政策更可能被评价为正当。

信息技术推动了行政立法中参与式民主的实现，确保尽可能多的利益相关者参与决策，并最终为达成的共识承担集体责任。可以说，信息技术不仅为行政机关完成立法任务提供更好的技术工具，而且也导致对行政立法过程的重新定义，使未来的立法更多由公众意见驱动而不是专家判断。电子化行政立法的潜力如充分发挥，有可能实现公众参与的"革命"，使公众参与从一个由法院事后救济的程序权利转变为真正的民主实践，成为"进行中的民主"。

第二章

电子化行政立法的发展现状

从世界范围看，电子化行政立法出现于 20 世纪 90 年代早期，美国在此领域居领先地位。相比传统的纸面立法，电子化行政立法不仅改善公众对立法过程的参与，而且极大改变行政立法的决策方式，使行政立法从以行政为起点的单向度程序，发展为以公众为起点的双向度程序，行政立法的正当性基础将更加坚实。在我国，信息技术已初步应用于行政立法的每一个步骤。不过，当前的实践更侧重于消极的信息收集而非积极的促进参与，仅是将纸面立法过程简单地搬到互联网上，信息技术的互动性潜力尚未得到充分利用。毫无疑问，我国电子化行政立法尚处于早期阶段，面临着一系列的技术和制度问题。未来能否实现"立法中的电子革命"，很大程度上取决于信息技术能否被有效设计为加强公众参与行政立法的权利。

第一节　行政立法的历史发展

一、行政手段的多样化

（一）行政行为重要性的松动

现代行政法的理性主义表现在对行政作用方式的规范制度上，将许多重要的行政手段予以概念化、形式化，并据此发展出规范体系，如行政行为、行政立法、行政契约、行政指导等，而其中最典型也是最重要的，当推行政行为。毫不夸张地说，"关于行政行为的理论是全部行政法学理论的精髓和柱石"。[1] 一般而言，行政行为的要素共有六项：行政机关的行为、行政机关对外直接发生法律效果的行为、公法行为、外部行为、行政机关的单方行为及针对具体事件所为的行为。基于上述的各项要素而建构出具有普遍性和相当精确性的行政行为的概念后，在实体法上，它具有明确界定国家与公民之

---

[1] 张树义：《行政法学新论》，时事出版社 1991 年版，第 93 页。

间的权利义务关系，提升法的安定性的功能；在行政执行上，具有充当执行名义的功能；而在行政救济法上，则发挥提请救济的前提要件的功能。①

在各类行政手段中，行政行为最能体现执行、落实一般抽象立法、确定个案权利义务状态的特征，因而能方便国家处理大量的行政事务，有助于行政效率的提升。此外，可以明确界定国家与公民间的法律关系，有利于法的安定性与公民权益的维护。由此造成近代以来所形成的行政法的基本原则、重要制度规范以及正当法律程序的适用，主要围绕着行政行为概念来展开，并形成了以行政行为为中心的行政法体系。然而，伴随着行政领域的扩大及行政国家的出现，行政任务急剧扩张，传统的行政行为形式已不足以应付行政活动的需要。新的行政作用形式不断出现，如行政合同、行政指导及其他未形式化的行政手段，造成传统行政法最重要的概念——行政行为的重要性的松动。近年来，对于行政行为这样行政机关单方性地确定公民权利义务的高权手段，学者们提出了各种批评的观点。例如，有的观点认为它属于无视相对人意向的手段；还有的观点认为，它仅仅在行政过程中将焦点集中于作出决定的阶段。②

（二）行政手段的变化

为了使行政手段能适合现代行政的需要，一方面，人们正不断改变着行政行为的功能。例如，在德国的行政实务中，行政行为虽然仍采用单方性的方式，但行政机关在决定作出行政行为之前，经常与私人交换意见。在日本，也经常可以看到行政机关在决定作出行政行为之前，为了使私人能够遵守该命令而同私人进行协商的现象。被认为欠缺合意形成要素的行政行为实际上正在逐步克服其不足，与合意形成性的手法（如行政合同）之间形成了一种相互呼应的关系。③ 这种协商内在化的行政行为的出现，主要是为了适应现

---

① 廖义铭：《行政法基本理论之改革》，翰芦图书出版有限公司 2002 年版，第 88 页。
② ［日］大桥洋一：《行政法学的结构性变革》，吕艳滨译，中国人民大学出版社 2008 年版，第 6 页。
③ ［日］大桥洋一：《行政法学的结构性变革》，吕艳滨译，中国人民大学出版社 2008 年版，第 7 页。

代行政中因公民基本权利保障的扩大，而带来的私人主体性地位的承认以及相应的私人程序参与的深入。

另一方面，基于行政过程论的视角，处于行政行为前端的行政立法逐渐受到重视。学者们开始关注如何在正当法律程序这一"程序伞"的作用下，提高行政立法的质量，进而减少依据其作出的行政行为的负面性。从行政过程论出发，行政程序涵盖了自行政机关内部的研究、拟定，到行政行为的作出、执行，以及行政行为完成之后的纷争解决的全过程，有时甚至还包括组织与信息公开方面的事项。从流动的程序观的角度看，不同阶段的行政程序之间具有制度量能的互动关系，一个程序阶段的制度量能的提升，会影响到其他程序阶段的程序负载量，前阶段的制度或程序量能不足，往往造成下一阶段的量能溢流。[①] 鉴于行政立法处于行政过程的最初阶段，此一上游环节的品质直接决定了处在行政过程末端的行政行为的质量，因此，行政立法在行政活动中地位的上升也就成为行政国家的必然结果。

二、行政立法的兴起

（一）行政立法在现代行政国家的重要性

在近代法治国家，涉及公民权利义务的法规范，原则上采取议会制定的法律的形式。但是，进入 20 世纪以来，一般性、抽象性的根据和基准以法律来规定，而其具体性、实质性的内容则委任给行政立法，所谓"框架立法"的现象越来越多。[②] 当前，基本上以议会立法能力的局限和现代行政的臃肿化、复杂化为背景，基于以下两个因素：（1）适当地应对多样化、复杂化的行政需要时，议会存在专门性、技术性能力上的局限；（2）迅速应对不断变化的行政需要时，议会存在时间上的应对能力的局限，而广泛地承

[①]　叶俊荣：《面对行政程序法——转型台湾的程序建制》，元照出版有限公司 2002 年版，第 237 页。

[②]　[日] 南博方：《行政法》，杨建顺译，中国人民大学出版社 2009 年版，第 65 页。

认行政立法的现实必要性。① 行政立法可以使议会从制定细节性规范的负担中解脱出来，能够谨慎周全地审议与决定重大的基本问题。而且，经由行政制定这些细节性规范可以更快地适应变化了的生活关系，在现代社会越来越有必要。

行政立法的重要性的上升，早在 20 世纪初就已明显地呈现出来。例如，在 20 世纪 20 年代，C. T. 卡尔指出：当时出现的委托立法的数量大约是原生立法数量的五倍。用他的话来说，"儿童现在反倒使他们的父母显得矮小了"。甚至早在 19 世纪 80 年代，梅特兰就指出："如果你随便拿起一卷最近的后座法院判例汇编，就会发现其中所报道的将近一半的判例都涉及行政法规则"。② 以美国而论，在 1946 年《联邦行政程序法》颁布后的最初20 年里，行政机构很少使用规章制定程序，更倾向于用行政裁决方式解决规制过程中出现的问题。作为对两个主要的发展趋势的回应，行政机关在20 世纪六七十年代显著地增加对规章的使用：一是学者们将新政后设立的行政机关的拙劣表现，部分归结于它们对程序的选择，并催促行政机关转为依靠规章和规章制定程序来改善其表现，戴维斯教授在其中发挥了很大的影响；二是在这一时期，国会创设了大批的规制机构，它们在职责上明显不同于新政时期设立的行政机关，这些新的健康、安全和环境规制机构并不分享新政中设立的机关传统上对审判式听证程序的依赖，它们由技术官僚领导，以规章作为主要活动方式，如《清洁空气法》授权环境保护署制定数以百计的规章。③

行政立法在学理和实践中的日受重视，与现代行政国家的出现所伴随的行政裁量权的扩大密切相关。诚如学者所言，行政法总论于 20 世纪初时系植

---

① ［日］平冈久：《行政立法与行政基准》，宇芳译，中国政法大学出版社 2014 年版，第 5 页。

② ［英］马丁·洛克林：《公法与政治理论》，郑戈译，商务印书馆 2002 年版，第 342 ~ 343 页。

③ Richard J. Pierce, "Rulemaking and the Administrative Procedure Act", Tulsa Law Journal, 1996, Vol. 32, pp. 188 – 189.

基于形式法治国，而且主要系作为危险防卫的法规中之一环。此时核心的行政行为是行政处分……行政处分是古典官僚组织化之行政机关的作品。① 然而，随着行政权力的扩张，行政行为作为行政机关在特定案件中执行立法指令的方式，已不敷使用，这是因为内容宽泛和抽象的"框架性"立法根本无力约束行政机关的裁量权。

可以说，如果行政权力仍像过去那样，被局限在相对狭小的范围内，且未对公民权益构成严重侵害，即使议会的立法较宽泛，未对行政权力的行使作出周详的指示，也不会引起公众强烈的批评。然而，实际情况却与之相反，"二十世纪法律制度原理最重大的改变或许就是裁量权的极大膨胀"。② 为控制行政裁量权的行使，既可以积极贯彻禁止授权原则，要求立法机关作出更为精确具体的指示，也可以要求行政机关制定普遍适用的抽象性法规范，约束行政官员的恣意妄为。戴维斯教授认为，"与敦促立法机关公布更有意义的标准相比，限定过度裁量权更有价值的方法是较早且较频繁地运用行政机关的规则制定权，这并非因为由行政机关阐明法律比由立法机关阐明更加可取，情形往往相反；由行政机关进行阐明之所以更有价值，是因为无法指望立法机关提供必须的阐明"。③ 行政立法作为具体化议会立法的形式，在议会立法与行政行为之间起着桥梁作用，借此将抽象的立法内容具体化为行政机关可资适用的行政基准。

（二）行政立法的优势分析

在现代国家，价值和利益呈现出多元化、复杂化的趋向，各种权力和利益的主张具有较强的发展变化性，因而调整各种权力和利益的基准往往并不一定就是客观的。这就决定了现代行政在面对人民的诸利害对抗时，一方面要致力于调整诸利害的客观基准的探索和具体执行（法规范形成和执行过

---

① 廖义铭：《行政法基本理论之改革》，翰芦图书出版有限公司 2002 年版，第 83 页。
② ［美］肯尼斯·卡尔普·戴维斯：《裁量正义》，毕洪海译，商务印书馆 2009 年版，第 20 页。
③ ［美］肯尼斯·卡尔普·戴维斯：《裁量正义》，毕洪海译，商务印书馆 2009 年版，第 60 页。

程），另一方面必须基于极具政策性判断的基准来调整诸利害（政策形成和纠纷解决过程）。建构科学、民主的行政立法机制，基于"公共利益的需要"作出政策性判断，成为行政实务得以公正而有效展开的重要基础性支撑。①

与逐案作出的行政行为相比，行政机关从行政立法活动中获益更多。根据皮尔斯教授的归纳，规章的发布具有以下七个优势：（1）规章为行政机关的决定标准提供有价值的来源，且构成对裁量权的限制；（2）规章通过简化和加快行政执行进程增进了效率；（3）规章可以清楚地界定被允许的行为与不被允许的行为之间的界限，确保同样的事同样处理，促进公正的实现；（4）规章制定程序提高了行政决策的质量，因其不仅关注规章的全面影响，而且也为所有可能潜在地受规章影响的组织和个人提供参与机会；（5）规章制定程序可以使行政机关一次性地解决重复发生的立法事实，而不用反复地提起诉讼，这样可以增进效率；（6）规章制定程序可以促进公正，这是因为所有潜在受影响的公众都可以参与影响他们行为的规章制定的过程；（7）规章制定程序提高了政治上的可负责性和行政决策的正当性，原因是公众、总统和国会议员可以预先知道行政机关将要出台的政策决定的目的，而且有机会影响行政机关最终作出的政策决定。以上所列举的七个优势，前三项是内在于规章本身且独立于规章制定程序的，后四项的实现却要归功于规章制定程序。②

归纳言之，行政立法对于行政机关具有很重要的现实功能，原因主要在于议会立法对行政裁量权规范的不充分或欠缺，以及行政机关行使裁量权的必要性。通过鼓励行政机关制定居于制定法与行政行为中间形态的行政立法，有助于消除行政裁量权的恣意妄为，形式正义使得个人能够调整其行为以避免制裁，或者能够按照他们认为最有利的条件来与政府磋商。而且，以普遍

---

① 杨建顺："论科学、民主的行政立法"，载《法学杂志》2011 年第 8 期，第 19 页。

② Richard J. Pierce, "Seven Ways to Deossify Agency Rulemaking", *Administrative Law Review*, 1995. Vol. 47, pp. 59 – 60.

规则取代心血来潮的决定，可以确保行政官员根据蕴含于规则之中的社会公众的关怀来行事，而不是依据其自己的偏好或偏见；以普遍规则取代心血来潮的决定，可以增大所运用政策的内容与大多数公民的偏好保持一致的可能性，所有这些作用汇合一处促进了普遍的个人安全感和社会安全感。①

三、行政立法程序的逐渐僵化

从美国的情况看，行政机关在从事立法活动时，除非法律另有规定，有权在正式程序与非正式程序之间作出选择。因正式程序司法化程度较高，故又称审判式听证程序。该程序的运行既昂贵又费时，实践中使用率较低，据估计约有 15 部联邦法律有此要求，不到规章的 1%。② 行政机关历史上一直偏重于通过非正式程序，即公告评论程序来制定规章。其在很大程度上将立法程序的优点和行政裁决程序的责任结合起来，具有灵活性、效率和公正等特性。③ 然而，随着行政规章对社会的影响越来越大，非正式程序中公众参与不足的缺陷也受到越来越多的诟病。法院、评论家和立法者试图发展中间程序模式，以做到既准许有效的公众参与规章制定，同时又可避免过分的审判程序。④

作为对这一趋势的回应，美国国会开始在个别成文法中增加有限的听证程序，联邦最高法院也在奥弗顿公园案（Citizens to Preserve Overturn Park, Inc. v. Volpe）中提出从严审查标准（hard look review）。该标准的运用，导致下级法院要求行政机关制作不断增加的详尽的记录去支持规章的制定，这些记录包括拟议规章的公告、公众提出的评论、有关规章的基础和目的的说明及支持规章中事实判断的研究等。法院强加给行政机关的义务引发了公众

---

① ［美］理查德·B. 斯图尔特：《美国行政法的重构》，沈岿译，商务印书馆 2002 年版，第 43 页。

② 应松年主编：《行政程序法》，法律出版社 2009 年版，第 39 页。

③ Paul R. Verkuil, "Judicial Review of Informal Rulemaking", Virginia Law Review, 1974, Vol. 60, p. 187.

④ ［美］欧内斯特·盖尔霍恩、罗纳德·M. 利文：《行政法和行政程序概要》，黄列译，中国社会科学出版社 1996 年版，第 201 页。

强烈的参与动机,不仅提出大量的评论,还伴随着冗长的研究和争论,行政机关也不得不发布数百页的关于规章的基础和目的的简明的、一般的陈述。① 这些都造成非正式程序日益正式化。

Jerry Mashaw 和 David Harfst 在 20 世纪 90 年代对美国国家高速公路交通安全管理署(National Highway Traffic Safety Administration,NHTSA)作了一项详尽的研究,揭示出从严审查标准具有彻底摧毁行政机关使用规章和规章制定程序来贯彻实施制定法的效果。② 卡内基委员会 1993 年的一份报告提到:环境保护署声称非正式规章制定程序费时将近五年;联邦贸易委员会在过去的一二十年里只完成了少量的规章制定,且已经发布的规章因未随科技发展及时修订而停滞不前;许多行政机关因担心经过几年的努力和耗费数百万美元制定的规章被法院撤销而不愿制定规章。③ Tom McGarity 提出的"规章制定僵化"(rulemaking ossification),非常形象地反映了当前的情况。④

行政立法程序的正式化,在实践中导致行政机关日益倾向于诉诸非正式裁决、解释性规则和政策声明等方式来发展政策。此举对公众造成相当大的不利影响:首先,公众很难接近或无法接近行政机关的政策声明、解释性规则等的制定过程,无法将自己的意见反映给行政机关,减少了公众参与政策发展的机会。其次,当行政机关通过非正式裁决发展政策时,公众参与处在最低点,利害关系人不能参与决策程序,而且,因法院对于非正式裁决的司法审查能力较有限,也无力阻止行政机关被受规制组织或其他利益团体俘获。很明显,扩大的公众参与给行政机关带来沉重的负担,造成"规章制定僵化"的后果,反而使行政机关放弃制定规章,催生出更多的公民难以接近的

---

① Richard J. Pierce, "Rulemaking and the Administrative Procedure Act", Tulsa Law Journal, 1996, Vol. 32, p. 192.

② Richard J. Pierce, "Rulemaking and the Administrative Procedure Act", Tulsa Law Journal, 1996, Vol. 32, p. 195.

③ Richard J. Pierce, "Seven Ways to Deossify Agency Rulemaking", Administrative Law Review, 1995. Vol. 47, pp. 60 – 61.

④ Richard J. Pierce, "Rulemaking and the Administrative Procedure Act", Tulsa Law Journal, 1996, Vol. 32, p. 195.

阴影法（shadow law）。电子化行政立法的出现，则为解决上述困境带来了一道曙光。

第二节 美国电子化行政立法的发展历程

一、电子化行政立法的出现

（一）背景

行政立法程序被设计为促进行政机关和公众之间的对话，确保行政机关在行使议会授予其的发布普遍性规范的权力之前，能够实际上倾听公众意见，并作出合理的回应。在互联网广泛应用之前，各种因素制约了公众对立法过程的实际参与，公民个人很少提出意见，行政立法基本上成为利益组织的活动领域。例如，1989 年美国环境保护署根据《资源保护和回收法》（the Resource Conservation and Recovery Act）发布 72 个有关危险废物处置的规章草案，当中的 9 个重要草案每个平均收到 25 条评论，其余规章草案每个平均收到 6 条评论。此外，调查显示环境保护署 1989 年至 1991 年发布的所有涉及危险废物处置的重要规章，在评论阶段，将近 60% 的评论来自企业，公民个人提交的仅占 6%。[①] 从美国的行政立法实践看，《联邦行政程序法》规定的规章制定程序，对于公民参与来说，实际上变为天花板而非地板。

低水平的公民个人参与所导致的参与主体的极度失衡，使行政立法无法真切地体现民意，实际上成为行政机关与利益组织之间的协商过程，立法中的寻租与俘获现象也由此成为常态。在行政立法对社会的影响力不断上升的背景下，此种现象加深了公众的不满。然而，若是公众的参与热情真的被有效激发，又将成为行政机关不堪忍受的重负。行政立法最突出的特征之一是

---

① Cary Coglianese, "Citizen Participation in Rulemaking: Past, Present, and Future", Duke Law Journal, 2005, Vol. 55, pp. 950 – 951.

它的信息强度。行政机关面对的是社会中一些最紧迫的争议，必须进行广泛的信息收集和分析，才能提出可行的对策。收集、加工、分析和交流信息的任务占据了大量的行政立法成本，对许多行政机关来说，信息管理成为一个沉重的负担，以至于它们有时更倾向于抵制参与的扩大化。

实践中，使参与具有现实可行性的工具的缺乏已经削弱参与权利的实现。有鉴于此，电子政务的支持者强烈建议通过信息技术，增加普通公众接近、参与行政立法的机会。例如，在美国最早的一些关于电子化规章制定的讨论中，学者斯蒂芬·约翰逊（Stephen Johnson）预测信息技术将积极改变规章制定过程，扩大公众参与和教育公众。① 美国律师协会在 2000 年总统选举前提出的报告中，建议促进现代技术的应用，推动公众参与。②

互联网常被提及的一个特征是，相比离线参与，如听证会、座谈会，它能实质性减少交易成本，而成本的减少可以促进参与机制更广泛地使用。过去参与行政立法的主体，主要局限在一些利益组织，因为只有他们才有钱聘请游说者和律师参与这一游戏。普通公众根本没有能力与之竞争，甚至于要到纠纷发生之后，才知道某一立法的存在及其内容。科技消除了时空上的障碍，不仅给予社会大众所需要的资讯，与专业的游说者竞争；而且，也给予地理上和政治上处于外围的公众所需要的资讯，与位处中央的人竞争。透明性的增加，可以最小化片面接触的影响，增加普通公众对立法的影响力。信息技术除了改善公众对政府信息的获取外，它还有一个关键的特征是，作为一个交流的新领域，能够改变公众参与和经历政治的方式。一旦公民知道行政机关如何制定法律及适用法律，他们便能够更加清晰地认清行政决策的本质，从而改变公民与行政机关之间的不对等地位，真正实现公民在行政过程中的主体性。

---

① Cary Coglianese, Stuart Shapiro & Steven J. Balla, "Unifying Rulemaking Information: Recommendations for the New Federal Docket Management System", Administrative Law Review, 2005, Vol. 57, p. 629.

② American Bar Association Section of Administrative Law and Regulatory Practice: "Twenty – First Century Governmance: Improving the Federal Administrative Process", Administrative Law Review, 2000, Vol. 52, p. 1104.

（二）当前的实践

20 世纪 80 年代末期，美国行政会议（the Administrative Conference of the United States，ACUS，现已不存在）发布由行政法学者 Henry H. Perritt 提出的关于在规章制定过程中利用信息技术的几份报告。[①] 20 世纪 90 年代，美国一些行政机关开始尝试电子化行政立法，创建机关网站，公众可以通过这一网上平台搜索规章草案，在线提交评论，并在网上跟踪规章制定的进展情况。行政机关开展电子化行政立法的主要目标是使公众更容易接近政府规制信息和参与规章制定过程，同时也希望借此改善规制决定和提高规章质量。

1998 年，交通部成为第一个在线公开规制卷宗的规制机构，向公众提供包含在规章制定记录中的所有研究、评论和其他文件。到了世纪之交，环境保护署开始建设一个雄心勃勃的电子化规章制定系统。2002 年，布什政府公布电子政务战略（E - Government Strategy），其中包括创建一个"在线规章管理"（online rulemaking management）系统。最终，环境保护署成为电子化规章倡议（E - Rulemaking Initiative）的牵头机构。该倡议着力打造一个单一的政府层面的系统和一个共同的公共门户网站，以取代个别行政机关开发的电子化规章制定系统和网站。所有行政机关都被要求加入联邦文档管理系统（Federal Document Management System，FDMS），一些独立规制机构也选择加入，不过，绝大多数独立规制机构出于成本和功能上的考虑，更偏爱建设自己的系统。

电子化规章倡议由参与的行政机关提供资金，而不是由国会单独拨款。根据该倡议，建立一个复杂的、多层次的治理结构，使所有参与机关都可以作出设计、修改、升级和预算方面的决策。尽管行政机关之间在规章制定的数量和出资水平上存在差异，但各参与机关都有平等的发言权。主要由环境保护署工作人员组成的电子制规项目管理办公室（E - Rulemaking Program

---

[①] Cary Coglianese, Stuart Shapiro & Steven J. Balla, "Unifying Rulemaking Information: Recommendations for the New Federal Docket Management System", Administrative Law Review, 2005, Vol. 57, p. 627.

Management Office，E – Rulemaking PMO or PMO），负责电子化规章制定系统的运行和维护。该系统包括三个相互关联的部分：（1）FDMS 电子卷宗，这是一个电子资料库，是被纳入在电子卷宗中的所有制规文件的数字化版本，具有相关的文档管理功能；（2）FDMS. gov，这是一个受密码保护的界面，通过它行政机关可进入电子资料库；（3）Regulations. gov，这是一个公共界面，公众可通过它获得电子资料库中的资料，并就拟议规章提出评论。①

总体上看，美国联邦政府的电子化规章制定计划由三个阶段组成：第一阶段是创建统一网站，2003 年 1 月布什政府创设门户网站（http：// www. regulations. gov），目的是便利公众对拟议规章提出评论，这标志着第一阶段工作的完成；第二阶段是联邦文档管理系统（FDMS）的建立；最后一个阶段的任务涉及电子桌面（electronic desktop）的发展。该计划的长期目标是研制一套知识管理工具，帮助行政机关作出规制分析和决定。②

（三）迄今取得的进展

到目前为止，联邦政府的电子化规章倡议已取得显著成效。在 15 个政府部门中有 170 多个不同的规章制定实体和一些独立规制机构正在使用电子化规章制定系统，网上公布拟议规章，并接受在线评论。截至 2007 年 7 月，FDMS 的档案管理模块为行政机关将电子卷宗作为它们的官方制规记录，编辑了所要求的标准，使行政机关不用再保留系统中储存的材料的纸质复印件。③ 行政立法曾经的全纸面过程（all – paper process），即在纸面的联邦公报上发布纸面立法公告；亲手送到或邮寄到行政机关的纸面评论；以及将所有记录归档放置在文件柜等，很大程度上被电子过程所取代。在电子化行政立法应用初期，人们对此的评价是："公众的福音、机关的祸根"（a boon for

---

① Cynthia R. Farina，"Achieving the Potential：The Future of Federal E – Rulemaking（2009）"，Administrative Law Review, 2010, Vol. 62, p. 282.

② Cary Coglianese, Stuart Shapiro & Steven J. Balla，"Unifying Rulemaking Information：Recommendations for the New Federal Docket Management System"，Administrative Law Review, 2005, Vol. 57, pp. 627 – 628.

③ Cynthia R. Farina，"Achieving the Potential：The Future of Federal E – Rulemaking（2009）"，Administrative Law Review, 2010, Vol. 62, p. 283.

the public but a bane for the agency），而现在的看法已彻底改变。①

实践中，美国环境保护署、交通部、劳工部、核能规制委员会等机构对电子化行政立法的发展起到领导性作用。近年来，这些机构主要在以下两个层面：电子卷宗和在线对话，尝试进一步改进电子化行政立法。首先，电子卷宗可以促进互动式讨论的发展，推动公众在具备充分的信息基础上展开对话沟通。因大多数行政机关的立法资料都存放在华盛顿，首都之外的公众很难接触到这些资料。在电子化规章制定系统应用后，行政机关可以将所有拟议的和最终的规章文本都发布在网上，极大方便了公众获知信息。在传统的纸面立法过程中，人们不知道其他人所持的立场，无法进行沟通交流。毫无疑问，如果公众有途径了解其他人的评论，公众的评论将更有针对性、更有价值，行政机关、公众和法院都将从中受益。电子化规章制定系统具备这样的能力，可以帮助人们了解其他人提交的评论，并相互交换意见，结果是评论过程更具体、细微，整体质量也得到提高。

以环境保护署为例，该机构的电子卷宗系统在界面设计上强调公众友好，提供用户手册和网站指引，指导公众提交评论。而且，环境保护署非常重视开展公众教育方面的工作，向公众提供与拟议规章相关的解释性材料，将公众评论整理成摘要和主题事项索引，方便公众浏览先前发表的评论，并为后续的交流提供更多信息。在法律有要求时，环境保护署将与拟议规章相关的成本效益分析报告和规制影响报告公开在互联网上。通过落实这些"最佳实践"（best practice），可以有效促进公众对规章制定过程的参与。

其次，技术官僚的复杂性常常导致公众难以接近行政立法，而类似在线讨论的公开方式可以加深作为"门外汉"的公众对政策问题的理解。环境保护署2000年对其公众参与政策（Public Participation Policy）草案征求意见时，该机构起初曾考虑在美国不同地点举办一系列公众会议，后因资金所限，改为在线讨论方式。环境保护署主动通知相关行政机关和利益组织，鼓励公众

---

① Jeffrey S. Lubbers, "A Survey of Federal Agency Rulemakers' Attitudes about E – Rulemaking", Administrative Law Review, 2010, Vol. 62, p. 474.

参与讨论，围绕关键事项作出议程安排，成立专家小组形成讨论议题，以及编写公众教育手册。在线讨论开始后，环境保护署每日编辑讨论摘要，专家小组帮助确立讨论进程。事后调查显示绝大多数参与者高度满意此种讨论方式。相比现场的听证会，在线对话更具动态性、相互性，通过将过去静止的纸面立法转变为一系列意见交换的互动过程，行政机关和公众共同控制讨论进程，这是一种全新的参与方式。①

总体上看，美国联邦政府的目标是建立一个透明的在线环境，鼓励公众提出规制意见，通过电子卷宗和在线对话方面的改进，使全国各地的个人和组织对于政府的规制政策有更大的发言权。《电子政府法》第206条规定，所有的联邦机构应分阶段安装电子卷宗，以增强规章制定中的公众参与，提高规章制定的可接近性、负责性和透明性。在最低限度上，电子卷宗应包括行政机关被要求在联邦公报上公开的所有信息。同时，《电子政府法》还规定在白宫管理和预算办公室下设立一个电子政府信息办公室，要求联邦政府使用基于互联网的技术改善公众获取政府信息和服务的途径。这些规定的目的不是贯彻抽象版本的在线民主，而是建立一个更加透明的在线政策制定环境。

二、实施中存在的问题

（一）当前需要解决的问题

美国联邦政府发布的电子化规章倡议，很大程度上局限在将《联邦行政程序法》规定的公告评论程序在线化，并未增加新的特征。即使这样也谈不上完全获得成功，还有许多突出的结构性和政策性问题需要解决。根据美国律师协会行政法与规制实践部（the Administrative Law & Regulatory Practice Section of the American Bar Association）的报告，这些问题主要表现在以下几

①　Barbara H. Brandon & Robert D. Carlitz, "Online Rulemaking and Other Tools for Strengthening Our Civil Infrastructure", Administrative Law Review, 2002, Vol. 54, pp. 1463 – 1465.

个方面。①

1. 构建（architecture）

美国联邦政府很早就决定建立一个统一的、集中的电子化规章制定系统，其中包括一个统一的数据库和一个服务于所有行政机关的公共网站。关于该系统的基本设计，尽管行政机关之间没有什么争议，然而，在此之外的应用程序和 Web 演示文稿的发展，却受到严重限制。原因是：首先，白宫管理和预算办公室的政策是，禁止行政机关开发单独的电子化规章制定系统和与规章制定相关的电子工具（这些被称为"重复和辅助系统"，duplicative and ancillary systems）；其次，电子化规章制定系统在技术上的设计选择，阻止了外部组织轻松、高效地访问规章制定信息，从而无法创建一个内容更丰富、更具支持性的公共网站。

与构建一个统一的、集中的电子化规章制定系统相反，另一个发展方向是最大限度地保留机关的自治性。这是因为不可能就系统的设计，在所有的行政机关之间达成一致的数据标准和惯例。然而，由于在下列基本问题上缺乏一致意见，该发展方向还存在若干障碍。首先，行政机关所称的关键的制规文件是什么；其次，在输入数据时，应当提供这些文件（即所谓的元数据，metadata②）中的哪些信息；最后，什么类型的文件和元数据可以提供给公众或其他行政机关进行审查。可以说，如果没有统一的数据标准和操作实践，一个多机构的规章制定数据库和一个统一的公共门户网站的目的和效用将在根本上受到削弱。不仅公众对于电子化规章制定，无法得到一种"统一的外观和感受"（common look and feel），更重要的是，搜索的结果也将是不可靠的。

2. 资金（funding）

前已述及，电子化规章制定系统的建设和运行资金来自于参与的行政机

---

① Cynthia R. Farina, "Achieving the Potential: The Future of Federal E - Rulemaking (2009)", Administrative Law Review, 2010, Vol. 62, pp. 283 - 285.

② 元数据（metadata）是一种定义及描述其他数据的数据，是对数据项的说明性数据。

关，而不是国会的独立预算。此种方式带来一些意想不到的不良后果，主要表现在：首先，可能导致参与机关的财政不稳定和电子化规章制定计划进行的不确定性。实践中，行政机关由于常常需要挪用从事其他活动的资金，导致行政机关倾向于不支持电子化规章制定系统的扩展和升级。其次，目前在参与机关之间分摊费用的做法，实际上制约了行政机关从事电子化规章制定活动的意愿，这是因为通过 regulations. gov 收到的公众评论越多，行政机关需要支付的系统运行成本就越高。

3. 治理（governance）

由于电子化规章倡议要求所有的规章制定主体都应参与电子化规章制定系统的建设，并在系统的设计与未来发展方向上享有平等的发言权，其结果是导致一个复杂的、多层次的集体决策结构。在实际运行中，这样的决策结构不仅非常耗时，实质上存在的多主体否决权也倾向于导致规避风险的结果。而且，在行政机关作出的决定是否进一步促进倡议目标的实现上，现实中表现为一种不明确的责任制。由于一直没有联邦政府以外的潜在用户的持续性、系统性的参与，电子化规章制定系统在设计以及工作重点的选择上，也往往低估或误解公众的需求。

4. 公共访问（public access）

联邦政府在设计 regulations. gov 网站时，因缺乏政府以外的用户的持续性、系统性参与，网站设计反映的是"内部者"（insider）的视角，某些熟悉规章制定活动的人士和行政机关的观点，左右了这项工作。同时，regulations. gov 网站的设计也受到资源有限的影响。设计统一网站的困难在于，它必须是每个行政机关向公众提供自己的制规材料的官方媒介。毫无疑问，联邦政府已经显著改进网站的设计，而且改进工作还在继续进行中。尽管如此，regulations. gov 网站仍然既不直观，也不容易使用。即使是对那些熟悉规章制定的人士来说，也不例外。最近采取的措施（如电子邮件通知、全文搜索、RSS feed）是非常可取的改进，但这些重要的功能并未达到所需要的方便、有效及强大的程度。

一个更深层次的问题是，许多行政机关没有按照电子化规章倡议和电子政府法的设想，利用 FDMS 在线提供综合性的规章制定卷宗。即使是通过 regulations. gov 提交的公众评论，在负责机构同意将其"发布"到电子化规章制定系统的公共端前，无法被其他的公众或机关看到。而且，出于各种原因，一些行政机关并没有将很多重要的规章制定材料公布在网上，包括一些公众提交的评论。因此，即使电子化规章制定系统能够满足法律对制规记录的要求，数据库的公开访问也是不完整的，许多行政机关的电子卷宗事实上并不具有权威性。

5. 多元化与创新（Diversification and Innovation）

建立一个能够反映不同的规章制定需求以及所有参与机关情况的统一的电子化规章制定系统，这是非常困难的。同样地，一个统一的公共网站，无论怎样精心设计，也不可能充分捕捉和传达出公众需要了解的所有信息。然而，目前封闭性的、排他的统一系统，试图用一个尺寸适应所有要求的技术架构，与白宫管理和预算办公室反对"重复和辅助系统"的政策相结合，有力阻止了附加组件、工具和 Web 演示文稿的创建，将行政机关或有兴趣的个人和团体排除在外。目前，具有最大立法数量的行政机关，相应地也是对该领域的改革具有最大动力的行政机关，却因为它们现在承担着电子化规章制定系统运行的不成比例的高成本，而无法拿出资金来改进系统。总之，无论是公众的需求，还是许多行政机关的需求，都未得到充分满足，电子化规章制定系统的创新受到严重阻碍。

（二）建议和指导原则

如果电子化规章制定系统是在今天的技术环境下设计，首选的架构几乎可以肯定不会是一个统一的、排他性的集中化系统。信息技术的力量，正在于它能够从多个来源获取信息，且以多种方式呈现，以满足不同用户的需求。然而，重新设计电子化规章制定系统是一个激进的做法，尤其考虑到联邦政府已经投入的金钱和付出的努力。因此，可以尝试改进目前的 FDMS 系统，使之处于一个新的、开放的、更灵活的技术架构内，作为具有适量立法活动的行政机关的主要立法系统；同时，作为核心，其他行政机关从中可以发展出更强大的、更具创新性的电子化规章制定能力。有鉴于此，美国律师协会行政法与规制实践部推荐了一些相互关联的措施。①

1. 构建

重新设计的系统应当容许改进，促进创新，并通过一个基于开放标准的、适应 Web 技术发展的、能结合非集中式的信息共享模式的架构，提供信息共享和协作的机会。

2. 治理

每一行政机关均应承担指定和实施新的架构的责任。为尽量减少某一机关被授权将其特定的立法实践强加在整个系统上的担忧，新的领导机构不应是主要的规章制定机关。同时，应建立一个跨机构的电子化规章制定委员会，负责定期且持续地为新的领导机构提供关于行政机关需求和偏好的意见。还应建立一个由公众用户和外部专家组成的平行咨询委员会，负责定期且持续地为领导机构提供关于非政府用户的需求和偏好的广泛建议。

3. 数据标准化

新的领导机构应监督参与机关之间的讨论过程，目的是为系统确立共同的数据和元数据标准。如果无法达成一致的协议，必须授权领导机构制定必要的标准，而白宫管理和预算办公室应毫不含糊地支持该标准的实施和应用。

4. 资金

应当为新的领导机构开发和维护电子化规章制定系统提供单独的拨款，包括使系统进一步现代化和改进的资金。

5. 机构实践

在线卷宗应成为所有行政机关的权威性制规记录，当中不能公之于众的部分，需有明确的指示和适当的标注。行政机关有必要创建一个全面的、准确的电子卷宗，索引应科学，使公众能有效搜索到。行政机关还应迅速、及

---

① Cynthia R. Farina, "Achieving the Potential: The Future of Federal E-Rulemaking (2009)", *Administrative Law Review*, 2010, Vol. 62, pp. 286-288.

时地公开相关的支撑材料和意见，为此，需要提供给它们足够的资源，以便开展数据录入工作。同时，在采用现有的沟通机制时，应当开发新的机制，改善行政人员与技术专家及具有规制专业知识的人员之间的沟通，包括内部的以及跨机构的沟通。目的是识别出好的实践做法和法律上、制度上的障碍，为机构间发展新的电子工具和应用程序创造合作基础，并分享立法中的技术创新应用体验。

6. 公共访问

应重新设计 regulations. gov 网站，使之能够创造性地发挥 Web 技术的潜力，并借鉴最先进的网页设计实践。表现在：首先，以促进用户全方位访问和理解的方式提供信息；其次，与各行政机关网站上的立法信息有效地互动。为达此目标，公众和专家的积极参与是必不可少的。同时，从事实质性立法活动的行政机关还应在自己的公共网站上，提供更详细的立法信息，并探索通过网络在质上和量上改善公众参与的一系列方法。这种由个别机关进行的创新活动，应予以鼓励而非抑制。

电子化规章制定系统的应用情况充分表明，治理、资金、技术架构、机构实践以及公众反应等因素均相互协同地发生作用。行政机关和公众在多大程度上使用电子化规章制定系统，取决于该系统是如何设计和实施的，而设计和实施方面的选择，又必须考虑到治理和资金。据此，上述建议不应被理解为点菜的菜单，而应作为整体相关计划的一部分。

三、技术和制度上的挑战

美国的电子化规章制定系统虽已取得了不起的成就，但只是第一步，要实现技术所能提供的巨大潜力，很大程度上取决于如何应对实践中出现的一系列技术和制度上的挑战。正如毛雷尔教授所言，使用电子数据处理虽然"事实上具有合目的性"，但"紧迫的问题是技术和法律控制"方面的问题。[①]

---

① ［德］哈特穆特·毛雷尔：《行政法学总论》，高家伟译，法律出版社 2000 年版，第 439 页。

（一）技术上的挑战

电子化行政立法的长期发展依赖于将现有技术应用于立法过程，以及未来在信息技术上取得更大的进步。受制于信息处理"瓶颈"，规章制定活动长期以来被限定在行政机关可以理解和管理的信息范围内。计算机技术的发展改变了这一做法，行政机关不再局限于简单的数据收集，更深入的数据挖掘成为可能。[①] 不仅能帮助人们查询过去的数据，而且能够帮助人们找出过去数据之间的潜在联系，海量信息以有助于行政管理的方式被提纯和处理，一个更加实证的、定量的规章制定过程成为可能。计算机不仅可以帮助行政机关归类、储存和分析原始数据，快速有效地提取有用信息，而且，数据分析工具的应用也减少了信息管理的复杂性，极大消解因信息过多而压垮行政机关的担忧。尽管规章制定过程的复杂性仍然存在，信息的有限性也不可能消除，但计算机通过以一种更系统、更先进的方式填充信息缺口，可以改善行政机关在问题识别、因果关系判断、规制影响评估及政策应对方面的能力，提高规章制定的质量。

互联网最显著的特点是快速、低成本的信息传播能力，正如一些观察家已经注意到的，无线通信和互联网预示着距离的消失和时间的崩溃。[②] 信息传播的速度戏剧性地增加，成本却急剧下降，几乎位于世界任何地方的数据，现在都能随时获得。这些技术上的突破在立法领域具有潜在的重要性。过去因时空限制而无法搜索及获取的信息，如今能以更具成本效益的方式进行传播，扩大了公众对复杂政策问题的发言权。更重要的是，互联网可以促进信息的深层次交流和沟通，如在线对话机制可以帮助公众了解其他人的立场并相互交换意见，不仅加深了这些"门外汉"对政策争议的理解，也促进了更有回应性、针对性的信息的产生，使公众参与的质量得到显著提高。

---

① 数据挖掘（data mining），是从大量的、不完全的、有噪声的、模糊的、随机的数据集中识别有效的、新颖的、潜在有用的以及最终可理解的模式的非平凡过程。参见张基温、张展为、史林娟编著：《电子政务导论》，人民邮电出版社 2014 年版，第 201 页。

② Daniel C. Esty, "Environmental Protection in the Information Age", New York University Law Review, 2004, Vol. 79, p. 160.

不过，对技术的依赖也创造出一些新的问题。一方面，信息技术提供给公众更多的参与行政决策的机会；另一方面，利益组织也随之获得更多的机会从事策略性行为，推迟立法的公布。尽管信息技术能够使公众更快、更便利地提交评论，对于行政机关而言，却未必能提供更有价值的信息。过多的信息输入还会造成行政机关的信息超载，影响立法效率，不仅未促进民主，有时反而强化了控制。

因此，如何减少技术的负面性，需要根据电子化行政立法的目标以及用户的需求，在不同的技术手段之间作出选择。以隐私保护为例，既涉及行政立法过程中的商业秘密的保护，又涉及在线卷宗中公众评论的处理。就后者而言，将发表评论的个人或组织的身份公开，可以使人们更容易在制规卷宗中搜索到这些评论，并根据评论者的身份判断其提交的评论的可信度，但在一定程度上削弱了隐私保障。实践中，行政机关在权衡隐私保护与信息公开的透明性、便利性之间的冲突时，有着不同的做法，如美国交通部将标有评论者姓名的名单在线公开，而环境保护署却未这样做。[①]

（二）制度上的挑战

信息技术可以帮助克服与行政立法相关的行政管理上的问题，但也"创造"出新的问题。归纳起来，至少有三个特定的制度上的约束或挑战，可能影响到信息技术在行政立法过程中的应用程度：

一是行政机关内部以及跨机构合作的需要。实践中，信息技术的应用虽使机构之间的互动增加，但这种互动常常表现得很肤浅。而且，由于管理体制上的差异和利益间的冲突，导致有些机构不愿将自己拥有的信息资源公开，形成了信息孤岛。可以说，要建立一个统一的、政府层面的立法平台，跨机构合作是非常重要的，也是困难的，这就导致电子化规章制定系统的构建需要耗费很长的时间。政策制定者和技术开发者之间的良好协调的缺乏，进一步加剧了构建统一立法平台的难度。

[①] Cary Coglianese, "E－Rulemaking: Information Technology and the Regulatory Process", Administrative Law Review, 2004, Vol. 56, p. 381.

二是组织惰性。电子化行政立法要求行政内部组织文化上的改变，行政人员初期可能看不到对自己的好处，反而要挤出时间去参加相关培训。而且，电子化规章制定系统的运行，也需要行政机关投入持续的技术上和管理上的支持，很容易在机构内部产生抵制情绪。例如，公众提交评论的便利会给行政机关增加额外的工作；桌面管理系统的应用使机关领导更容易监督工作人员的表现；以及法律对隐私保护的规定，要求工作人员在将信息上网前，花费更多的时间进行编辑，这些因素都可能导致电子化行政立法随时间流逝而逐渐萎缩的风险。

三是法律自身依据新的信息技术进行改变的能力。我们生活的这个时代，行政过程的充分透明性已具备技术可行性。例如，目前很多行政机关与公众的沟通表现为"片面性交流"，即行政机关与利益组织就事先拟定的议题展开协商。信息技术可以将这种片面性交流转变为互动式的，且以电子形式公布。然而，这样的透明性是否可取呢？行政法建立在对机构专业性的尊重上，行政机关根据法律指示，通过自己的专业判断服务于公共利益。当信息技术允许成百上千的公众针对具体的行政决策发表评论时，引发了重新审视行政民主化的问题。法院甚至会认为，行政机关发布的规章非常类似于议会的法律，并给予规章更强的正当性。如此，是否会削弱代议制民主的基础，模糊其与直接民主之间的界限。

总之，美国电子化行政立法的实践，提出了涉及行政法未来发展的重要问题。成功的电子化行政立法需要将技术的和制度的分析相结合，将组织需要和限制明确考虑进信息系统的设计中。然而，实践证明，技术的限制明显要比制度的限制更容易克服。

第三节　我国电子化行政立法的发展历程

一、行政立法的发展动向

有效率的市场机制依赖于适当的政府规制，而政府的规制也有利于保

障公共利益和个人权利。行政立法作为一种重要的规制手段，已成为法律
体系中不可或缺的组成部分。在我国，国务院及其所属部委、地方政府每
年制定大量影响社会和经济生活的行政立法，这些规范涉及当代生活的每
一个重要方面。如马丁·洛克林所言：近来出现的授予行政部门以大量权
力的趋势，使得行政部门变得不仅仅是代理人，而且成了全权代表。① 下表
列举了最近五年国务院制定或修改的行政法规的数量，以及国务院收到的各
部门和地方政府报送备案的规章数量，由此可以看出行政立法在数量上极为
可观。

表 2 - 1　2011 ~ 2015 年行政立法的数量②

年份	行政法规	国务院部门规章	地方政府规章
2011	26	154	579
2012	15	136	605
2013	15	133	546
2014	11	173	513
2015	8	157	503

　　行政立法的发展动向，不仅表现为数量多，还呈现在质的功能的扩大。
行政立法的规范对象，并不局限于规范行政机关的设置及编制、内部组织管
理、权限分配、管辖范围及内部程序等事项，更多地涉及公民的权利义务及
其他法律地位。据统计，截至 2007 年，在 655 件行政法规中，行政法类行政
法规只占到 37.3%，余下的大部分是经济法和民商法等其他类别的行政法
规。由此可见，行政立法已影响到社会生活的每一个领域，法治（法律的统
治）实际上日益成为规章乃至规范性文件的统治。

---

① 马丁·洛克林：《公法与政治理论》，郑戈译，商务印书馆 2002 年版，第 231 页。
② "《国务院法制办公室 2011 ~ 2015 年政府信息公开工作报告》"，载 http://
www.chinalaw.gov.cn/article/jggz/zffzxxgk/，访问日期：2016 年 6 月 2 日。

表2-2 行政法规中各部门法所占数量和比例①

	宪法类	民商法类	行政法类	经济法类	社会法类	诉讼及非诉讼程序类
件数	13	46	244	306	42	4
所占比例	2.0%	7.0%	37.3%	46.7%	6.4%	0.6%

与行政立法的重要性相比较，行政立法过程却明显隐藏于公众的背后。程序的不透明以及对社会的巨大影响，必然与行政民主化观念相矛盾。就像信息技术已经改变全球商业和日常生活一样，公众以及行政机关均希望信息技术能够作为克服行政立法"民主赤字"的工具，通过增加透明性和扩大参与，使公众能够在行政立法过程中扮演一个更关键的角色。

二、国家层面的电子化立法实践

（一）全国人大及其常委会

随着互联网应用的日渐广泛，各级立法机关开始利用互联网公布立法草案，向公众征求意见。2005年7月8日，物权法草案通过全国人大常委会官方网站向社会公布，这是首次通过网站公布法律草案征求意见。征求意见期间，共收到公众提出的意见1.1万余件，79%的公众意见是通过互联网征集的，自此互联网成为征求公众意见的主渠道。2008年4月，十一届全国人大常委会委员长会议决定，常委会初次审议的法律草案一般都予以公开，向社会广泛征求意见。2013年3月以来，十二届全国人大常委会进一步改进法律草案公开征求意见工作，在初次审议稿公开征求意见的基础上，又将二次审议稿向社会公开征求意见，如2013年7月，环境保护法修正案草案二审稿向社会公开征求意见。从十一届全国人大常委会至今，全国人大已有57（件/次）法律草案公开征求意见，其中劳动合同法修正案草案征求到了55万多条

---

① "中国特色社会主义行政法规体系的发展历程与展望"，载 http://www.chinalaw.gov.cn/article/dfxx/zffzyj/201202/20120200360400.shtml，访问日期：2016年6月2日。

意见，为互联网时代法律草案征求意见数量之最。①

　　全国人大常委会在其官方网站"中国人大网"（http：//www. npc. gov. cn）首页设置"法律草案征求意见"栏目，公众可点击进入发表意见。目前，全国人大常委会审议的法律草案原则上都在中国人大网上公布，重要法律草案还在主要新闻媒体上公布，广泛征求社会各界的意见。下表列举了全国人大常委会制定或修改的部分重要法律草案征求意见情况。

表 2－3　法律草案网上公开征求立法意见情况②

法律草案名称	征求意见时间	参与人数（人）	意见条数（条）
物权法草案	2005－07－10 至 2005－08－20	2249	9605
食品安全法草案	2008－04－20 至 2008－05－21	2858	9604
行政强制法草案	2009－08－28 至 2009－09－30	443	3874
劳动合同法修正案草案	2012－07－06 至 2012－08－05	131912	557243
行政诉讼法修正案草案二次审议稿	2014－08－31 至 2014－09－20	1586	2300
立法法修正案草案	2014－08－31 至 2014－09－30	230	609
慈善法草案二次审议稿修改稿	2016－01－11 至 2016－01－31	169	661

　　从征求意见的情况看，除少数对公众日常生活影响较大的法律草案外，一些重要法律草案的参与人数及提交意见数量明显偏低。例如，十一届全国人大常委会五年来共向社会公布 48 件法律草案，有 30 多万人次提出 100 多万条意见，平均下来，每件法律草案有 2 万余条意见。其中，社会关注非常高的个人所得税法修正案草案，也仅收到 23 万多条意见。③ 而且，对于这些公众意见的处理情况，全国人大常委会也未作出专门的说明，公众意见采纳

---

　　①　"全国人大常委会首修立法法 6 大亮点抢'鲜看'"，载 http：//news. xinhuanet. com/2014－08/26/c_ 126916156. htm，访问日期：2016 年 6 月 2 日。

　　②　"已结束的征求意见"，载 http：//www. npc. gov. cn/npc/flcazqyj/node_ 8176. htm，访问日期：2016 年 6 月 2 日。

　　③　"《2013 年全国人民代表大会常务委员会工作报告》"，载 http：//news. xinhuanet. com/2013lh/2013－03/20/c_ 115091312. htm，访问日期：2016 年 6 月 2 日。

情况反馈机制尚未健全。

（二）国务院法制办

近年来，国务院法制办公室和国务院各部门法制机构十分重视政府法制信息化建设，积极发挥信息技术在政府法制工作中的作用。国务院法制办公室建立了机关办公内网和连接互联网的外网系统，开通了中国政府法制信息网（http：//www.chinalaw.gov.cn）；开发了"法规规章草案意见征集系统"，提高了行政法规草案和部门规章草案网上公开征集意见工作的范围和效率；开发了"法律法规信息检索数据库系统"，为政府立法工作和社会公众提供信息服务；开发了"法规规章备案管理信息系统""行政复议管理信息系统"以及公文处理、档案管理、人事管理等应用系统，并成功投入使用。① 其中，"法规规章草案意见征集系统"具有发布草案征求意见稿、征集和处理立法意见、对意见进行统计分析等功能，通过该系统，可以对公众意见进行科学、高效、便捷的收集、处理、统计，方便了社会公众发表意见，从技术上保障公民实现知情权、参与权、表达权，有效提高了立法工作者对社会公众意见的分析汇总能力，实现立法工作者与社会公众的在线互动。

随着电子政务的日益推进，通过互联网公开行政立法草案已成为通行方式。公众可通过中国政府法制信息网设置的"法规规章草案意见征集系统"，对行政法规和部门规章草案发表意见。与此同时，国务院各部门也常常在其部门网站上公开规章草案，接受公众通过在线方式提交的意见。例如，2003年10月15日，水利部将《河道采砂许可制度实施办法（征求意见稿）》在水利部网站上公布征求意见。鉴于部门规章草案的公开常常分散在国务院下属各机构网站上，为方便公众查找，国务院法制办于2008年7月31日向各部门法制工作机构发出《关于通过"中国政府法制信息网"汇集刊登部门规章草案有关事项的通知》，请各部门在通过有关载体公布规章草案向社会征求意见的同时，将该规章草案及公开征求意见的通知发送国务院法制办，由

---

① 参见国务院法制办公室 2009 年 11 月 16 日公布的《全国政府法制信息化建设 2010～2015 年规划》。

国务院法制办同时在"中国政府法制信息网"上公布。

为落实 2011 年 5 月中美第三轮战略与经济对话框架下经济对话中，双方就透明度问题达成的一致成果，以及进一步增强规章制定工作的透明度，国务院法制办又在 2012 年 4 月发布《关于部门规章草案在"中国政府法制信息网"公开征求意见有关事项的通知》。其中规定：（1）各部门决定公布规章草案向社会公开征求意见的，在通过有关载体向社会公布的同时，将该规章草案和关于该草案公开征求意见的通知电子版发送给国务院法制办，由其同时在"中国政府法制信息网"上集中公布。（2）部门规章草案在"中国政府法制信息网"上公开征求意见的期限一般不少于 30 天。（3）在关于规章草案公开征求意见的通知中，需注明本部门负责接收公众意见和建议的电子邮件地址和通信地址。同时，为了使更多社会公众对行政法规草案和部门规章草案提出意见和建议，截至 2012 年 3 月，"中国政府法制信息网"上的法规规章草案意见征集系统已与 26 个省级政府法制办网站、47 个市级政府法制办网站建立链接，拓展了社会公众参与政府立法的渠道。

经过多年的建设，"中国政府法制信息网"已成为行政法规和部门规章草案公布、征集意见的主要平台。例如，2014 年，通过中国政府法制信息网，完成了 7 部法律草案、15 部行政法规草案和 108 部部门规章草案的公开征求意见工作。对法律、行政法规草案提交意见 28 900 余人次，提交意见92 900 余条，对部门规章草案提交意见 1400 余人次，提交意见 4200 余条。[①]2015 年，新修订的《立法法》明确将"中国政府法制信息网"规定为公布行政法规的法定渠道。国务院法制办将法律、行政法规草案向社会公开征求意见放到更加重要的位置部署实施，对收集到的意见，逐条梳理、研究，合理的意见建议予以吸收。不过，在推进网上公开征求意见工作中，也存在着对不上网的部分群众征求意见的工作机制不完善的问题。而且，即使已经上网征求意见的草案，提交的意见数量也不尽如人意。

---

① "《国务院法制办 2014 年政府信息公开工作报告》"，载 http://www.chinalaw.gov.cn/article/jggz/zffzxxgk/201503/20150300398811.shtml，访问日期：2016 年 6 月 2 日。

三、地方层面的电子化立法实践

截至 2009 年 10 月，我国 31 个省（区、市）政府法制机构和部分地市级政府法制机构建立了机关内网，30 个省（区、市）政府法制机构和部分地市级政府法制机构开通了政府法制信息网站，部分地方政府法制机构开发了业务办公系统，开展了网上法规规章草案公开征集意见、网上行政复议申请受理和网上规章规范性文件备案等工作，这些工作都为进一步全面推进政府法制信息化建设奠定了基础。① 目前，地方政府法制机构网站已成为公众参与地方立法的主要网上平台，参与人次和征集意见数量也较以往有了很大的增加。下面以电子化立法开展得较早且较为规范的北京、上海和广东三地为例，分析地方层面的电子化立法实践。

（一）北京

为切实发挥通过网络开展公众参与机制的作用，提高立法工作质量，北京市政府法制办早在 2002 年 9 月就开始在法制办网站以及首都之窗网站公开征求市民对北京市地方性法规、规章草案的意见和建议。2003 年，北京市政府法制办制定《北京市人民政府法制办公室关于地方性法规规章草案公开征求意见的若干规定》，明确规定了相应的工作职责、工作流程以及对市民意见和建议的处理方式等内容。在此之后，北京市政府法制办还根据工作开展过程中的客观情况以及新颁布法规规章的有关要求，对该规定进行了数次修订和完善。以现有规定为依据，北京市政府立法过程中通过网络公开征求市民意见和建议必须经过以下三个环节。

（1）法规规章草案刊登环节。在这个环节中，需由负责起草审核工作的承办处室，将拟公开向社会征求意见的草案以及包含立法依据、立法草案主要制度介绍等内容的说明材料层级报本处处长和主管副主任审批后，刊登于法制办机关网站。

---

① 参见国务院法制办公室 2009 年 11 月 16 日公布的《全国政府法制信息化建设 2010～2015 年规划》。

（2）公开征求市民意见环节。自上述规定施行以来，除极其紧急的情况外，北京市每件地方性法规、规章草案在起草过程中都必须在法制办机关网站进行为期最少 15 日的公开征求社会公众意见工作。市民可以通过登录网站提交相关意见和建议，也可以对其他市民提交的意见和建议进行浏览，所有正确完成提交流程的市民都将会收到系统自动发布的回复信函。

（3）汇总反馈环节。公开征求意见工作结束后，该项草案将被予以及时撤换，随后将由承办处室对收集到的意见和建议进行整理、分析和研究，所有市民提交的意见将被妥善保存。对于所提意见类型比较集中或者具有较高参考价值的意见和建议，承办处室将通过单独复函或者电子邮件等形式个别回复当事人；对于其他意见和建议的吸收采纳情况，法制办将通过门户网站或者定期召开新闻发布会的形式向社会公布。

自 2002 年 9 月至 2008 年 12 月，通过北京市政府法制办网站累计公开征求意见法规规章草案 96 件，其中地方性法规草案 44 件，政府规章草案 52 件，网站累计征求市民意见达 19 755 人次，具体见表 2 - 4 所示。[1]

表 2 - 4　2002 ~ 2008 年北京市政府法制办网上公开征求立法意见情况

年份	公开数量	法规草案	规章草案	意见数量
2002 年 9 ~ 12 月	6	2	4	80 人次
2003	14	8	6	2216 人次
2004	14	8	6	2986 人次
2005	15	7	8	2812 人次
2006	24	9	15	1350 人次
2007	11	4	7	7339 人次
2008	12	6	6	2972 人次

根据《北京市人民政府法制办公室关于地方性法规规章草案公开征求意

---

[1]　"北京市政府立法过程中通过网络开展公众参与的有关情况"，载 http://www.chinalaw.gov.cn/article/dfxx/zffzyj/201010/20101000279579.shtml，访问日期：2016 年 6 月 2 日。

见的若干规定》中关于向公众回复其意见被采纳情况的要求，北京市政府法制办应在网站上公开网上征求意见情况。例如，北京市政府法制办于 2013 年 2 月 21 日至 3 月 12 日通过互联网就《北京市快递安全管理办法》（草案）向社会公开征求意见。征集到的意见主要涉及以下四个方面：一是关于快件寄递时限要求，以及快件丢失、损毁的赔偿和投诉问题；二是快递运输车辆通行便利问题，尤其是进社区、校园的便利问题；三是对快递企业营业场所数量、运营车辆以及安检设备配置等硬件要求问题；四是快件收寄验视加盖验视戳记和集中销毁运单的必要性问题。北京市政府法制办对社会反馈的意见进行了认真研究，着力在立法中解决社会关注的问题：一是针对反映的寄递时限以及丢件、损毁等问题，立法中明确快递企业应当按照国家快递服务规范的要求以及承诺的快递期限，提供及时、安全的快递服务，要求快递企业诚信经营，妥善处理用户对服务质量提出的投诉意见，并明确了行政申诉的途径和答复期限。二是针对反映的快递运输车辆的问题，规定交管部门应当根据城市交通状况，为快递车辆提供通行便利，并要求社区、高等院校等相关单位应当为快递车辆通行和临时停放、快件派送等提供便利条件。三是对快递企业硬件配置的要求问题，立法中充分考虑快递企业的承受能力，对快件处理场所、营业场所的数量限定进行了修改，在安全检查的形式上，确定了验视、机检、巡检、抽检等多种形式。四是针对验视戳记和运单集中销毁制度，在立法中，考虑实行验视戳记的目的是加强快递业务员的个人验视责任，实行运单定期销毁制度是为了确保用户信息安全，这两项制度对于快递安全有直接的作用和效果，可能给快递企业带来了一定的负担，但是考虑安全成本，对两项制度给予了保留。① 通过将公众意见的采纳情况及时反馈、公开在网上，可以向公众显示其提交的意见已经得到立法部门的认真考虑，同时，对公众意见采纳与否理由的公开说明也进一步增强了立法的可归责性和透明性。

———————

① "北京市人民政府法制办公室关于《北京市快递安全管理办法》（草案）社会征求意见及采纳情况的说明"，载 http：//bjrb.bjd.com.cn/html/2014－02/14/content_ 150854.htm，访问日期：2016 年 6 月 2 日。

不过，根据对 2009～2013 年这五年间北京市政府法制办征求立法意见的主要途径的统计，通过网络征集意见的数量虽大体上呈增长趋势，但并未完全取代传统的座谈会、专家论证会及立法调研等形式。这也反映出网上征求意见方式仅是一种有益的补充，其他传统的征集意见形式仍具有相当的分量。不过，考虑到座谈会、专家论证会及立法调研等主要体现的是专家、相关行政部门或利益组织的立场，网上征求意见数量的增多实际上反映了社会公众对立法的关注度及影响力在上升。

表 2-5　2009～2013 年北京市政府法制办公开征求立法意见的途径分布情况①

年份	法规规章草案（部）	网上征求意见（条）	座谈会（次）	专家论证会（次）	深入一线调研（次）	后三种途径征集的意见（条）
2009	11	951	67	10	38	1000
2010	15	412	121	16	57	700
2011	16	1815	88	27	50	1400
2012	6	73	31	6	17	500
2013	12	848	66	21	38	1257

（二）上海

为规范网上公开征求立法意见工作，上海市政府法制办建立了以下制度。

（1）规章草案公开征求意见制度。上海市从 2004 年 5 月开始，实行政府规章草案公开征求意见制度，在"中国上海"门户网站上公布规章草案全文，征求公众意见。2007 年开始在"中国上海"门户网站上开设"政府规章草案民意征询平台"，同时在主要报纸上发布征求意见的消息和指引。与此同时，上海市政府法制信息网首页设有"政府立法公众参与平台"，下面包括"草案征求意见""公众参与公告""意见采纳反馈""街头坊间建议""政府立法听证"和"在线调查"等六个链接。点击进入后，可以看见正在征求公众意见的立

① 以上数据来自对 2009～2013 年北京市政府法制办政府立法工作公开征求意见情况简介的汇总，载 http://www.bjfzb.gov.cn/fzb_cazjyj/fzb_wqjg/201406/t20140617_13742.htm，访问日期：2014 年 9 月 9 日。

法草案，市民和各有关单位可以将书面意见直接寄送上海市政府法制办公室，也可以发送电子邮件。针对所要征求意见的立法草案，网站上有草案全文、立法背景介绍，还可以看到公众发表的意见并参与讨论。

（2）规章草案专家论证制度。即在规章起草和审核过程中，实行专家论证制度。起草部门比较普遍地邀请专家对规章立项做课题研究或者咨询专家意见，审核部门一般邀请专家对规章内容的合法性、合理性、可行性等进行论证。在《上海市政府信息公开规定》制定和修改过程中，上海市政府法制办邀请国务院法制办、复旦大学、上海社会科学院、华东政法大学的专家学者，对政府信息公开的各项制度进行了全面论证。在清理与行政许可相关规章的工作中，上海市政府法制办邀请来自市人大、市政协、高等院校、研究机构以及市政府综合部门的专家学者组成清理行政许可事项专家咨询组，专门研究清理中的分歧意见。

（3）规章草案听证制度。即对涉及社会公共政策和与公众、企业关联度高的政府规章草案实行立法听证。2003 年，上海市政府法制办召开首次规章立法听证会，听取社会公众对一次性无菌医疗器械管理的意见。2008 年，上海市政府法制办建立规章草案公开听证制度，规范了听证程序和听证代表遴选规则。2008 年 9 月至 2009 年年底，上海市分别就旅馆业管理、港口客运站管理、门弄号管理、轨道交通安全管理等规章草案举行 4 次听证会，为科学立法决策提供了较全面的参考信息。

（4）公众意见采纳与反馈机制。即通过公开征求意见、举行立法听证会等渠道收集的公众意见经归纳整理、研究论证后，其采纳情况在规章的审核报告中予以说明，并随规章草案一并在上海市政府常务会议上审议。规章公布后，对公众意见的采纳情况通过"中国上海"门户网站的"政府规章草案民意征询平台"进行反馈；对听证代表意见的采纳情况，以书面形式专门予以回复。① 以 2014 年 2 月 11 日通过的《上海市生活饮用水卫生监督管理办

---

① "《上海市依法行政状况报告（2004 ~ 2009）》"，载 http://sh. eastday. com/qtmt/20110224/u1a859525. html，访问日期：2016 年 6 月 2 日。

法》为例，通过公开征求意见，上海市政府法制办共收到电子邮件 17 份，信函 10 件，网上民意征询平台反馈意见 10 份，还听取了市政协、市高院、市律协等单位的意见，并专门召开立法听证会。在该管理办法的公众意见采纳情况反馈说明中，上海市政府法制办详细列举了已采纳的意见和建议，以及未采纳的意见，对后者还给出了相应的理由说明。①

上述制度实施以来，在 2007 年 8 月至 2009 年年底，共有 18 部规章草案通过"政府规章草案民意征询平台"对外公布，点击率超过 16 万人次，共收到公众意见 380 余份、620 余条。② 虽然上海市政府的电子化行政立法工作已取得很大进展，但总体上看，征集到的公众意见数量仍比较有限，规章公开征求意见的社会知晓度还有待提高，公众参与面也有待拓宽。以下表为例，通过网络平台提交的立法意见虽在数量上占据优势，但传统的参与形式仍占有相当比例。

表 2-6　上海市规章草案公开征求立法意见的途径分布情况③

草案名称	施行时间	书面信件	电子邮件	"中国上海"网络平台
上海市门弄号管理办法	2009 年 5 月 1 日	15 件	10 份	6 份
上海市居住证管理办法	2013 年 7 月 1 日	110 多件	1200 多份	近 3000 份
上海市高速公路管理办法	2013 年 11 月 1 日	2 件	6 份	5 份
上海市非机动车管理办法	2014 年 3 月 1 日	10 多件	30 多份	100 多份
上海市生活饮用水卫生监督管理办法	2014 年 5 月 1 日	10 件	17 份	10 份

① "《上海市生活饮用水卫生监督管理办法》征询公众意见情况反馈"，载 http://www.shanghailaw.gov.cn/portal/gzcy/infopen/zqyjfk24987.htm，访问日期：2016 年 6 月 2 日。
② "《上海市依法行政状况报告（2004~2009）》"，载 http://sh.eastday.com/qtmt/20110224/u1a859525.html，访问日期：2016 年 6 月 2 日。
③ 以上数据来自对"政府规章草案民意征询平台"公布的规章草案征询公众意见情况反馈的汇总，载 http://zhuanti.shanghai.gov.cn/Suggestion/lawlist.aspx，访问日期：2016 年 6 月 2 日。

（三）广东

广东是中国改革开放的前沿，在公众参与行政立法方面同样走在全国前列。1999 年，广东省人大常委会举行的《广东省建设工程招标投标管理条例》立法听证会是我国首次立法听证会。1999 年 7 月 16 日，深圳市法制局举行了"建筑材料核准制"听证会，这是我国第一次行政立法听证。为促进公众参与的制度化，广东省人大及其常委会、省政府以及四个有立法权的市人大及其常委会、市政府在地方立法实践中，对公众参与立法亦作了规定，例如，《广东省地方立法条例》《广州市人民政府规章制定办法》《深圳市人民政府制定深圳经济特区规章和拟定深圳经济特区法规草案的程序规定》《珠海市人民政府规章制定办法》《汕头市人民政府拟定法规草案和制定规章规定》等均对公众参与行政立法作了明确的规定。其中，广州市人民政府于2006 年 6 月 27 日通过的《广州市规章制定公众参与办法》是我国第一部专门规范公众参与行政立法工作的地方政府规章。

目前，广东省立法机关公开征求意见主要有三种途径：一是通过门户网站，广东省政府法制办和四个有立法权的市政府法制机构的门户网站均设立了立法征求意见专栏，公众可以通过政府法制机构的门户网站浏览规章草案全文并提出意见。二是在具有公共影响力的报纸上刊登立法项目草案，全面征求公众意见。三是进行专项征求意见，就涉及人民群众切身利益和受各界人士普遍关注的问题，召集有关人士进行讨论。此外，广东省政府法制办还在门户网站上开通了《广东省规范性文件备案登记公布系统》，实现了对各地级以上市规章、规范性文件的电子化管理，实时公布报广东省人民政府备案并经省政府法制办登记的政府规章、规范性文件和省人民政府部门规范性文件目录。目前，该系统已公布了自 2005 年以来备案登记的规章 319 件、规范性文件 2968 件。①

鉴于通过网络方式公开征求意见，是公众参与行政立法范围最广泛、最便

---

① "《广东省人民政府法制办公室 2013 年度政府信息公开工作报告》"，载 http: // zwgk. gd. gov. cn/006940263/201403/t20140328_ 487331. html，访问日期：2016 年 6 月 2 日。

捷的方式。2008 年，广东省政府法制办对其门户网站进行了改版，版面及栏目设计逐步完善，立法征求意见专栏也不断改进。特别是在广东省政府办公厅的支持下，省政府法制办门户网站的立法征求意见专栏直接链接到广东省人民政府公众网首页上，吸引了更多的社会公众参与网上立法征求意见工作。同时，广东省政府法制办还借助《南方日报》《羊城晚报》等新闻媒体发布立法征求意见信息指引，引导社会公众进入其门户网站，参与立法征求意见工作。

针对行政立法中的公开征求意见，广东省目前形成的程序和规则主要是：（1）公开征求意见的方式，主要是在相关行政区域内有一定影响的媒体、政府网站、政府法制机构网站、起草部门网站上公布有关立法信息或发布指引、设置公告链接。（2）公告内容主要包括：法案起草的背景资料、制定或修改的目的、必要性及可行性；说明立法对相关人员或者群体可能产生的影响；征求意见的起止时间；公众提交意见的途径；征求意见稿全文或者公众获得征求意见稿全文的途径；联系地址、联系电话、传真及电子邮箱。（3）公众意见的处理，起草部门或政府法制机构对公众意见，逐一进行研究，决定是否采纳。不予采纳的，要说明理由。对于重要意见，起草部门或政府法制机构还可以根据需要组织专家论证会，研究公众意见，论证其合理性并提出处理意见。①

表 2-7　广东省政府法制办网上公开征求立法意见情况②

年份	网上公开征求意见的地方性法规、规章草案（部）	征集社会公众意见（条）
2011	24	——
2012	32	3000
2013	20	394
2014	20	1208
2015	28	1173

① "《政府法制研究》2008 年第 20 期"，载 http：//www.fzb.gd.gov.cn/publicfiles/business/htmlfiles/gdsfzb/zffzyj/201009/2729.html，访问日期：2016 年 6 月 2 日。

② 以上数据来自对《广东省人民政府法制办公室 2011～2015 年度政府信息公开工作报告》的汇总，载 http：//zwgk.gd.gov.cn/006940263/201604/t20160401_650147.html，访问日期：2016年 6 月 2 日。

（四）电子化行政立法的发展状况分析

1. 总体发展状况

（1）网络参与的重要性日渐增加。

实践中，公众参与立法的形式日趋多样化，包括：立法听证、座谈会、专家咨询和论证、公开征求意见、基层调研、内部征求意见、公共论坛、来函来电等。其中，通过互联网征求公众立法意见，因其开放性和参与成本低廉、方便快捷，成为公众表达意见和获取立法信息的重要渠道，网络征求意见的数量不断增加。以北京市地方立法为例，过去在征求意见过程中多以召开专家座谈会为主，现在已转变为召开座谈会、专家咨询和论证、内部征求意见、基层调研以及通过网络、报刊开展公开征求意见并重的模式。网上提交意见数量大体趋势逐年递增，特别是 2007 年增幅高达 4 倍。公众越发关注与自己切身利益密切相关的立法工作，例如，2003 年《北京市养犬管理规定（草案）》有 2122 人次在网站提交意见；又如 2007 年的《北京市实施〈中华人民共和国车船税暂行条例〉办法（送审稿）》有 7023 人次提交意见。[①]

行政立法中的公众参与，不仅出现数量上的增加，参与质量也逐渐提高，公众参与趋于全方位、全过程。在立法活动的各个方面和环节中，包括立法计划制订阶段、立法起草阶段、立法提案阶段、审议阶段、表决阶段、公布阶段，公众都可以有效参与。随着公众的法律意识和法律素养普遍提高，所提交的意见和建议的法律性和针对性不断提升。例如，在 2008 年《北京市公共场所禁止吸烟范围若干规定（草案）》公开征求意见过程中，市民万先生通过网络提出"鉴于爱国卫生运动委员会的机构和人员设置可能无法真正实现对违法行为的查处，应当加强对违法行为的处罚力度"的建议。针对这种情况，北京市政府法制办在立法过程中给予充分的考虑并将意见体现在草案的具体条款上，在正式规定中将执法权限的规定修改为"市或者区、县爱

---

① "北京市政府立法过程中通过网络开展公众参与的有关情况"，载 http://www.chinalaw.gov.cn/article/dfxx/zffzyj/201010/20101000279579.shtml，访问日期：2016 年 6 月 3 日。

国卫生运动委员会办公室可以委托市或者区、县卫生局实施前款规定的行政处罚"。①

（2）网络参与尚不能完全取代传统的参与形式，仅是一种有益的补充。

总体上看，即使在实施网络参与后，大多数行政立法的参与率仍然较低，公众通常只在涉及自身利益或者对某一问题有偏好时，才参与到立法活动中。例如，广东省政府法制办 2013 年在其门户网站公开的 20 部征求意见的法规规章草案中，除《广东省散居少数民族工作条例》有 222 人参与，《广东省食品生产加工小作坊和食品摊贩管理条例》有 65 人参与，以及有 3 部草案有 20 余人参与之外；其余 15 部草案的参与人数在 10 人以下，有 7 部草案参与人数为 0。② 可以说，当前的网络征求意见方式，最大效果就是吸引利害关系人的注意，向社会公众告知有关立法信息，但其实效性往往是最小的。

参与数量上的低水平仅是问题的一个方面，更重要的是质量上的不尽如人意，拟议规章草案很少因公众提出的意见而进行修改。公众有效参与的前提应当是以所涉决策的相关信息充分、透明为基础，然而，行政机关在公开立法草案时，或者不提供相关的立法背景资料或提供的资料过于简单，公众据此很难判断某一法律规范背后所涉的各种利益争议，导致提出的意见缺乏针对性，很多时候只是表达自己的态度，基本未针对具体的条文提出替代性方案。由于程序设计上缺乏互动性，公众相互间无法就立法争议展开对话，进一步削弱了参与质量。行政机关对于公众提出的意见，也缺乏适当的信息反馈。实践中虽有少数法制部门对公众意见的采纳情况作出反馈，但总体上还是较为概括，很少详细阐明具体的理由依据，更谈不上就此与当事人沟通交流。

网络参与的不尽如人意，一定程度上导致行政立法过程中，法制部门更

---

① "北京市政府立法过程中通过网络开展公众参与的有关情况"，载 http：//www. chinalaw. gov. cn/article/dfxx/zffzyj/201010/20101000279579. shtml，访问日期：2016 年 6 月 3 日。

② 上述数据来自对广东省政府法制办网站上相关信息的归纳，载 http：//www. fzb. gd. gov. cn/publicfiles//business/htmlfiles/gdsfzb/lfyjzj/index. html，访问日期：2016 年 6 月 3 日。

加看重通过调研、内部征求意见以及专家论证等形式获取的信息，立法中也未平等对待所有意见，更偏重于来自政府部门或利益组织的观点。这些因素造成网络参与尽管总体上呈增长趋势，但在实效性、说服力上仍不如传统的参与形式。可以说，行政立法过程中，除了在法制办网站上公开征求意见外，同时还采取在报刊媒体上刊登草案全文、召开专家论证会、深入基层调研等多种形式，这样的工作模式已经成为各级政府立法工作的规定动作和环节。

（3）对利益组织的网络参与重视不够。

一般而言，与原子化、分散化的利害关系人个体参与相比，组织的参与能力比较强，参与实效也比较高。因此，行业协会、社会团体等利益组织参与行政立法，无疑会大幅度提高公众参与的实效性，使公民个体分散的参与行为社会化、有序化。在利益多元化社会，由于不同的组织代表了不同社会群体的利益，并且他们掌握本行业的利益和需求，掌握本行业或群体最充分的立法信息，因此，行业协会、社会团体参与行政立法既有充分的参与动机，又有参与的能力。提高公众参与行政立法的实效性，必须最大限度地发动和组织行业协会、社会团体等利益组织广泛参与。

然而，目前行政立法过程中利益组织的网络参与较少，主要还是通过传统的参与形式提交意见。这种情况既与网络参与的效果不彰有关，部分也归因于行政机关的态度，未曾考虑借助信息技术提供的群发信息、网络论坛等工具促进利益组织的参与。实践中，利益组织获得法规规章草案征求意见的信息渠道，除了随时关注法制办机关网站以及新闻媒体之外并无其他方法，有时经常是征求意见的时间过了以后才得知相关消息，无法及早地发出自己的声音。

（4）网上立法平台建设尚处于初级阶段。

目前，很多地方政府尚未建立统一的行政立法网上平台，没有为征集立法意见专门设计应用系统，即使有，很多系统也不具备分类处理和统计分析能力。在互联网时代，行政机关应当将通过网络发布立法征求意见、收集公众意见作为重要的渠道。同时，公众也应把政府网站作为获得立法资料和发表意见的主要平台，实现足不出户就能参与立法。这就对公众参与立法的网络平台建设提出更高的要求，使收集的信息更全面、管理更具有智能化、与公众交互性更强，以更好地适应公众和行政机关的需要。

2. 评价

从我国的情况看，信息技术已初步应用于行政立法程序的每一个步骤，通过互联网公开行政立法草案，接受公众以在线方式提交的意见，并在网上公布最后通过的法案，已成为政府法制部门的通行做法。不过，总体而言，当前的实践仅触及电子化行政立法的表层，尚未充分利用互联网的互动讨论能力。具体表现在：首先，地方层面尚未建立电子化行政立法的统一平台；其次，网络参与更多意味着用电子邮件取代信函或传真作为传递意见的工具；最后，信息技术基本上未用于促进公众参与，更多的是方便行政机关的管理。

相较于美国，我国行政立法意见征求程序基本上属于消息型，止于告知草案的存在；而美国行政立法公告评论程序则属于信息型，尽可能地向相对人披露所掌握的信息，包括立法背景、初步的成本效益分析结果、立法根据以及权利、法律冲突的解决办法。[①] 受此影响，我国政府法制部门在开展电子化行政立法过程中，仅将它当作立法过程的计算机化，以为把立法草案搬上网络就万事大吉，注重技术手段而忽视行政立法过程的改进。可以说，我国当前的电子化行政立法实践侧重于消极的信息收集而非积极的促进参与，多用于管理海量的信息而未充分利用互联网的互动讨论能力。一言概之，仅是将传统的纸面立法过程简单地搬到互联网上，既未给公众提供更多的信息，也未开展任何形式的互动讨论，根本谈不上是一种立法上的"革命"。

[①] 于立深："行政立法过程的利益表达、意见沟通和整合"，载《当代法学》2004 年第 2 期，第 33 页。

四、政策和法律基础

(一) 法律规定

电子化行政立法是行政民主化发展的产物。鉴于当今时代公众对参与行政决策过程的强烈政治愿望,行政机关应当意识到这一趋势,并努力将之实现。如能加强与之相适应的行政法律建设,电子化行政立法将会收到事半功倍之效。

1. 国家层面

尽管我国规范行政立法程序的两部主要行政法规,即《行政法规制定程序条例》和《规章制定程序条例》,因制定时间较早,条文中无任何涉及信息技术应用的表述,但经适当的解释,我国行政机关适用电子化行政立法并不存在法律上的障碍。如《行政法规制定程序条例》第 12 条规定:“起草行政法规,应当深入调查研究,总结实践经验,广泛听取有关机关、组织和公民的意见。听取意见可以采取召开座谈会、论证会、听证会等多种形式。”该条中的“等”是否包含除座谈会、论证会、听证会这三种情形以外的其他形式,即这里的“等”是指“等内等”还是“等外等”。从实践看,行政机关在立法过程中早已超出上述三种形式,通过各种方式公开征求公众意见。

2007 年 3 月 29 日,国务院法制办公布的《法律法规草案公开征求意见暂行办法》,对立法草案的网络公开作出了具体的规定。该办法第 3 条规定:“行政法规草案除涉及国家秘密、国家安全、汇率和货币政策确定等不宜向社会公开征求意见的外,原则上都应当通过中国政府法制信息网向社会公开征求意见。”第 6 条规定:“行政法规草案在中国政府法制信息网上公开征求意见的期限一般不少于 30 天,情况紧急等特殊情况除外。”第 7 条规定:“法律法规草案向社会公开征求意见的,应当在公布草案或者其主要内容的同时,公布征求意见说明、向公众介绍征求意见的重点,并列明公众提出意见和建议的方式、期限以及拟接收意见和建议的单位及其通讯地址、电子信箱等信息。”2015 年修改后的《立法法》明确规定行政法规草案的征求意见及社会公布，第 67 条规定，行政法规草案应当向社会公布，征求意见；以及第 71 条规定，行政法规签署公布后，及时在国务院公报和中国政府法制信息网以及在全国范围内发行的报纸上刊载。这些修改内容是对行政法规草案一般都通过网络向社会公布征求意见的做法的法律上的认可。

据此，电子化行政立法的应用在我国并不存在任何法律上的障碍。从当前情况来看，规范公众网络参与的相关规定主要是以地方性法规、规章甚至内部工作规则的形式来进行规范和运作，这就导致各地方、各部门在公众参与时间、范围、程序等方面呈现出多样化的趋势。因此，在目前行政机关态度较消极以及信息技术的应用过于表层的情形下，有必要尽快建立适当的法律框架，对电子化行政立法作出具体规范，以从外部推动该项工作的深入开展。

2. 地方层面

在国家层面的立法进展较为缓慢的情况下，地方层面的相关规定却为数不少，上海市还将网络公开扩大到政府规章以外的行政规范性文件。例如，《上海市行政规范性文件制定和备案规定》（2010 年）第 15 条规定，"规范性文件草案公开征询社会公众意见的，起草部门应当通过本机关的政府网站，或者其他有利于公众知晓的方式公布规范性文件草案。征询意见的期限自公告之日起一般不少于 15 日；确有特殊情况的，征询意见的期限可以缩短，但最短不少于 7 日"。第 23 条还规定，"规范性文件应当由制定机关向社会公布；未向社会公布的，不得作为实施行政管理的依据。规范性文件应当在制定机关指定的政府网站上公布，还可以通过报纸、杂志、广播、电视等新闻媒体公布"。在众多的地方层面的规定中，《广州市规章制定公众参与办法》（2010 年）对电子化行政立法规定得较为全面，在行政立法的立项、起草、审查和实施阶段均有相应的规定，颇具代表性，具体内容如下。

（1）在立项阶段，该办法第 10 条规定："公众可以通过信函、传真、电子邮件等书面方式向市政府法制机构提出规章制定、修改或者废止的意见，意见应当包括规章的名称，制定、修改或者废止的理由，可行性和必要性，需要解决的主要问题和措施等内容。市政府法制机构应当在市政府法制机构网站上公布接受意见的信函地址、传真电话及电子邮件地址等有关信息。市政府法制机构应当在收到公众意见之日起 5 个工作日内，通过市政府法制机构网站公开公众意见。"

（2）在起草和审查阶段，该办法第 26 条规定："市政府法制机构应当在市政府门户网站及其网站上建立规章公开征求公众意见的信息统一发布平台。市政府法制机构应当对规章送审稿进行修改、论证，形成规章草案征求意见稿，并通过网站等媒体向社会发布公告，公开征求公众意见。"第 27 条规定："市政府法制机构依照本办法第二十六条发布规章草案征求意见稿的，应当同时在规章起草部门的网站上设置链接，或者在本市行政区域内具有一定影响的媒体发布指引。"

（3）在实施阶段，该办法第 33 条规定："市政府法制机构应当在规章公布之日起 30 日内，采取以下方式公布公众参与情况的说明及规章文本：（一）通过市政府法制机构网站发布；（二）在本市行政区域内具有一定影响的媒体发布指引；（三）在市政府网站上设置相关链接。"第 34 条规定："市政府法制机构可以对颁布实施 1 年以上的规章实施情况进行评估。市政府法制机构对规章进行评估的，应当通过市政府法制机构网站征求公众意见。市政府法制机构应当在收到公众提出的评估意见之日起 5 个工作日内，通过市政府法制机构网站公布公众意见。市政府法制机构应当通过市政府法制机构网站公布规章实施情况的评估报告。"第 35 条规定："市政府法制机构应当通过市政府法制机构网站建立规章制定公众参与的电子卷宗。电子卷宗应当包括以下内容：（一）规章制定的背景资料；（二）规章制定过程的公众参与记录；（三）规章正文和公众参与情况的说明；（四）与公众参与相关的其他材料。"

总之，《广州市规章制定公众参与办法》在电子化行政立法应用方面的价值主要在于，确保了公众对行政立法的全过程参与。尤其是立项阶段和实施阶段中的相关规定，有助于提高公众参与的有效性和针对性，具有一定的现实意义。

（二）政策基础

在我国，并未出台直接规范电子化行政立法的政策性文件，但因其与电子政务及依法行政存在密切联系，涉及后两个事项的政策性文件对电子化行政立法的发展也起到重要的推动作用。

1. 电子政务方面的政策性文件

主要的政策性文件有《国家信息化领导小组关于我国电子政务建设指导意见》《国家电子政务"十二五"规划》《全国政府系统政务信息化建设2001～2005年规划纲要》《2006～2020年国家信息化发展战略》以及《国家电子政务总体框架》等。其中，与电子化行政立法联系最密切的是国务院法制办根据《2006～2020年国家信息化发展战略》的有关要求，结合我国政府法制工作的实际情况，制定的《全国政府法制信息化建设2010～2015年规划》。该规划明确提出："构建安全高效的政府法制信息网络系统，建立完整的政府法制信息资源数据库体系和网络环境下的政府法制工作综合业务应用系统，建成政府法制数据中心、数据采集处理平台和社会公众信息服务平台，逐步实现政府法制工作信息化。"还要求"到2010年年底，国务院法制办公室、各省（区、市）政府法制机构、较大的市政府法制机构和有条件的地市级政府法制机构建立和完善政府法制信息网站，国务院部门法制机构在本部门的政府网站上建立政府法制信息子站或专栏，发布政府法制信息，宣传政府法制工作，依法做好政府法制信息公开、征集社会公众意见、收集社会舆情等工作"。

2. 依法行政方面的政策性文件

行政立法是将抽象法律落实为行政行为的桥梁，是依法行政的前提，也是行政过程的前端。近年来国务院颁发的涉及依法行政的重要文件，均对行政立法中的网络公开提出了具体的要求，这些文件主要有：

国务院2004年颁发的《全面推进依法行政实施纲要》规定："重大或者关系人民群众切身利益的草案，要采取听证会、论证会、座谈会或者向社会公布草案等方式向社会听取意见，尊重多数人的意愿，充分反映最广大人民的根本利益。要积极探索建立对听取和采纳意见情况的说明制度。行政法规、规章和作为行政管理依据的规范性文件通过后，应当在政府公报、普遍发行的报刊和政府网站上公布。政府公报应当便于公民、法人和其他组织获取。"2008年《国务院关于加强市县政府依法行政的决定》规定："对涉及公民、法人或者其他组织合法权益的规范性文件，要通过政府公报、政府网站、新闻媒体等向社会公布；未经公布的规范性文件，不得作为行政管理的依据。"

2010年《国务院关于加强法治政府建设的意见》进一步明确规定："除依法需要保密的外，行政法规和规章草案要向社会公开征求意见，并以适当方式反馈意见采纳情况。""制定对公民、法人或者其他组织的权利义务产生直接影响的规范性文件，要公开征求意见，由法制机构进行合法性审查，并经政府常务会议或者部门领导班子会议集体讨论决定；未经公开征求意见、合法性审查、集体讨论的，不得发布施行。"并提出"进一步加强电子政务建设，充分利用现代信息技术，建设好互联网信息服务平台和便民服务网络平台，方便人民群众通过互联网办事。"中共中央、国务院2015年年底印发的《法治政府建设实施纲要（2015～2020年)》规定："除依法需要保密的外，法律法规规章草案要通过网络、报纸等媒体向社会公开征求意见，期限一般不少于30日。加强与社会公众的沟通，健全公众意见采纳情况反馈机制，广泛凝聚社会共识。"

这些政策性文件虽不具有直接的法律效力，但因其发布机构的权威性以及来自行政内部的层级约束力，各级行政机关均有责任将其努力落实，有力推动着电子化行政立法向前迈进。

第三章

电子化行政立法的应用

信息技术具有根本性地改变公众参与行政立法过程的潜力，不过，这样的改变当前主要局限在立法信息的网上公开以及在线提交评论，仅表现为现有行政立法程序的数字化。通过进一步发挥信息技术的革新潜力，未来很可能在一些重要方面改变行政立法程序的法律面貌，并对程序的主要目标：形式性、效率和参与，造成极大的冲击。长期来看，信息技术的应用会模糊公众和行政机关之间、行政机关和法院之间的界限，这些界限的模糊使重新反思一些基本术语的定义成为必要，如行政程序、公众参与和司法审查，最终需要在参与目标的追求与行政机关必要的形式性之间达成适当的平衡。

第一节　信息技术在行政立法程序中的应用

一、信息技术的初步应用

（一）信息技术的比较优势

1. 摆脱传统纸面形式的时空约束

在传统的纸面立法过程中，由于很多重要的行政立法机关集中于首都，相应地，立法资料也存放在这些地方。尽管有信息公开方面的法律要求，但地理上的距离限制了非首都居民对这些信息的接近，行政机关办公时间上的规定又进一步打消了公众查阅信息的渴望。毫无疑问，行政立法信息的纸面公开内在地具有时空上的限制，通常是那些对特定行政立法具有相对大的利害关系的组织愿意花费时间、金钱到行政机关所在地查阅、复制立法资料，普通公众不会经常性地去烦扰行政机关。

从行政机关的立场看，纸面立法过程意味着管理公众参与上的困难。一方面，行政民主化的发展趋势，导致立法机构对行政机关的决策过程提出更多更高的参与要求；另一方面，公众参与所带来的洪水般的信息涌入，使信息管理成为不堪忍受的重负。如果说公众参与能够显著提高行政立法的质量，那么行政机关为此付出的一切成本都是值得的。但现实经常如学者 Dan Esty 所言，给更多的人发表意见的机会并不能保证更好的政策制定，更多的意见带来混乱、破坏而不是更高质量的决定，决策更加狭窄，很少考虑政策选择的宽广背景。① 导致这种状况的一个原因是，纸面立法过程中信息公开的时空限制，使参与者对立法信息缺乏充分了解和认知，彼此交换意见的困难也进一步制约了评论质量。实践中，参与者多半是对行政立法草案提出批评意见，无法提供具有可行性的替代方案。对行政机关而言，不仅增加了立法成本，而且对立法质量的提高毫无助益。

随着信息技术的发展，许多力量的汇聚使互联网成为政府公开信息的适当工具。首先，计算机硬件和软件成本的下降，导致更多的人能够拥有计算机；其次，互联网接入越来越容易，上网成本也趋于低廉。相比传统的纸面形式，在互联网环境下，行政机关能以更低的成本和更有效的方式向公众提供信息，信息收集和处理也更为容易，相应地有能力作出质量更高的决策。公众通过互联网可以方便地接近行政立法过程，发表意见并相互交流，参与的有效性得到很大的提高。这些技术上的进展，克服了公众参与在现实中被屡屡虚置的窘境，促进公众参与机能的进一步有效发挥。

2. 互动性的参与潜力

技术主义者对电子化行政立法的热情，部分来自立法过程中低水平的普通公众参与。行政机关公开的资料很少显示，谁参与了行政立法以及发挥了什么样的影响。以美国为例，关于环境保护署的一份调查显示，在针对 24 部规章草案提出的 1500 份评论中，个人即普通公众提交的评论少于 6%，公司和行业组织提交了 60% 多的评论，地方、州或联邦政府官员提交了 25% 的评论。② 对美国国家公路安全运输局（National Highway Safety Transportation Agency）的调查也表明，2/3 到 100% 的评论是由公司、公共实体以及贸易协

---

① Beth Simone Noveck, "The Electronic Revolution in Rulemaking", Emory Law Journal, 2004, Vol. 53, p. 443.

② Cary Coglianese, "The Internet and Citizen Participation in Rulemaking", I/S: A Journal of Law and Policy, 2004, Vol. 1, p. 38.

会提出的。①

　　互联网改变了这种不平衡状况。信息技术可以拓宽公众参与的基础，显著减少参与成本，增进公众对政策争议的了解。而且，除了单纯的网上提交评论，信息技术还可以实现在线对话，明显提高了参与的互动性。在线对话并不是一个放在网上的通常参与过程，而是一个全新的做法。参与者的数量、他们分布在全国的位置、参与时间及对话方式，远不同于传统的参与方式。尤其是它所具有的互动能力，使参与者能够与行政机关共同控制讨论进程，甚至比许多的公共听证会更有参与性。这是因为在公共听证会中，参与者很少有机会提出问题，也很少就实质性争议深入地讨论，而在线对话可以通过建立合作性框架，解决一些更具协调性的政策争议。

　　一旦公众拥有更多的信息且能以非常低的机会成本参与立法过程，决定重要的公共政策争议，必然可以削弱利益组织对立法过程的影响。在 2005 年发表的一篇文章中，行政法学者 Mariano‐Florentino Curllar 认为，参与模式已经开始变化。在对三部规章草案制定过程中提交的评论进行分析的基础上，他得出以下结论：与传统观点相反，来自普通公众的评论占据了全部评论的绝大多数。② 针对美国交通部的一个调查验证了该结论，当交通部 1998 年首次将其规制文档上网时，当年公布的 137 件规章草案共收到 4341 条评论，而在 2000 年公布的 99 件规章草案共收到 62 944 条评论，相当于每一草案的评论数量增加了 20 倍。③

　　目前，绝大多数行政机关已经在行政立法中初步利用信息技术，将拟议规章草案和最终文本发布在网上，有时还将额外的背景资料上网，或者直接邀请某些感兴趣的公众在线提交评论。尽管信息技术不是万灵药，无法治愈

---

　　①　Barbara H. Brandon & Robert D. Carlitz, "Online Rulemaking and Other Tools for Strengthening Our Civil Infrastructure", Administrative Law Review, 2002, Vol. 54, p. 1444.

　　②　Cary Coglianese, "Citizen Participation in Rulemaking: Past, Present, and Future", Duke Law Journal, 2005, Vol. 55, p. 952.

　　③　Cary Coglianese, "Citizen Participation in Rulemaking: Past, Present, and Future", Duke Law Journal, 2005, Vol. 55, pp. 955–956.

行政立法中的所有问题，但相比传统的纸面过程，明显具有以下的优势：公众因增加的立法透明性，可以提出更有针对性、合理性的评论；在线交流使参与者可以深度沟通，效果类似于实时的、非正式的同行评审；参与者甚至可以就某一议题部分达成共识，由行政机关将之合并到最后文本中；行政机关也可因透明性的增加而最小化片面接触的影响，提高对规制措施在实践中如何运作的洞察力。

然而，即使是较早开展电子化行政立法且居领先地位的美国，信息技术的应用也仅触及表层，互联网所具有的互动性潜力尚未充分发挥。行政机关的立法平台通常只允许公众在线提交评论，基本未开放聊天室功能，参与者相互间以及参与者与行政机关之间的互动交流未得到技术上的支持。由此导致的结果是：尽管信息技术使公民个人的参与有了一些改观，但并未带来参与主体之间力量对比的实质变化，普通公众相比利益组织而言，在立法中的发言权仍居劣势。

（二）电子化行政立法实践：以美国核能规制委员会为例

1. 电子化规章制定系统的创建

互联网带来的技术革新正在改变着《联邦行政程序法》规定的公告评论程序的特征，曾经的全纸面过程（all - paper process），即在纸面的联邦公报上发布的纸面立法公告，公众亲自送到或邮寄到行政机关的纸面评论，归档放置在文件柜中的纸面卷宗，如今已经被电子过程所取代。最初，虽然大多数行政机关都已建设自己的网站，但只有少数活跃的行政机关在规章制定中通过网站为潜在的参与者提供一些信息资源，在 20 世纪 90 年代，这样的网站大概有 30 个。其中，第一个使用在线规章制定的是核能规制委员会（The Nuclear Regulatory Commission，NRC），它在 20 世纪 90 年代中期就试运行了一个基于互联网的规章制定平台。

电子化规章制定主要指"利用数字技术制定和实施规章"，在美国，被局限在将信息技术应用在《联邦行政程序法》第 553 条规定的非正式程序即公告评论程序之前及进行中的一系列活动。包括：拟议规章草案和最终文本的公告；分享支撑性材料；接受公众评论；管理电子卷宗中的制规记录；举办在线公众会议；或使用社交媒体、博客和其他 Web 应用程序，促进公众参与。该系统由设在环境保护署的电子制规项目管理办公室负责，由环境保护署和其他参与合作的联邦机构资助运营。近年来的一份报告揭示，相比纸面卷宗，电子化规章制定系统帮助联邦政府在过去五年里节约了 3000 万美元的行政成本。目前，90% 以上的行政机关都已将规制材料公布在 Regulations. gov 网站上。奥巴马政府发布的 13563 号行政命令，要求行政机关提供"及时在网上查阅 Regulations. gov 上的制规卷宗，其中包括相关的科学和技术发现，并通过使用一种开放的格式，使之很容易搜索和下载"。①

　　电子化规章制定系统具有三个功能：数字阅览室、电子备忘录和电子评论。在规章制定过程中，行政机关以电子形式保存备忘录，允许公众接近与拟议规章相关的几乎所有的文件，而不仅仅是规章草案本身。同时，提供公众直接经由网站提交评论或建议的机会。这些方式已经超越了单纯的通过电子邮件发送评论，其价值远不止于从纸面到电子的简单转化，目的是为每个规章制定提供全面的信息以及实现更大的参与性。前一个信息目标意味着在规章生成的每一个有意义的步骤，均为公众提供接近信息的途径；后一个参与目标最终使参与者与其他利害关系人一样能够实时参与规章制定过程，通过一个更合理的、更具互动性的以及更少对抗性的途径，制定一个最佳的规章文本。

　　2. 核能规制委员会的实践

　　美国核能规制委员会从 20 世纪 90 年代中期开始探索将互联网作为在规章制定的公告评论程序中扩大公众参与的一个额外手段。互联网作为补充而非替代，被用于改进行政机关依据《联邦行政程序法》从事规章制定时所必须遵从的每一个程序步骤。首先，行政机关不仅在联邦公报上发布拟议规章的公告，还在互联网上公开拟议规章、支撑文件、背景信息、相关研究以及

---

　　① Bridget C. E. Dooling, "Legal Issues in E - Rulemaking", Administrative Law Review, 2011, Vol. 63, pp. 895 - 896.

其他文件、信息；其次，行政机关除了接受通过传统渠道递交的纸面评论外，还允许公众以电子方式提交评论；最后，行政机关除了联邦公报外，还在互联网上公布最终的规章文本和完整的规章制定记录。此外，行政机关在发布拟议规章草案前，有时会通过互联网与利益组织举行在线论坛或讨论，超出了《联邦行政程序法》的参与要求，这样的聊天组（chat group）实际上是协商规章制定的自然演进。

核能规制委员会近年来尝试在它的"规章网"动议（RuleNet initiative）中通过聊天组展开立法。例如，委员会准备修改核电厂防火规章，将其从"规范性的"（prescriptive）规章转变为以"绩效为基础的"（performance – based）规章。委员会决定利用互联网创建一个电子论坛，讨论拟议中的修改。委员会将现有的规章、以前的规章版本、相关的政策声明、科学研究成果以及其他关于核电厂防火的相关信息公布在互联网上，其中，也包括与规章中使用的术语相关的词汇表。

委员会识别了规章修改中需要讨论的若干主题，通过使用邮件和讨论组软件创建电子论坛或市镇会议（town meetings），在互联网上讨论每一个重要主题。任何拥有互联网入口的公众均能参与任一论坛的讨论，每一个主题论坛由一个"推动者"（facilitator）主持，他领导着讨论过程，总结评论并不时要求参与者针对不同的立场投票。讨论持续数周，因此参与者不必同时在线，可以选择对他们而言最便利的时间随时参与。参与者也可以和其他参与者一起在委员会的网络系统中召开电子会议。委员会虽不对参与者的言论进行检查，但对参与论坛确定了基本规则，以及保留禁止侵犯规则的个人参与电子讨论的权利。

论坛分为三个阶段：第一阶段，即最初的 5 天内，参与者提出与特定主题相关的主要争议，目的是形成不同的论坛。在接下来的 12 天内，即第二阶段，参与者就阶段一中被识别出的每一个争议，提出替代方案。在最后的 9 天里，即第三阶段，参与者分析这些替代方案，并对此发表最后的评论。不像协商规章制定，核能规制委员会并未使用"规章网"去形成一个意见一致的拟议规章，而是试图获得范围广泛的公共意见输入，这些意见将被用于制定拟议规章。在"规章网"论坛结束后，委员会形成拟议规章草案，并公布在网上，接受公众提出的书面或电子评论，然后在联邦公报和互联网上发布最终规章文本。

相比《联邦行政程序法》规定的传统的公告评论程序，对于行政机关和公众来说，互联网具有更大的优势。例如，核能规制委员会可通过聊天组邀请公众参与规章制定过程，形成拟议规章草案，在互联网上发布拟议规章的公告，以及邀请公众对拟议规章提出评论，由此扩大了参与范围。过去，行政机关一般在特定城市举行公众会议或听证会，因人数受限，不能参加这些会议的公众，只能通过提交书面评论的方式参与拟议规章的制定。借助互联网，行政机关可以举行"虚拟"会议或"虚拟"听证会，解释拟议规章，回答公众的提问，并邀请公众提出评论。一定程度上，行政机关就拟议规章举行了更富有活力的在线公众会议或听证会。过去不能出席公众会议或听证会的公众，通过这些电子革新，现在有了更多的机会去倾听、提问以及评论拟议规章。[1]

二、行政立法程序的电子化塑造

在行政立法过程中，有许多的点是信息技术能够进入并发挥作用的。鉴于行政立法程序总体上分为立法草案公告→征求公众意见（评论）→公布正式文本等三个阶段，信息技术现已应用于这些阶段，并对其进行电子化塑造，目的是加强行政立法中的公众参与。

（一）立法草案公告

在行政立法过程中，公告阶段具有不容低估的重要性，因为它提供了参与的信息前提。当公众对拟议规章毫无认识时，自然也就不可能参与立法，

---

[1] Stephen M. Johnson, "The Internet Changes Everything: Revolutionizing Public Participation and Access to Government Information through the Internet", Administrative Law Review, 1998, Vol. 50, pp. 321 – 324.

然而，如果将之公布于众，可为公众提供了解立法信息的机会，并有希望提出合理的建议。美国联邦政府中一些在电子化规章制定实践中居于领先地位的行政机关，通过发布在线公告，创建了一个电子信息空间，公众可以通过主题、行政机关或关键词搜索到规章草案公告。例如，从 1995 年开始，美国交通部通过电子方式管理规制卷宗，并在 1997 年允许公众通过互联网访问卷宗。一旦规章草案公开发布，将获得指定的卷宗号，并以纸面和电子格式在联邦公报上登出，公众可经由互联网访问交通部的卷宗管理系统（Docket Management System，DMS），查看规章草案。卷宗管理系统不仅包括规章草案，还包括与之相关的所有重要文件，由此将《联邦行政程序法》规定的规章草案内容的有限公开，通过网络扩大到给公众提供更加丰富的信息资源基础。美国环境保护署也建立了类似的电子卷宗（e‐docket）系统。

这些基于网站的界面，使公众和行政机关工作人员能够很方便地接近规章草案和相关文件。不仅公众可以不受时空限制地阅读这些文件，而且提供给行政机关工作人员的电子工具，使他们有能力管理这些文件。例如，美国交通部的卷宗管理系统和环境保护署的电子卷宗系统，可以让处于世界任何地点的人们，全天候、24 小时地经由互联网访问。美国交通部还建立"自动化分布式邮件系统"（listserv，an electronic newsletter）），对规章制定活动有兴趣的个人或组织可加入该系统。一旦行政机关公布规章草案，他们就能自动获得邮件通知。互联网扩大了公众对信息的获取能力，在质上和量上均超过了过去只能到行政机关档案室，或通过雇佣律师或院外游说者才能获得的信息，尤其是对肢体残障者而言，将极大地受益。总之，公众对立法信息的免费获得，进一步提高了信息的民主化程度，对于加强规章制定中的公众参与是非常必要的。

借助信息技术的应用，对规章草案和相关文件的获知人群，进一步得到延伸并超出了由大型企业和其他组织良好的利益团体构成的小规模圈子。也就是说，通过将规章草案公告放在网上，而不是排他性地通过纸面形式公告，电子卷宗系统使立法草案的公告超出了"内部者"（insiders）范围。理论上有助于削弱规制俘获，使那些本来对立法知道甚少或根本不知道的普通公众，现在有机会了解更多的立法信息。

如果不是出于成本上的考虑，类似美国交通部和环境保护署那样，将规章草案放在网上，并将规制卷宗数字化的实践，应当成为行政机关的普遍做法。然而，仔细观察各行政机关的网站以及联邦政府网站所提供的制规卷宗，可以发现仅仅是将原有的纸面文件简单地搬到互联网上，除了文件的载体从纸质变成电子形式，其他无任何变化。行政立法过程仍由分散的文件以及个别的立法活动所构成，而不是成为一个由互联网连接的动态信息空间。目前的电子化行政立法实践并没有将规章草案与其他数据相连接，或放入更宽的立法实践的社会背景，以此来丰富规章草案。信息空间仍由行政机关排他性控制，即使是一个相关领域的专家，想要全面了解这些信息都面临很大的麻烦，更不用说管理这些信息。在这种情况下，信息系统中的数据，只是便利了行政机关的管理和控制。对于普通公众而言，仍是不可接近的，原因不在于访问上的困难，而在于无法驾驭众多的信息。

（二）征求公众意见（评论）

在该阶段，公众提交的评论通过不同的形式到达行政机关，例如信件、电话、传真或邮件，但没有一种形式被设计成更方便行政机关进行有效管理。信息技术的使用，有时确实会产生如洪水泛滥般的评论，不过，即使行政机关允许公众以电子方式提交评论，现实中仍会有一些评论者不愿意使用新技术，继续选择提交纸面评论，以至于占去行政机关工作人员的大半个桌面。在许多规章草案的立法过程中，冗长的纸面评论一直到最后截止时间到来前才送到行政机关，目的是挫败竞争对手提交的电子评论，或者说，利益组织希望将工作人员掩埋在堆积成山的纸面文件下。

在信息技术普遍应用于行政立法后，虽然行政机关收到的很多评论都是以电子方式提交的，但问题是，这些评论既未采用有意义的搜索标准加以组织，也未进行适当的分类。而且，无论公众通过电子还是纸面方式提交评论，由于目前的电子化规章制定系统没有任何关于减少规制俘获的程序设计，或减少立法中的对抗性，或促进公众知情参与，或提高未参与立法过程的利益相关人的代表性等方面的制度安排。可以说，评论的电子化反而恶化了每一个人都有发言权，却没有任何人倾听这些意见的问题。

当洪水般的评论出现在行政机关和公众面前时，无论是参与者还是行政机关工作人员都没有足够的时间和资源去考虑每一个评论的价值，并作出深思熟虑的回答。为了提交一份有望得到行政机关认真阅读的有价值的评论，参与者可能需要专门雇佣律师来准备一份针对规章草案主要内容的回应，这样做反而抵消了电子评论本来可以节约的成本支出。有时候，即使规章草案允许提交电子评论，参与者可能宁愿放弃电子方式，转而提交纸面评论，期望通过占据行政机关的物理空间，或者在通过网络提交评论的同时，再准备相应的纸面文件，以引起行政机关的注意。

据此，电子评论虽然没有使情况更糟糕，但实际上降低了现有程序的效率。就目前的网站设计来看，信息技术确实可以使公众更容易、更快速地对规章草案发表评论，但不清楚的是，这样的"速度限制"的取消，是否能够真正改善行政立法过程。这是因为公众的知情权并未获得重视，信息的缺乏导致其无法更好地回应其他人的评论，即评论内容的合理性并未得到提高。

（三）公布正式文本

行政立法程序的第三个阶段是公布最后通过的立法文本。毫无疑问，立法文本的公布具有引导公众服从法律的目的。例如，《联邦行政程序法》要求正式通过的规章必须公布在联邦公报上。与规章草案的公告一样，规章最终文本的在线公布，可以激起公众再次对规章发表意见以及广泛传播规章内容的兴趣。行政机关在规章公布后，通常会在网站上提供一些与之相关的额外信息，包括守法指南、问题解答以及其他信息。而且，随着电子政务的广泛应用，行政机关也开始利用信息技术改进对相对人的守法培训。例如，行政机关通过邮件向利害关系人告知最近公布的立法信息；或者发布守法指南，使用通俗易懂的语言引导公众守法，等等。行政机关试图通过这些方式，推动公众和企业遵守规章的要求。

与电子化行政立法的前两个阶段一样，目前没有证据显示在这个最后阶段，信息技术是否进一步促进了行政立法目标的实现，或克服了纸质公开中存在的问题，或有效改善公众参与。假定规章在网站上的公布确实可以提高公众对规章的认知水平，问题是，该目标的实现是在"什么样的代价下"取得的？实践中，在削减行政成本的压力面前，行政机关公布规章时，是否过度依赖网站而忽视其他的信息传播机制，或者根本就未考虑社会中哪一人群能够看到网站上的规章公布信息，或者在线公布有无实际改善公众对规章的服从状况？等等。① 只有在充分进行权衡后，才能判断出在线公布的效果。

第二节　电子化行政立法的革新潜力

一、信息技术的互动性潜力

（一）信息技术的潜力发挥

信息技术应用于行政立法领域，不仅是为了减少立法成本，更重要的是提高普通公众的参与水平和立法的协商性。从目前的电子化立法实践看，除了在前一目标上带来相当的改观外，对后两项目标的实现助益不大。为充分利用互联网的互动性能力，使参与更具有活力，美国联邦政府主要从两个方向努力：一是要求联邦行政机关建设电子卷宗系统，作为行政机关保存的纸面信息的在线等价物，以促进信息公开并为公众参与奠定基础；二是将在线讨论引入行政立法，参与者可就特定立法事项展开深入讨论，加深对政策问题的理解。在传统的参与方式中，参与者相互间不知道彼此所提的意见，电子卷宗和在线讨论的实施，可以帮助参与者相互交换意见，充分进行协商，公众提交的评论将更有针对性。以上举措虽对参与目标的实现有所助益，但

---

① Beth Simone Noveck, "The Electronic Revolution in Rulemaking", Emory Law Journal, 2004, Vol. 53, pp. 472 – 493.

仍未突破行政立法公告评论程序的现有框架。可以说，行政机关朝向电子化行政立法所采取的措施仅触及信息技术的表层，亦即，仅是信息技术在规制过程中的潜在应用的一小部分。

信息技术的应用绝不是局限在现有公告评论程序框架内的细微调整，在此之外，还能够被用于改变行政立法过程或为其增加新的特征，以更深入地发挥技术潜力。美国在电子化规章制定中，行政机关已开始探索一些扩大公众发言权的新做法，主要有：（1）规制投票（Regulatory Polling），目前的公众参与多数是被动反应式的，即行政机关公开立法草案、等待公众就其发表评论，而信息技术可使行政机关更具有主动性，如就拟议规制涉及的政策选择，交由公众投票表决；（2）模拟评论（Commenting via Simulation），即公众可通过改变行政机关规制模型中的参数，如规制标准的松紧或风险发生的频率等，通过模拟软件得出不同方案下的成本和收益，行政机关由此可获得更细致的公众评论；（3）虚拟"陪审团"（Virtual "Juries"），即行政机关可随机选择一组公民组成陪审团，作出内含在规制决策中的关键的价值判断；（4）不断加强的数字化透明性（Enhanced Digital Transparency），信息技术除了方便在线讨论外，也使公众更容易接近保存在行政机关内部的信息。[1]

（二）信息技术应用的革新

如果我们承认，不管是出于哪一原因，行政立法中低水平的普通公众参与是有问题的，那么下一步就是寻找改善参与的办法。电子化行政立法的支持者主张利用互联网，通过新的信息技术增加普通公众对立法过程的接近和参与。当然，并不是所有的技术手段都具有同样的效果，但至少有两种技术选择可供考虑：一是利用互联网接近行政机关的电子卷宗，并通过电子邮件提交评论，主要表现在将目前的规章制定过程数字化；二是更革新地利用信息技术，在一些重要方面改变目前的规章制定过程。

关于行政立法程序的电子化塑造，前已述及。下一步的任务是，通过

---

[1] Cary Coglianese, "The Internet and Citizen Participation in Rulemaking", I/S: A Journal of Law and Policy, 2004, Vol. 1, pp. 43 – 45.

使用一些更具革新性的电子工具，推动行政立法的电子革命。这些工具的设计目标是加强规章制定中的公众参与，提高程序的参与性和协商性，使公众不再是立法的被动接受者，而是成为治理国家的主体。电子政务研究学者 Jane Fountain 指出："决策者已经在多个层面使用信息技术，然而，更具革新性的以及涉及更深层次结构的权力关系、政治关系以及监督关系却未受打扰。"① 理论上，电子化行政立法应当超越法律上的公告评论程序，因为后者是基于纸面世界设计的。因此，电子化行政立法的继续发展需要更多的革新性手段，以回应互联网提供的技术潜力。信息技术应被用于促进立法协商，不是简单地复制公告评论程序，而是提供一套对话方法以及新的参与界面。

这就引出一个问题：当我们关注于技术的应用时，为提高公众参与的深度和广度，是否也应当重思个人相互间交流的过程？也就是说，当我们对于什么是最好的离线实践知道得不多时，作为结果，我们也就不确定哪一种参与实践可以成功地移到互联网上。公众参与基本上是一个对话过程，依赖于有效的交流方法才能实现。然而，将对话从真实的环境转到网络是很困难的，需要清楚地确定电子化行政立法的预期目标，由此才能判断一个特定的对话方法是否奏效，是否是一个最好的实践。

二、革新：新的工具的应用②

（一）立法草案公告的电子化革新

1. 公告工具的设计原则

行政立法草案的电子公告，代表了一个超越纸面公告的巨大飞跃。任何可以访问互联网的人，都能够获得立法草案和相关的信息。然而，更多的信

---

① Beth Simone Noveck, "The Future of Citizen Participation in the Electronic State, I/S: A Journal of Law and Policy, 2004, Vol. 1, p. 8.

② Beth Simone Noveck, "The Electronic Revolution in Rulemaking", Emory Law Journal, 2004, Vol. 53, pp. 474 – 494.

息对于公众而言，并不必然就是好事。这是因为公布在网上的信息，很多时候未经过合理的组织，不容易被公众发现，或即使发现，也不知道如何加以利用。

在公告阶段，行政机关还有许多的改进空间。公告工具的设计应建立在以下前提下：（1）立法草案的网上公告，意味着以一种有用的方式，向有兴趣参与立法的公众发送信息；（2）信息的接受者并不都是专家，还包括个体化的普通公众；（3）信息在利益组织中的传播最为有效，他们可以将信息又接着传递给组织成员；（4）信息绝不能仅仅被行政机关单方控制，也应当能够被利益组织使用，且受到后者的控制；（5）信息应与行政立法的社会背景相联系，所提供的信息应具有可用性。据此，公告阶段的革新应朝向扩大利益组织对立法中具体争议的参与力度，允许相互竞争的意见和信息来丰富参与过程。

2. 可供采取的措施

（1）我的规章制定和虚拟工具（my rulemaking and visual tools）。

在电子化规章制定系统中，通过为那些有兴趣参与立法的个人和组织创建"我的规章制定"的主页，培养团体意识。例如，系统自动生成一份水平图表，显示参与者在评论阶段投入多少时间参与讨论。而且，参与者通过点击"我的规章制定"主页上的相关标识，能够跟踪规章制定的阶段进展，了解每一阶段的活动情况。参与者还可以在主页上保存规章草案公告、立法文件、讨论副本、联系记录以及自己的参与过程。通过这些改进，规章草案的公告不再是一个孤立的事件，而是与参与者相联系的信息资源网页的一部分。

（2）清楚的文字描述（plain english presentation）。

规章草案目前可通过输入制定机关、草案名称、公告时间等关键词进行网络搜索，将来随着搜索技术的发展，能够获得更准确、更有用的结果的自然语言搜索，将应用在电子化规章制定系统中。改进后的搜索能力可以极大方便公众的查询，例如，对食品安全感兴趣的公众，可以输入以下的搜索文字"我想要查询所有与食品安全相关的立法"，甚至一个对草案内容没有任何了解的新手也能进行网络搜索。而且，通过对规章草案公告进行技术革新，行政机关可以根据不同参与者的背景差异，在网站上设置不同的搜索选项。如选择点击"专家用户"时，显示的是详细的草案文本；而敲击"新用户"时，显示的却是用通俗易懂的语言表述的规章草案概述以及完整版本的链接选项。这些简单的技术改进，可以使不同背景的用户都更容易参与规章制定活动。

（3）搜索规章片段（searching parts of rules）。

目前，规章草案是作为一个整体被公开，每一部草案都作为一个单独的文件出现在网站上。如果更充分地利用信息技术，完全可以实现公众对草案条款的片段式搜索。公众借此可以清楚地发现某一条款与授权法律、支撑性科学数据之间的联系。通过这种方式，规章草案成为一个与授权法律以及过去和现在所有相关的立法相联系的庞大网络的一部分。

（4）版本和增强的信息空间（versioning and enhanced info space）。

得益于信息技术的发展，行政机关在发布正式的规章草案时，还可以同时发布与之相竞争的其他版本，以清楚地揭示出草案内容的演变以及特定条款的选择过程。这些改进促进公众的知情参与，提高立法的准确性，同时，还可以推动立法活动朝向更高的透明性和说理性的方向发展。这是因为行政机关为支持其选择的特定条款，有必要提供充分的推理。此种技术上的设计，体现了将信息转换成知识的目的，公众从中将受益良多。

（5）规章摘要和规章问题（rule summaries and rule questions）。

以前，行政机关在联邦公报上发布规章草案时，通常需要在草案文本或摘要之间作出选择，原因是《联邦行政程序法》规定，拟议规章的公告包括"拟议规章的条款或内容，或与之相关的主题和争议的描述"。如果采用电子方式，行政机关不必再作出选择，可以将两者都放在网上。不仅如此，行政机关还可以同时提供采用通俗易懂的语言及采用技术语言写作的两种版本的草案摘要。信息技术能够帮助行政机关按照目标定位设计草案公告，还可以向公众提出问题清单，如"我们正在寻求关于下列十个有冲突的争议的指导"，呼吁公众根据该清单提交相应的评论。行政机关在规章制定过程中通过这种方式寻求公众的特定反馈，不仅可以花费更少的行政资源，更重要的是鼓励公众作出更具体、更有相关性的信息回应。

（6）同时公布（syndicating publication）。

规章草案的公告有时会带来信息瓶颈问题，因为公众一般只会关注少量的网站。"简易信息聚合"（rich site summary，RSS）技术的发展，使行政机关不再局限于在联邦公报、本机关网站或其他联邦政府机关网站上发布公告。例如，美国交通部每次发布一个新的规章草案后，系统就会将公告自动发出。对象不仅包括一个服务于数百个订购者的邮件自动分发系统（listserv），也包括许多的商业出版物、大学网站、非政府组织以及其他公民团体，还有常常被忽视的州和市镇政府的网站。其中，州和市镇政府的网站应获得更多的重视，这是因为公众与政府之间的绝大多数交往是在地区而不是联邦层面上进行。通过这些媒介，公众可以及时获得规章草案公告，实质上意味着成立了一个关于特定规章草案的市民会议。此外，信息技术的发展，不仅可以实现立法信息从行政机关向相关团体的经常性流出，更关键的是，实现相反方向的流回，交流的互动性成为可能。行政法学者盖尔霍恩（Ernest Gellhorn）在 30 年前就呼吁将草案公告传达给媒体和商业协会，信息技术的发展使这个愿望获得实现，将为利益组织参与感兴趣的立法活动提供充分的信息基础。

（7）新的公布渠道（new publication channels）。

如果公众能够轻松地通过在线渠道获得规章草案公告，那么相比离线参与，公告的在线发布能够促进立法过程中更大的公众参与。此外，在特定规章草案中标示出可能感兴趣的参与者，也有助于将公告更早地传达给适当的团体。例如，美国交通部将其拟议规章草案标注为"对货车业有影响"，方便公众搜索到对他们更具相关性的规章。换句话说，拟议规章草案可以打上试图解决的问题的标签，如"减少货车事故"，对之感兴趣的公众或利益组织就能够很轻松地将其找到。

（二）评论的电子化革新

1. 评论工具的设计原则

如果行政机关在设计电子化规章制定系统时，能够将公众参与考虑进去，短期内就可以有效地改进传统的评论过程。很多网站中司空见惯的"点击这儿发表评论"（click here to comment），其实是对民主过程的拙劣模仿，行政机关完全可以通过相对简单的技术改进来避免这种做法。

关于评论阶段的电子化革新，首先，要将注意力放在征集公众评论的目的上，并通过设计相应的程序来实现该目的。在最简单的层面上，应避免当前普遍存在的征集了太多无用评论的问题。传统的评论程序一般都具有这一缺陷，表现在通过不加选择地便利任何人参与立法，导致程序崩溃、立法效率降低等问题。实际上鼓励的是公民投票，而不是有思考的回应，征集到的评论基本上都是重复相同的观点。其次，技术上的改进措施应在成本上具有效率，且行政机关容易实施。再次，有必要将评论阶段的重心，从作为一个独立的信息体的单个评论，转变成与规章草案、其他人提交的评论和利益组织联系更密切的产物，使之对行政机关更有用。最后，尽量将评论阶段的协商局限在对之感兴趣的利益组织之间。

2. 可供采取的措施

（1）负责任的参与（accountable participation）。

电子化规章制定系统实际上提高了匿名参与的动力，公众可以在不显示自己身份的情况下参与立法过程并提交评论，所导致的一个不利后果是冲淡了负责任的参与感。通过利用互联网技术，行政机关可以而且应当使用身份验证技术，识别评论者的身份，鼓励其负责任地参与，从而减少垃圾邮件。《联邦行政程序法》以及其他相关法律都没有授权公众发表匿名的或不负责任的评论。在纸面立法过程中，行政机关没有必要验证纸面签名的真实性。例如，当美国交通部收到一份印有通用汽车公司总法律顾问办公室抬头的评论时，它应当按照字面意思接受这份评论，这是因为伪造签名是欺诈行为，刑事惩罚的风险提供了抑制说谎动机的效果。然而，当人们通过电子方式提

交评论时，上述身份验证安全措施的效果受到削弱。电子方式减少了签名的
权威性，同时增加了虚假陈述的可能性。更重要的是，即使评论者并未虚假
陈述其身份，仅是匿名这一事实，也会在规章制定这样一个持续的政策讨论
过程中，挫败负责任成员的参与。因此，匿名参与的容许，可能会减少公众
在电子化规章制定过程中以负责任的、真实的态度参与立法的动力。可以说，
这种所谓的"明信片运动"（postcard campaign）仅增加了评论的数量，而未
促进有质量的参与。

关于如何提高电子化背景下匿名评论的负责任性问题，已超出本书的范
围。不过，可以明确的是，通过信息技术的应用，能够减少参与者虚假陈述
身份或伪造电子邮件地址的可能性，由此促进网络环境下的负责任参与。因
此，电子化规章制定系统的参与界面，可以设计成两种类型：允许公众匿名
参与或负责任参与，在后者，又有两种方式：一是评论者选择认证由数字证
书证实的数字签名；二是作为一种替代及更简便的方式，电子化规章制定系
统发出一份确认邮件到评论者提供的地址，要求评论者进行回复，以证实地
址的可靠性和真实性。公众可在后两者之间作出一个选择，匿名参与则被作
为第二选择。行政机关应在其网站上公开操作指南，向潜在的参与者解释选
择一种界面而非另一种的后果，以及这样设计的价值考量。总之，技术的灵
活性为不同的参与模式并行提供了可行性。

（2）规章描述符和分类（rule descriptors and taxonomies）。

接下来要做的是，确保公众能轻松地找到正在征求意见的规章草案。对
此有兴趣的公众或利益组织不仅可以通过主题、时间或制定机关等关键词搜
索到规章草案，而且随着搜索技术的发展，最终实现通过自然语言搜索方式，
找到草案文件和其他评论。尽管目前尚不能实现该目标，但在过渡时期，信
息和通讯技术的发展还是可以使这一过程对公众而言更加便利。也就是说，
如果能够根据一致的搜索标准对规章草案分类，公众就能很快地搜索到它们。

联邦公报上的每一个类别（例如银行、通讯或交通），都有着对应的一
套内容描述或内容标签。这些描述性内容作为索引方案，便利了规章草案的

分类和公众的检索。行政机关可以根据这些内容标签将草案放入某一索引中，理想情况下，该界面还允许参与者提出放置标签的建议。同时，像亚马逊网站（amazon. com）一样，电子化规章制定系统还可以向公众建议浏览路径，如"有意于该立法的读者可发现下面感兴趣的……"

为适当地描述规章草案，每一分类都包括一个足够长的名单。公众可以先选择规章草案的标题，了解其内容概述，然后再在评论期内搜索草案。例如，某一规章草案可以一步步地分类为：公开的规章草案→与交通相关的规章草案→关于卡车的→关于安全的。这样的方法不仅用于搜索规章草案，还可用于分类桌面上的其他文件。这是因为一些评论者可能不是对规章草案，而是对与之相关的其他文件感兴趣，如所有与清洁空气或卡车安全相关的科学数据等。每一分类的描述术语均应与被包含在每个文件中的电子"元标签"（meta - tags）相对应，这样即使没有自然语言搜索，也很容易被公众检索到。总之，一个标准的索引方案应以不同的方式组织文件，如通过文件编码、发布日期、主题、发布机构等。

为实现规章索引的系统化，有必要建设一个集中化的数据库以及一套共同的搜索工具，这样有助于构建统一的"元标签"系统。利益相关人和公众应参与"元标签"系统的建设，以帮助行政机关合理地设计和运行该系统。在提高程序透明性的同时，使公众更容易地找到规章草案以及理解它们是怎样被组织起来的。

（3）在评论上签名和社会性书签（signing onto a comment and social bookmarks）。

信息工具可以实现评论者在他人提交的评论上"签名"，换句话说，评论者能够借助从一个评论到另一个评论的超链接进行相互参考，甚至能够浏览整个评论群，以此创建与特定主题相关的"社会性书签"。这样的技术设计好处是：在提供参与机会的同时，减少评论的数量；使评论者更具协商性、相互更有回应；通过将与特定主题相关的评论整合在一起，增加公众能够获得的信息资源。

（4）对草案的全部或部分进行评论（commenting on whole or part）。

信息技术的发展，使行政机关有可能分割规章草案，公众因而可以对草案的特定部分或整体进行评论。亦即，评论者既可以从整体上对一个规章草案发表评论，也可以对标示出的特定部分评论。通过这种方式，起草者能够获知草案的哪一部分激起公众最大的不满，或者只审查针对某一部分内容的评论，将其他的评论留待日后阅读；公众也可以将自己的注意力，局限在草案某一部分的评论上。这种分割方式具有非常大的好处，尤其是当草案内容涉及冗长、复杂的技术性事项，争议较大时。有鉴于此，起草者在征求评论时，应尽量尝试分割草案条文，将每一章节标注出，清楚地显示给公众，使之能够选择自己想要评论的部分。反之，评论者也可向起草者建议需要专门进行评论的章节，由起草者将之单独放在网站界面上。通过这些简单的技术调整，确保评论者之间可以就草案内容，有效地交流并相互回应。

（5）对草案的内容和形式进行评论（commenting on substance and form）。

公众既可以选择对规章草案的内容，也可以选择对其形式进行评论。在后一情形，评论者可以对草案文本的语言提出改进建议，并说明这样改变的理由。公众提交的关于草案形式的评论，也就是说，那些仅涉及语言上的改变的建议，应当与内容上的建议分开。例如，评论者点击"修改语言"后，网页上弹出一个界面，里面包含两个输入框，分别是"新的文本"和"修改的原因"。通过提供这种类型的参与选择，起草者可以获得有用的意见，而且，形式和内容的分离，也提高了公众的参与动力。

（6）评论写作指导和积极改善（comment – writing guidelines and positive reinforcement）。

电子化规章制定系统应当向公众提供评论写作指导，以改善评论的质量。目前，大多数行政机关并未在网站上告知公众怎样就规章草案发表评论，即使有一些指导，内容也较为简单粗略，对公众无甚帮助。软件技术的发展，可以帮助行政机关开展更深入的写作指导工作。例如，网站上可以向有意参加评论的公众设置相应的文本输入框，要求其额外提供一份不超过10个字的

评论概述，否则就不能提交评论。与此同时，网站还提供给公众一份包括 50
个关键词的名单，公众可以选择合适的关键词标注自己提交的评论，以方便
其他评论者搜索。或者，公众可以在网站上表明自己的评论是否构成对草案
（或某一部分）的反对、修改或支持。就像 word 软件的拼写检查功能一样，
上述指导可以为公众提供有用的帮助。当公众依照这些指导发表评论时，电
子化规章制定系统会显示"感谢"字样，这些积极的改善措施对于培养公众
良好的参与实践是非常重要的。

（7）支撑数据（supporting data）。

公众在评论阶段，一方面需要向行政机关了解立法信息，另一方面应积
极向行政机关提供信息。理论上，公众所提交的评论应附上相应的支撑材料，
这样不仅提高评论的可信性，也为起草者和其他公众提供额外的信息来源。
支撑材料的形式多样，主要表现为司法判例、科学数据和研究成果、数学计
算和统计分析、多媒体仿真或者二维或三维模型等。为协助公众提交附带支
撑材料的评论，在开发电子化规章制定系统时，应配备支持公众提交这些材
料的界面。技术上并不需要花费很多，仅是一个设计上的调整即可。

起初，提供支撑材料的问题仅涉及附件的接收，regulations. gov 网站所提
供的就是此种功能。然而，信息技术还可以支持不同数据格式的提交，使起
草者能够阅读以特定程序写成的数据。在最简单的层次上，电子化规章制定
系统应提供不同格式之间的转换工具，确保最终用户可以在不破坏原有文件
的前提下，任意加工数据。而且，当公众希望提交一个三维物体时，例如一
个建筑模型，以推翻根据《美国残疾人法案》（Americans with Disabilities
Act）授权制定的规章草案中关于门的开口的规定。电子化规章制定系统将为
评论者提供一个匹配的追踪号码，可以用它标注三维物体并与特定的书面评
论相链接。评论者可以使用文字形式描绘该物体、配备相应的数字图像，使
其他评论者能够对其提交的三维物体有一个大致的认识。该物体将通过被附
上的追踪号码到达行政机关的电脑桌面，起草者借此可以清楚地理解门的开
口的形状，并将这一虚拟证据与支持它的原始书面评论相联系。这样的技术

设计对于行政机关具有非常现实的用处。

当然，为促进支撑材料的提交而设计的网络界面，虽为行政机关提供更具说服性的信息，却增加了这些材料经互联网意外泄漏的风险。有可能抑制公众参与的热情，削弱在线立法的合法性，并导致参与者离开网络、重新返回到纸面形式。不过，通过技术设计上的改善，这些风险可以得到有效地处理。类似于商业秘密、关键的基础设施信息以及版权材料等数据，可以在电子化规章制定系统中得到充分的保护。

（8）版权信息的标注和许可（labeling and licensing copyrighted information）。

为配合前述支撑材料的提交，有必要通过技术上的设计，既为行政机关提供所需的信息，又不至于产生不适当的风险或不合法的传播。这些技术上的改进，可以提高参与的动力和安全性，并为行政机关提供额外的信息来源。目前正在使用的一个简单的技术革新是修改评论界面，允许评论者将特定附件标注为非公共信息。一旦作出这样的标注，所依附的材料将用加密方式传输给行政机关，而不向公众公开。不过，为确保程序的透明性，需向公众公开加密材料的标题及其内容说明。对于版权材料，评论者也可采用类似的方式标注，表明版权权利人以及经其允许才可再次传播信息的意思。

（9）两级认证（two－tier authentication）。

在电子化规章制定系统中，如果行政机关想要鼓励公众对他人提交的评论作出更具协商性的回应，必须解决一个问题：当公众搜索评论的能力得到提高时，是否会侵犯到他人隐私，进而影响公众的参与热情。这就要求在设计系统时，应提供个人数据加密措施以及双重注册措施，以保护参与者免受垃圾邮件的烦扰。评论能够更方便地搜索，是否意味着公众可以知道是谁发表了关于特定主题的观点吗？当评论者的姓名被"google"时，商业数据收集者能够访问他的帖子吗？政党或利益组织应被允许获知他的姓名吗？毫无疑问，为了促进负责任的公众参与，一定程度上的公开是可取的。然而，这一公共性可能削弱评论者对信息的自我决定权。问题是，规章制定本身就是一个公共活动，允许他人阅读评论，即评论的公共访问是促进可负责性的重要手段。

解决这一困境的方法是通过一定的技术设计来防止滥用公共访问。为避免他人获取评论者的姓名和电子邮件地址，可以创建一个两级认证系统（two - tier authentication system）。在设计上，评论者的电子邮件地址作为用户档案的一部分，只有行政机关可以访问，其他人则不能获得。评论者注册后，可以获得由行政机关提供的用户名和密码，对其提交的评论感兴趣的公众能够查到与该用户名相对应的真实姓名，但不能同时得到电子邮件地址。这样一个技术解决方案，可以阻止评论者的姓名和邮件地址同时被他人获取，以此促进信息公开和参与的协商性。

（10）螺旋式评论（threaded comments）。

公众可以在他人提交的评论上签名，表明自己的态度，以减少评论的数量。此外，网络技术的发展还可以使人们直接对他人的评论进行评论。这一简单的设计为公众提供了另一选择，即评论者可通过回复他人评论的方式，提出自己的意见，而不是再提出一个新的评论。相比传统的纸面立法过程，这是一种更具协商性和回应性的机制，既可以将单个的评论联系起来，还可以减少评论的数量。评论及对评论的回应将以一种螺旋式方式提交给行政机关，某一评论与对它的所有回应都相互联系在一起。简单地说，每一个评论都可追溯到最初的评论及对此的回应。无论是行政机关还是公众都有权选择性地审查评论，回应被串起的文本。换言之，公众可以审查作为图形图像被显示出来的一整套评论和回应，审查某一评论及围绕它的一系列回应，由此呈现出一个更直观的信息导航景观。

（11）评论概述（comment summaries）。

评论者可以将他人提交的评论和回应进行概括，并发送给行政机关。此种技术上的安排，有助于行政机关根据相关性和质量对评论进行分类，实现对评论者信誉的分级管理。在信息社会，名誉评价能增强公众的责任性，培养归属感，便利行政机关的信息管理。为实现对评论者观点的准确评价，要求评论者不能以匿名方式提交评论概述，这是因为提交者的身份对于行政机关作出合理的判断是非常重要的。例如，根据《美国残疾人法案》授权进行的规章制定过程中，判断某一评论概述是来自建筑商或开发商协会，还是来自残疾人组织，直接影响到对评论概述的知情评估。评论概述为规章制定过程中公众相互间进行的协商及回应，提供一个有效的实现途径。其中，图形工具可被用来表示评论和概述之间的联系，以及将评论者和其提交的评论联系起来。

（12）叙述风格（narrative styles）。

评论的内容可以进一步区分为不同的类型，通过这种方式，削弱"专家"的话语权，提高评论的有用性。为促进普通公众的参与，电子化规章制定系统的评论界面应允许评论者以讲述故事的方式发表评论，并使用标签或颜色将评论标注为"叙述性或故事性评论"（narrative/story comment）。此外，评论者还可以提交包含司法先例或科学报告的评论。这样的设计可以使起草人意识到科学的、法律的、政治的以及伦理的观点之间的若干差异。通过评论叙述风格上的分类，可以将评论更有效地传递给读者，使其更容易对不同观点进行评估。不过，这里也存在着风险，将评论进行分类并区隔开来的做法，可能会产生一种类型比另一种类型更有价值的想法。

（13）可视化工具（visualization tools）。

信息技术的发展，使更多复杂的可视化工具可以应用在评论过程中，这些工具包括图表、定量分析等。通过将评论分类，行政机关很容易发现谁参与了规章制定。例如，行政机关可以将所有评论集中在一个图表中，借此能够形象地判断出不同的观点出自何处、提交方式以及参与者的背景等。

（三）公布正式文本的电子化革新

在电子化规章制定系统的公告和评论阶段所建议的许多革新手段，都可以应用于正式文本的公布，尤其是规章草案公告中采用的电子化举措。然而，进一步思考后，可以发现正式文本的公布，并不是一个简单的信息传播过程，更重要的是为受规制者构建新的知识和丰富其信息空间。以此为出发点，有必要对正式文本的公布阶段进行电子化革新。

例如,《美国小企业监管执法公平法》(Small Business Regulatory Enforcement Fairness Act)要求行政机关为其发布的每一个规章配上相应的守法指南。根据该法,行政机关可在网上公布守法指南,并在绘图软件的帮助下,将规章的内容转变成一步步的守法示意图。这些示意图是互动式的,允许公众通过点击每一个步骤或回答调查问卷的方式,选择是否服从规章条款。当所有必要的步骤都被公众选择后,一个标示着"遵守"的按钮将亮起,以显示公众对规章的服从意愿。

与正式公布的规章文本相配套的守法指南,构成受规制者持续评论和讨论的基础。守法指南也应当像公告和评论一样,能够让公众轻松地搜索到。电子化规章制定系统可以为受规制者提供网络空间和电子工具,鼓励其创建守法博客。在这里,受规章影响的公众可以相互讨论。博客可为受规制者提供交换观点和分享知识的场所,而他们关于规章的意见、观点和经验反过来又可以合并到守法指南中。因此,尽管守法指南最初可能是一个由行政机关制定的"权威性"文件,但从受规制者中收集到的反馈信息,最终将指南转变成一个类似"维基"的百科全书。信息时代下"自出版"的可能性将使讨论更透明,行政机关借此能够轻松地判断出规章中的哪一条款违法率较高或公众很难遵从。此外,受规制者还可以通过博客相互交流,通过便利的信息交换,减少守法成本。

三、方法论上的适应

尽管上述电子化革新手段具有改善公众参与的潜力,但这些举措更偏向技术性,需要通过一些方法论上的调整,才能转变成真实的网上协商过程,更好地在行政立法实践中发挥作用。

(一)目标:通过在线公民政策陪审团(Online Citizen Policy Juries)提高参与能力

上文已经探讨了怎样通过信息技术的革新设计,在规章制定的公告、评论和公布阶段更有效地改善公众参与。也就是说，通过各种电子工具的应用，将信息和交流从分散的"纸片"转变为富有活力的信息生态系统，最大化地实现信息技术中包含的民主潜力。很明显，行政机关不能将公告评论程序毫无章法地搬到互联网上，有必要利用信息技术提供的一系列电子工具，将行政立法中的人际交往过程在数字环境下作出新的调整。

公众参与主要是一个反映人与人之间关系的对话过程，依赖于将之实现的有效的交流方法。尽管行政立法中必然涉及文件和纸张的管理，但更重要的是，应将关注点转变到对参与人和他们的意见的管理。这种转变并不意味着公众自发的、非等级性的讨论，应当服从于行政机关的主导，相反，应通过技术设计为公众创造更有组织性的讨论论坛，以取代面对面的游说。为实现对讨论过程的在线、远距离管理，需要一定的方法和工具。然而，如何将之落实为成功的网络实践，对行政机关而言构成一个重大挑战。

电子化行政立法尚是一个新鲜事物，关于它的实践经验非常有限。怎样才能组织公众围绕复杂议题进行在线交流，目前还没有很好的方法。不过，鉴于实践中针对复杂的、有争议的科学事项，已形成一些有效的公众咨询做法。此举与行政立法中的决策过程颇具相似处，有一定的复制可能性，可以考虑将这些做法应用在电子化行政立法中。例如，丹麦在科学技术政策制定方面，已经建立公众咨询的成熟模型。在美国，一些非政府组织在地方层面尝试了向公众咨询意见的新方法。行政机关可以通过互联网技术评估这些方法的效果，最终将之适用在电子化行政立法中。

不过，将公民政策陪审团从真实空间移到网络空间，是一个困难的过程。为判断某一特定的对话方法是否奏效，且能够构成一个最好的实践，首先需要知道目标所在。然而，行政立法每一阶段的目标都不一样，相应地，使公众参与更有效、更容易管理的方法也就因阶段的不同而有所变化。基于上述考虑，在设计电子化规章制定系统时，有必要将规章制定的三个阶段：公告、评论和公布，朝向目标定位的对话过程进行设计。只有这样，才能识别出最好的实践，并将之在技术上实现。①

（二）方法论上的三阶段

在电子化行政立法过程中，欲通过信息技术实现有效的公众参与，主要涉及三个步骤：一是识别和确定问题；二是决定行动方案，围绕该方案取得共识；三是贯彻实施方案。具体而言，行政立法开始阶段的目的是识别和界定存在争议的特定社会和经济问题，权衡相竞争的解决办法的成本，这就需要信息在参与者之间的充分流动。第二阶段的目标是，基于广泛输入的公众意见，形成具有可操作性的、合理的解决办法，此阶段必须防止垃圾信息的大量涌入以及滥用诽谤的情形，提高公众参与的动力。第三阶段围绕解决办法和提高守法意识建立共识，并创造将之付诸实践的机会。行政机关在立法中，有必要根据每一阶段的目标，设计合适的沟通方法。

1. 阶段一：确定问题的方法

行政机关在开始阶段，需要识别行政立法中的争议问题以及权衡一系列可能的解决办法。既要认识到受规制人的利益考量，预先了解立法过程中可能引发的争议，同时，也应清楚把握自己的优先考虑，确定立法议程。行政机关可以通过尽早启动公众参与，让公众有更多的时间掌握相关信息，为参与作好准备，行政机关也可借此提前获知公众意见。当公众在立法准备阶段就有机会参与，并对草案的拟定具有发言权时，参与动力也将随之增大。而且，参与的提前，也为行政机关、利害关系人和公众提供相互影响的机会，及早建立协商性团体，参与立法起草。据此，在该阶段，行政机关最重要的是从具有不同背景的相对人处，如专家、利益组织、普通公众，获得有意义的信息。这就需要寻找到合适的离线参与方法，并将它们转换成电子化行政立法中可以实现的技术工具。

（1）可适用的离线模型。

为有效管理立法中的协商，行政机关应当尽量排除未加组织化的、分散

---

① Beth Simone Noveck, "The Electronic Revolution in Rulemaking", Emory Law Journal, 2004, Vol. 53, pp. 495–498.

的评论方式，选择那些具有清楚的规则以及结果具有可评估性的有组织的协商过程。在美国，非营利组织、地方政府或其他团体通常利用国家争议论坛（the National Issues Forum，NIF）提供的对话方法，在涉及重要的国家争议的协商过程中，将之作为讨论工具。论坛的目标是帮助不同背景的成员，围绕真实世界中的争议展开讨论，并在决策前建立分享关系。

在传统的模型中，国家争议论坛由包括 8 到 10 人的小规模讨论圈组成，或者表现为一个集中开会的大规模群体论坛。提供给参与者的背景资料具有均衡性，目的是提出关于争议的不同观点，以之作为讨论的出发点。首先由主持人对背景资料进行审查，在随后的阶段，参与者就给定的议题，基于不同的立场展开讨论，以获得公共意见且了解公共行动的大致方向。国家争议论坛还为有兴趣的个人提供单独或共同行动的机会，为公共问题的解决集思广益。

（2）将模型移到线上。

电子化规章制定系统设计时应当提供一系列工具，有效地将上述离线讨论方法移到互联网上，使参与者有可能创建在线陪审团。讨论过程如果经适当地协调组织，可以无须集中化管理就能顺畅运行。不仅减少行政机关的工作负担，也使参与能作为一个自我统治过程而不断地发展。

2. 阶段二：从草案到正式文本的处理方法

（1）参与目标的重新设定。

阶段二所要达到的目标不同于阶段一，后者关注于收集信息以及识别争议问题，而前者将围绕草案的拟定，邀请公众发表评论。在阶段二，行政机关的工作主要不是广泛地收集信息，而是就规章草案与受影响的利益组织以及感兴趣的公众进行沟通。公众所要做的是对草案中的方案选择提供反馈意见，并将意见发送给规章起草人。行政机关和公众在阶段二需在理解草案内容的基础上，预估方案选择的可能后果。目的是加深彼此的沟通，而不是寻求一致意见。因此，阶段二中的信息与沟通过程，两者都需要适当地管理，以提高规章草案的质量。实践中存在一个风险，信息的网上收集有时导致信息不能流向行政机关最需要的地方，或者即使实现正确的流向，也因为过于冗长而无法使用。信息技术能够帮助行政机关更好地管理沟通过程，并在行政机关内部打破决策瓶颈。

在该阶段，行政机关需要与具有不同利益关系和不同背景的公众相互交换信息。首先，直接受到规制的利害关系人应当参与，他们通常是企业、行业协会以及承受守法负担的公民。其次，未直接受规制但受到影响的以及需要分担守法负担的公民或组织，均与草案具有利害关系，也应当参与。例如，在一个关于汽车安全带使用的规章草案中，应当参与的人群包括汽车制造商、驾驶员、汽车安全组织以及其他相关的民间团体，如美国汽车协会。在阶段一中提到的对话机制，在本阶段需要重新定位为邀请公众提供反馈意见，聚焦于草案内容的建设性讨论。因此，讨论规则需要调整为确保参与者对草案文本展开评论，且围绕着主题进行协商。不同于阶段一，行政机关在阶段二应与公众更加密切沟通草案的内容，公众也可直接向行政机关咨询。

（2）新的对话模型。

在该阶段，行政机关可以使用三种新的对话模型，促进公众对特定政策建议提出反馈意见，分别是丹麦共识会议（Danish Consensus Conference）、杰斐逊中心的公民陪审团模式（Jefferson Center Citizen Jury）以及集体报告制作支持系统（the Group Report Authoring Support System，GRASS）。

丹麦共识会议是丹麦技术委员会（Danish Board of Technology）设计的一种讨论工具，该委员会是丹麦政府下设的一个行政机构，目的是为复杂的技术争议提供简洁的公共政策声明。在举办共识会议时，需要先将信息提交给一组公众，经过他们充分讨论和协商后，将关于复杂的科学政策争议的一般公共舆论意识传递给规制机关。然后，从对特定争议感兴趣的普通公众中选出16人组成协商小组，这些参与人与争议不具有直接的利益联系。协商小组开会没有固定的要求，有时开两天的会，有时可能持续整整三天。小组成员阅读相关的背景材料，以及专家小组提交的简报，在会议结束前达成协商一致的结论并公之于众。共识会议允许细致入微的观点，公众可以界定争议的框架，揭示所持立场在不同的条件或情景下怎样发生转变。丹麦共识会议专门为分析广泛的、复杂的和有争议的社会议题而设计，如克隆和人工流产，有助于缩小公众、专家和政治家之间的认识差距。

位于美国明尼阿波利斯的杰斐逊中心也设计了一个非常近似的最佳实践模式，由随机选择产生的、具有代表性的、知情的公众陪审团，针对特定的政策建议展开讨论。从公告阶段开始，草案的讨论就可在网上开展。每一步骤均指定了一组参与者、一个讨论的文本、规定数目的会议以及专题议程，这些要求均可以通过软件实现，行政机关通过点击相应的图标可以轻松地创建一个公众陪审团。信息技术不仅使协商过程自动化，在数以千计的参与者中以更低的边际成本复制公众陪审团模式，而且就争议问题也更容易开展"虚拟投票"。

集体报告制作支持系统是一个基于网页的模型，由荷兰帝尔堡大学（the University of Tilburg）的研究者设计，目前已应用在互联网上，用于产生集体报告。该系统设计时参考了哈贝马斯的交往行为理论（theory of communicative action），研究者通过创建一个软件系统，在利害关系者协商的社会背景范围内，协同起草规章。系统中嵌入了公开论坛，在这里，所有的观点都能得到考虑并达成共识。集体报告制作支持系统很适合规章的协同起草，以及一组利害关系人共同发表评论。

3. 阶段三：实施规章和教育公众

在最后的信息沟通阶段，关注点是教育公众以及确保其服从规章，针对的对象包括受规制企业和普通公众。此阶段方法论上的重要革新是借鉴知识管理方面的经验，识别出最好的守法实践。行政机关可以通过创建博客，组织守法方面的讨论。此外，前两个阶段使用的对话方法，经适当调整后也可用于本阶段。对行政机关来说，重要的是通过电子工具的使用，促进可管理的、有组织的、有意义的公众参与，确保公众获得参与讨论及意见被倾听的平等机会。①

总之，目前美国正在尝试的技术上的革新，试图超越《联邦行政程序法》规定的公告评论程序，实现一个更具协商性、组织性的参与图景。这些革新将集体行动理论嵌入电子化规章制定系统的设计中，朝向扩大公众参与的方向不断改进。行政机关在规章制定中，也积极开展不同的参与实践，收集必要的数据，以方便白宫管理和预算办公室对公众参与的效果进行评估。随着数据的逐渐积累，最终识别出促进公众参与的最佳实践。

第三节　信息技术对行政立法程序的冲击

一、行政立法程序的目标追求

信息技术的应用，正在逐渐改变着行政立法过程。为更好地发挥技术的有利面，有必要准确评估信息技术对行政立法程序的冲击，从而在未来的统一行政程序法中作出适当的框架设计。为此，首先需要识别行政立法程序追求的目标，以比较互联网与其他传统的离线参与方式，如讨论会、座谈会、调研、电话或传真，在目标实现上的差异。

行政法担负着保障公民权利和有效执行行政任务的双重使命，受此影响，一个理想的行政立法程序应当在满足对有效的、节约的政府的需求与保护个人抵制不合理的或不合法的政府行动的权利之间取得公正的平衡。② 基于这一考虑，可以将行政立法程序的主要目标归纳为三点：形式性（司法可审查

---

① Beth Simone Noveck, "The Electronic Revolution in Rulemaking", Emory Law Journal, 2004, Vol. 53, pp. 499 – 509.

② Arthur Earl Bonfield, "The Quest for an Ideal State Administrative Rulemaking Procedure", Florida State University Law Review, 1991, Vol. 18, p. 645.

性）、效率和参与。① 其理论基础分别来自四个不同的行政合法化模式，即形式主义模式、专门知识模式、司法审查模式和多元主义模式。

受工具理性和技术官僚效率观点的迷惑，形式主义者意图将行政机关比作一台机器，是实现选民的主观目的的客观的、中立的装置。行政法理论中最能体现形式主义要求的是禁止授权原则，该原则将行政权的合法性立于立法机关的授权及对行政活动的控制上，行政人员必须执行选民通过其代表表达的意愿，而不是其自身认为好的东西。② 当立法机关为行政人员提供了行使权力所应遵从的具体指示时，法院的任务是将行政机关禁锢于立法机关的指示范围内，使之服从于法治，据此，司法审查模式可以看作是形式主义模式的延伸。③ 行政机关对效率的追求，既来自形式主义者主张的机器与效率之间的内在联系，还藉由行政人员的专业性予以保障。根据专门知识模式，行政机关的成功运转依赖于它的灵活性和对行政人员的专业性判断的及时回应，这些共同促成了效率目标的实现。参与目标近年来成为行政立法程序中一个单独的考虑因素，对形式性和效率目标提出批评的学者强调应给予参与更大的分量，认为其相比司法审查有着更突出的控制效果。④ 这一观点受到政治多元主义的影响，将参与置于行政立法程序的中心，强调如果所有相关的利益组织均能参与行政立法过程，所作出的决定就类似于公民自己作出的决定。

在行政立法程序目标的实现中，司法审查居于关键地位。法院对行政立法的合法性进行单独或附带审查时，需要判断行政机关有无遵守制定法规定以及是否依据行政立法记录认定事实。其中，对制定法的遵从体现了形式主

---

① Henry H. Perritt, "The Electronic Agency and the Traditional Paradigms of Administrative Law", Administrative Law Review, 1992, Vol. 44, p. 80.

② Gerald E. Frug, "The Ideology of Bureaucracy in American Law", Harvard Law Review, 1984, Vol. 97, pp. 1298 – 1300.

③ Gerald E. Frug, "The Ideology of Bureaucracy in American Law", Harvard Law Review, 1984, Vol. 97, p. 1338.

④ Henry H. Perritt, "The Electronic Agency and the Traditional Paradigms of Administrative Law", Administrative Law Review, 1992, Vol. 44, p. 90.

义的要求，对立法记录的尊重确保了有意义的参与，据此，形式性、禁止授权原则和参与原则汇聚在一起。

二、信息技术对程序目标的冲击

一般而言，信息技术在行政立法中的应用，可以调和效率与参与之间不可避免的矛盾，与形式性却存在一定的冲突。为准确评估信息技术对行政立法程序目标的冲击，需要判断信息技术是否保证了有效的司法审查所必要的形式性；是否因提高事实发现的准确性和减少行政资源的使用而增进了效率；是否因保障个人尊严而改善了参与。

（一）对形式性的冲击

相比传统参与方式，互联网可以减少公众接近信息的成本，便利公众对立法事项的深度讨论，藉此可以提高公众对行政立法的接受度，带来更高的法律遵从和更少的诉讼挑战。即使电子化行政立法并未减少公众到法院提起诉讼的概率，却可以使行政机关在面对这些诉讼时处于更好的位置，这是因为经由公众参与而制定的法律，显然具有更坚实的民主正当性基础。对法院来说，公众参与可以提高法官对行政立法可能在实践中如何运作的洞察力，便利法院的司法审查。由于行政机关必须清楚地交代其形成法案的理由，而这些阐释又以行政立法记录的形式表现在外，法院能够据以判断行政机关在行使立法权时有无专断、恣意或滥用裁量权的情形，法院事后的审查将不至于流于形式。总之，如果电子化行政立法能够减少公众到行政复议机关或法院提起审查的次数及成功率，行政机关将有更大的动力从事立法活动。

信息技术的互动性潜力对形式性具有双重影响：一方面，使行政立法程序更加形式化，因其对格式的要求限制了意见表达和信息处理的方式；另一方面，可能减少行政立法程序的形式性，因其模糊了行政立法记录，并侵蚀了行政机关的最终决定。就后者而言，权力分立原则要求法院一般情况下只能对行政机关的最终决定进行审查，这是政治可归责性的基础。在行政诉讼中，最终决定概念服务于两个目的：减少当事人、行政机关和法院用于行政诉讼的支出；最小化司法分支侵入行政领域的可能性。互联网所促成的公民和行政机关之间的多维度交流，使公民与行政机关之间的界限趋于模糊，为识别行政机关的最终决定施加了障碍。信息技术的应用所带来的另一个法律问题是如何确保在线对话中的可归责性。民主政治理论的一个中心概念是行政决策应当仅由政治上可归责的官员作出，禁止授权原则反对这些官员将授予他们的决策权力转让给那些在政治上不负责任的个人或组织。[①] 在线对话不能简单地看作是一个移到互联网上的通常的参与过程，因公民和行政机关共同控制着立法进程，使行政立法程序更加非形式化，增加了司法审查的困难。

(二) 对效率的冲击

在 1976 年的马修斯诉埃尔德里奇案（Mathews v. Eldridge）中，美国联邦最高法院提出的利益衡量标准，[②] 要求在促进事实发现的准确性的同时，最小化行政负担，这代表了设计行政程序的效率方法。在行政立法过程中，就减少行政负担而言，扩大的公众参与必然会增加行政立法成本，而信息技术可以使参与成本更低，行政机关和公众都将从中受益。例如，美国交通部安装电子卷宗系统后，一年可以节约 100 多万美元的行政成本。[③] 在促进事实发现的准确性方面，行政机关通过互联网可以更低的成本和更有效的方式向公众提供信息，立法透明度的增加将使公众的意见更有针对性、更有用，拓宽行政机关的信息来源渠道，使行政立法的质量得以改善。对行政机关来说，信息技术能够简化信息分析和处理工作，因公众意见输入过多而压垮行政机关的担忧得以缓解，信息掌控力的提高有助于增加事实认定的准确度。

电子化行政立法初期不免涉及较高的投资成本和运行成本，即使从长期

---

① Henry H. Perritt, "Negotiated Rulemaking before Federal Agencies: Evaluation of Recommendations by the Administrative Conference of the United States", Georgetown Law Journal, 1986, Vol. 74, p. 1693.

② 利益衡量标准包括以下三个分析步骤：首先，受政府行为影响的私人利益；其次，程序运行错误有剥夺如此利益的风险，以及如果有的话，额外的或替代的程序防御措施所可能具备的价值；最后，政府的利益，包括所涉及的政府职能和额外的或替代的程序要求将引发的财政与行政负担。

③ Barbara H. Brandon & Robert D. Carlitz, "Online Rulemaking and Other Tools for Strengthening Our Civil Infrastructure", Administrative Law Review, 2002, Vol. 54, p. 1447.

看，这些成本都会抵消，但由于高昂的启动成本，仍可能阻碍行政机关使用信息技术。随着行政机关日益依赖互联网，没有途径接近网络的一部分公民将不能在行政立法中发出有效的声音。数字鸿沟（digital divide）问题是电子化行政立法发展中最基本的争议之一，公民对行政机关的平等接近对于行政立法的正当性具有相当的重要性，尤其是在互联网的应用越发普遍后，该问题更加突出。与传统参与方式相比，互联网在时间和成本上可能是节约的，但在决策的复杂性上并没有不同，而效率的提高也不见得一定是好事。有学者指出：令人讽刺的是，代议政府仅因为它有时是缓慢的、嘎吱作响的，反而在互联网时代更可取，因其可以执行传统的刹车功能，避免因立即的接近和表达而失去反思的机会。①

（三）对参与的冲击

互联网一个常被提及的特征是，能够实质性地减少参与成本，而成本的减少可以促进参与机制更广泛地使用。美国的一个调查显示，62% 的公民认为电子政府可以使政府更加负责，当进一步问到怎样改进负责性时，29% 的公民认为可以让他们更快、更便利地提出意见。② 传统的参与方式主要表现为行政机关单方面的信息收集活动，公众因掌握的信息过少，加之不知道其他参与者所持的立场，导致所提的意见绝大多数没有什么价值，不仅无助于行政立法质量的提高，反而加重了行政机关的信息处理负担。在线对话机制的运用，可以促使信息的交流从单向性转变为更具协商互动性。即使是听证会这种参与程度较深的方式，也无法与在线对话相媲美。这是因为听证会的召开受制于时间、资金和地理上的因素，只能就有限的议题展开讨论，很少深入地考虑实质性问题，难以在一个合作的框架内解决争议事项。随着公众参与潜力的扩大，尊严价值可以在电子化行政立法中得到更好地落实。

---

① Eben Moglen & Pamela S. Karlan, "The Soul of A New Political Machine: the Online, the Color Line and Electronic Democracy", Loyola of Los Angeles Law Review, 2001, Vol. 34, p. 1113.

② Barbara H. Brandon & Robert D. Carlitz, "Online Rulemaking and Other Tools for Strengthening Our Civil Infrastructure", Administrative Law Review, 2002, Vol. 54, pp. 1453 – 1454.

有争议的是，公众参与的扩大，是否真的能改善行政立法程序，而不是自我设障？信息技术可以给公众提供更多的参与行政立法的机会，然而，也可能会侵蚀机关理性，延误立法活动。从法律对行政立法听证会适用范围的限制看，[①] 隐含着太多的民主对于行政机关的功能发挥是有害的观念，以及对参与可能会有损代议制政府的顾虑。电子化行政立法还存在的一个问题是，在促进尊严价值实现的同时，是否又反过来对个人尊严构成威胁。为实现信息的自动化处理，电子化行政立法在程序设置上需要更加的形式化，如要求公民依事先确定的格式提交意见，可能会影响交流的灵活性和适应性；在线对话的使用也减少了公民与行政机关面对面交流的机会等。出于对流水线或机械正义（mechanical justice）的憎恶，反对者提出，电子方式太冷血，使公众与行政机关之间的互动趋于僵硬，公民基本上失去了在一个人而非机器的面前发表其意见的可能性，尊严价值将因此而削弱。[②]

三、信息技术与行政立法程序之间的协调

信息技术在行政立法程序中的应用呈现出利弊双重性，不过，就技术本身而言，不存在好坏之分，仅是一个工具，只是看人们如何利用。成功的电子化行政立法需要结合技术的和制度的分析，将行政机关的需求和限制适当地考虑进信息系统的设计中。

（一）保存形式性

行政立法程序性质上是一种"准立法"程序，公众参与在这一领域是不言而喻的，不过，这并不意味着公众作出所有的决定以及政府放弃其统治的权力和责任的极端情形，直接民主和代议民主之间的区别仍应维持。从行政

---

① 如《规章制定程序条例》第15条规定，"起草的规章直接涉及公民、法人或者其他组织切身利益，有关机关、组织或者公民对其有重大意见分歧的，应当向社会公布，征求社会各界的意见；起草单位也可以举行听证会"。据此，仅在满足直接涉及公众切身利益且有重大意见分歧这两个条件时，才可以召开听证会。

② Henry H. Perritt, "The Electronic Agency and the Traditional Paradigms of Administrative Law", Administrative Law Review, 1992, Vol. 44, p. 98.

立法实践看，即使在充分发挥在线对话潜力的情形下，公众参与也未动摇禁止授权原则的根基，行政机关仍保有相当程度的形式性。原因主要是：首先，公众仅仅扮演一个建议的角色，行政机关保留着最终的决定权；其次，公众参与能够确保所有受影响的利益组织在立法过程中得到适当的代表，提供了另一种形式的政治可归责性；最后，当行政立法必须受制于司法审查时，形式性得以保证。因此，真正的问题是怎样的形式性才是我们所需要的。

在尊严价值和形式性之间确实存在着紧张关系，这是因为行政机关必须保留对每一程序步骤的控制以确保能作出迅速的决定，从而在形塑公众参与的合理结构方面，行政机关应享有一定的裁量权。在行政立法过程中，当行政机关和公众的意见一致时，不存在形式性方面的争议，但行政机关作出决定的预先假定的立场是，不论公民是否同意都必须服从。在民主社会中，上述情形决定了应容许公民对行政立法提起挑战以及由更高的政治权力来进行审查。近年来，行政法的概念基础已转向寻求促进冲突利益调和的方法，意图通过一个替代的政治过程确保在行政决策中受影响的利益得到公正的代表。① 不同于行政执法，行政立法侧重于处理利益争议而非权利争议，这就要求司法审查的重心应放在判断行政机关有无合理地保证所有受影响的利益参与到行政立法程序。具体而言，主要包括以下内容：首先，审查立法公告，是否提供适当的信息给公众；其次，审查原告的利益是否在立法过程中得到适当的代表，行政机关有无对公众提出的重要意见作出合理的回应；最后，审查拟议法案是否在行政机关的权力范围内，是否考虑了制定法要求考虑的所有因素，是否考虑了重要的替代性方案等。通过将行政立法的审查范围局限在上述领域，法院可以避免作出实质上的价值判断，保留行政机关所必要的形式性。

（二）保证效率

信息技术虽可缓和效率与参与之间不可避免的矛盾，但并不能将之消除。

① Henry H. Perritt, "Negotiated Rulemaking before Federal Agencies: Evaluation of Recommendations by the Administrative Conference of the United States", Georgetown Law Journal, 1986, Vol. 74, p. 1632.

鉴于行政机关的资源总是有限的，通常不足以完成所有的法定职责，考虑行政立法程序的效率应是理所当然。不过，程序的迅速化不能造成嗣后行政复议率或诉讼率的攀升，也不得将公众参与从事前的民主实践弱化为仅靠法院事后救济的程序权利。尽管行政机关在考虑公众参与的程度时，有权引入成本因素，但不应成为排除参与的不言自明的一般性理由。在某些情形下，当行政立法程序因参与而变得费时、昂贵时，多半是因为参与者提出了新的重要争议，如环境、健康方面的影响，这些往往是行政机关依法应予关注，却疏于考虑的事项。

公众参与的扩大虽对效率目标构成一定冲击，但可通过信息技术的灵活适应性来部分地减轻。具体而言，在政府网站设计上更加突出用户友好界面，以一种方便公众浏览的方式组织所有信息，主动通过电子邮件将立法草案直接发送给已知的具有利害关系的个人或组织，以及设置一个接近所有行政立法机关的统一门户网站，并允许各机关享有设计其电子卷宗系统的自由，以满足各自的需要和个别化要求。此外，促进在线对话作为一个参与工具的措施也应考虑，如相应的法律框架、更多的资助和对行政人员的培训等。针对行政立法实践中，一些利益组织鼓动其成员或雇佣他人通过互联网大量提交立法意见的情形，可以采取一些技术上的手段，如利用专门软件以减少信息的群发，或任命工作人员监督在线对话，以减少无关的讨论、使议题更集中等；或者使用一些非技术方式，如要求行政机关在公告中清楚地阐明所要征求意见的具体事项，向公众提供立法背景资料，并开展公众教育方面的工作等。总之，通过充分利用信息技术，可以更好地促进效率目标的实现。

（三）保留尊严价值

相比传统参与方式，在线参与是否忽视了程序本身的尊严价值，不可简单而论。一方面，为方便信息处理，在线参与要求公众的意见表达更加形式化，造成公众与行政机关之间的交流趋于僵硬；另一方面，不论有无使用信息技术，绝大多数行政立法过程早已是流水线操作，而技术可以使流水线运行得更好，因其给予公众更多的参与机会。在行政立法实践中，在线参与取代的主要是纸面形式，并未减少面对面的交流机会，而且，其要求的实际上是语言表达上更大的形式性，而不是程序上更大的形式性，故对尊严价值的不利影响较小。为缩小"数字鸿沟"带来的不平等接近问题，行政机关应确保弱势群体有平等的和有效的接近互联网的途径，如在公共图书馆、社区服务站或行政机关办公场所等地方提供免费上网服务以及相应的培训。在线参与所具有的一些局限性，仅意味着行政机关应将互联网作为一种补充方式，而不是以之彻底取代传统的参与工具。

随着行政机关开始与更多的个人或组织分享立法信息，隐私问题受到关注。行政机关在公开信息时应将个人的敏感信息排除在外，这些信息包括但不限于姓名、身份证号码、出生日期、住址及银行账户等，若这些数据必须提供，也应作出适当的修改。在行政立法过程中，应容许公众匿名浏览、复制电子卷宗的内容，有争议的是能否匿名提交意见。国务院法制办设置的"法规规章草案意见征集系统"中，公民可匿名登录并发表意见，但不能查阅其他人提交的意见，也不能在线交流意见。匿名发表意见虽有助于保护参与者的隐私，却忽视了某些情形下参与者的身份对于行政机关评估意见的价值具有相当的重要性，而且，对匿名方式的容许也可能增加意见的不真实性。因此，实践中一些行政机关要求参与者通过电子签名或电子邮件等方式确认其提出的意见，但这一措施可能是一种不必要的过度行为。一个简单的解决办法是，行政机关应告诉公众，署名意见的效力更优先，特别是当这些意见的有效性高度依赖于个人的经验或对拟议规制活动的感受时，行政机关不能给予匿名意见很高的分量。① 总之，个人隐私在电子化行政立法中仍可受到保护，只是需要付出额外的努力。

总之，信息技术在行政立法程序中的应用，具有扩大公众参与的突出效果，其潜力若得以最大化发挥，将进一步模糊公民与行政机关之间、行政机关与法院之间的界限。其中，后一界限的模糊可以通过最终决定要求的放松

---

① John C. Reitz, "E-Government", The American Journal of Comparative Law, 2006, Vol. 54, p. 745.

来解决；公民与行政机关之间界限的模糊却提出了一些更困难的问题，与代议制政府存在的基础密切相关。信息技术为行政立法程序的未来发展提供了多种可能性，其成功运用将取决于该技术是否被设计为加强公民对行政立法程序的参与，最终需要在参与目标的追求与行政机关必要的形式性之间达成一个适当的平衡。

第四章

电子化行政立法涉及的
法律争议与限制因素

随着电子化行政立法的深入应用，相关的问题也不断涌现，首当其冲的是法律上的争议。以美国为例，《联邦行政程序法》制定于 1946 年，技术环境已发生巨大变化，公告评论程序的基本框架却几未触动，导致行政机关对于互联网背景下的程序合法性要求，有着相当大的不确定性。此外，不平等接近、隐私、技术选择及过度参与等现实问题也限制着行政机关对信息技术的利用。不少研究者担忧信息技术所引发的行政决策过程的破碎化，可能增加立法内容扭曲的风险，并以彻底牺牲行政功能为代价。这些忧虑反映了在一个多元社会中，对于能否以一种真正的民主方式进行治理的怀疑主义。

第一节 法律上的争议

一、需要一个 2.0 版本的《行政程序法》吗

电子化行政立法能否成功，很大程度上取决于政府能否提供一个适宜的法律架构。就美国而言，《联邦行政程序法》制定于互联网出现前，不难想象，人们可能会质疑该法是否需要修订，以容纳电子化规章制定，并促进其应用。早在 1995 年，在联邦政府试图考虑如何在规章制定中使用互联网时，Henry H. Perritt 教授在其提交给美国行政会议的报告（the Perritt Report）中探讨了这个问题，并得出结论，认为《联邦行政程序法》并未对电子化规章制定构成任何法律上的障碍。从那时起，许多联邦机构逐步开发了不同形式的电子化规章制定系统。

电子化规章制定和《联邦行政程序法》之间的明显的兼容性，可能来自后者被设计为一部具有灵活性的程序法律。该法提供给行政机关使用不同的程序装置的灵活性，只要它们满足基本的法律要求。例如，《联邦行政程序法》要求行政机关在联邦公报上发布拟议规章的公告，在此底线之上，行政机关可以在促进公众参与及提高透明性等方面作出更多积极的举措。实践中，

行政机关已经新增了一些法律中未规定的程序装置，如在拟议规章公告之前就允许公众参与规章制定活动，向公众收集特定规制问题的早期反馈，或者通过鼓励公众参与网上论坛等方式，讨论规制改革意见，这样做并不违反《联邦行政程序法》。当然，前提条件是，无论是在离线还是在线环境，如果行政机关有意修改或颁布新的规章，必须按照法律规定的公告评论程序进行。

一些学者质疑美国联邦政府目前的做法，尤其是电子化规章制定相比《联邦行政程序法》规定的公告评论程序，是否足以提高公众的参与热情。这是因为当前的电子化规章制定仅仅是将现有的公告评论程序简单地移到互联网上，并未使用技术上更具革新性的工具，不仅不能加强在线协商，也无法建立更深入的人际沟通关系。很明显，这些质疑批评的不是《联邦行政程序法》规定的公告评论程序框架，实际上是对联邦政府如何在该框架内使用信息技术的批评。

因此，为实现电子化规章制定的目标，并不需要修改《联邦行政程序法》。有学者呼吁将一些创新方法补充进该法规定的公告评论程序中，如使用社交媒体来改善规章起草前的协商，以促进更有意义的参与，这些建议与《联邦行政程序法》拥有的灵活性其实是一致的。对于行政机关在实践中使用的各种改善在线或离线参与的创新办法，该法不构成任何法律上的障碍。然而，在一般性法律争议之外，还有两个特殊的问题需要依据《联邦行政程序法》专门进行讨论：一是有组织的群发邮件数量上的增加，是否对行政机关依法应对公众评论进行"考虑"的规定，构成了挑战；二是法律是否容许行政机关要求公众以电子方式提交评论。

二、群发邮件的处理

（一）"公告和垃圾邮件"现象

面对电子化规章制定带来的评论数量增加趋势，如何才能保证行政机关依照《联邦行政程序法》的要求，对收到的评论进行"考虑"。在作出回答前，一个前提性问题是电子化规章制定真的增加了评论数量吗？有学者对美国联邦通信委员会（Federal Communications Commission，FCC）1999～2004年制定的规章进行调查，发现在一般情况下，信息技术的应用仅仅是将评论者从纸面转到网络，也就是说，电子评论数量的增加被纸面评论数量的减少所抵消。不过，研究中也发现一些规章制定中出现电子评论数量明显"飙升"的例外情况，其中一个是涉及媒体所有权事项的规章的修订。尽管该修订涉及的内容复杂，却吸引了成千上万的公众评论，然而，多数评论属于"大致相同的文本"（largely identical texts）或"大规模数量的电子邮件"（mass electronic mailings）。

对于在线评论与纸面评论之间的数量差异，尚没有全面的研究。但对美国联邦通信委员会的研究结果表明，至少在某些规章制定过程中，电子评论数量的增加，很多时候要归功于有组织的群发邮件活动。有学者将这种现象形容为"公告和垃圾邮件"（notice and spam）。按照目前的技术设计，电子化规章制定减少了公众阅读公告和提交评论的成本，尤其是当这些活动都集中在一个网站时，如 Regulations. gov。如此产生的风险是"有质量的（意见）输入将会失去，恶意的、不相关的材料将浮到表面，信息无法到达需要它的人手中，总之，电子化规章制定将挫败公众参与目标"。

（二）行政机关的处理

1. 群发邮件

在规章制定过程中，行政机关可能在几天内收到成千上万份评论，需要耗费大量的时间和资源进行处理。当然，借助高速扫描仪的帮助，可以极大地缩短处理时间，但并不是所有的行政机关都拥有这样的设备。因此，如果某一机关只是偶尔才收到这样多的评论，最好的处理方式是通过与其他机关的非正式合作来完成这项任务。

FDMS 提供了一项非常有用的功能，允许行政机关扫描并将评论保存到一个文件中。其中可以注明此种形式的评论收到多少次，并将其上传到一起。虽不能完全地消除行政负担，但可以减少工作人员扫描以及处理这些几乎完全一致的评论所需的工时。另一种方法是扫描某个字母，将其保存到 FDMS 中，并指出它收到了多少次。然而，此举涉及一个法律问题，这些评论可能存在细微的差异，根据立法记录的完整性要求，行政机关需要在物理形态上保留所有未经扫描的评论副本，由此会削弱电子卷宗的作用。因此，为保证电子卷宗的可靠性，更好的做法可能是将所有的内容上传到电子卷宗中。

2. 网上论坛

与群发邮件相似的另一种情况是，公众通过召开公开的网上论坛对某一拟议规章进行讨论，从某种意义上说，这些意见可以被视为对拟议规章的公共评论。对此，行政机关是否有责任收集这些评论并将之归入电子卷宗中。

《联邦行政程序法》针对上述情形或其他类似的情况，并不要求行政机关工作人员主动寻找公众评论且将其收进电子卷宗中。该法规定："在本条规定的公告后，行政机关应让有兴趣的人有机会通过提交书面数据、观点、论点或口头陈述，参与规章制定。"其中的"提交"（submission）一词在表述上，意味着公众必须将自己的意见发送给行政机关，再由后者放入电子卷宗。这样的理解也得到了政策考虑上的支持：首先，公众可使用网上论坛，讨论是否要提交评论或有关评论内容的初步想法，但这些讨论并不是最后提交的评论；其次，如果要求行政机关花费有限的资源去持续跟踪网上对话，可能并不明智，尤其当公众完全有权选择是否发送自己的评论时。

行政机关目前正在采取行动来探索在线合作的应用。在最近的实验中，美国交通部与康奈尔大学的电子化规章制定项目组（Cornell University E-Rulemaking Initiative，CERI）合作使用 Web2.0 技术来开展公众参与活动。在这个试点项目中，康奈尔大学的项目组在 RegulationRoom.org 上创建了一个博客，集中讨论交通部关于规制分心驾驶（distracted driving）行为的拟议规章。当公众在 RegulationRoom.org 上发表评论时，康奈尔大学法律专业的学生和研究人员主持着讨论进程，并"试图总结差异，（这些评论）往往慷慨激昂，不是都能为（交通）部提供实质性意见。"项目组通过 Regulations.gov 将讨论摘要发送给交通部，但并未指出是哪个具体的参与者提出了某项建议。

对此，交通部解释道："Regulation Room 不是一个正式的交通部网站，因此，在这里参与讨论的人不同于在制规卷宗中发表评论的人。"拟议规章在序言中邀请公众通过 Regulations. gov 向交通部提交个人评论，这种细致入微的方式试图将技术的创新使用合并到交通部的现有卷宗中，其中规定"回应（拟议规章）而收到的评论"被包含到规制卷宗中。

此种方法得到其他行政机关的响应。美国教育部也创建了类似的博客，允许网站用户对里面的文章发表评论，这种类型的论坛提供了行政机关与公民互动的一种方式。教育部最近还通过其博客，鼓励公众对联邦公报上公布的拟议规章发表评论。不过，教育部并不允许网站用户直接在博客上发表评论，而是禁止使用评论功能，相反，告诉公众可以通过 Regulations. gov 或使用离线方式发表评论。这种方法确保公众的评论能够发送到行政机关并供其考虑。

（三）新的法律问题

有组织地群发邮件行为并不是电子化规章制定中独有的现象，"明信片运动"方式早已被利益组织用来向规制机构传达意见。电子化规章制定中出现的新的法律问题是行政机关是否必须"考虑"通过在线方式收到的重复评论。美国联邦最高法院曾经解释到，行政机关并非对所有的评论都必须在细节上详尽地审查，"在关注（行政机关）缺乏考虑前，评论必须足够重要到跨过任何实质性的门槛要求"。这个要求是合理的，因为重复评论除了数量上的因素外，并未越过实质性的门槛。《联邦行政程序法》在规定正式的听证会时，提到"任何口头或书面证据都可以接受，但作为一个政策问题，行政机关应排除不相关的、非实质的或过度重复的证据"。虽然该规定技术上只适用于正式的裁决和极少数适用正式程序的规章制定，但它表明《联邦行政程序法》不要求行政机关奴性般地"考虑"重复提交的评论。

不过，《联邦行政程序法》在此领域的过于谨慎的态度，迫使行政机关付出相当的人力资源去阅读或至少略读这些重复的评论。假设某一行政机关采取这种办法处理收到的 25 万份群发的电子评论，即使不到十秒钟就可以识别和快速浏览一份评论，这项工作仍然要占用工作人员近 700 个小时的时间或者花费大约 21 000 美元，其中还不包括总结这些评论所要耗费的时间。群发的重复评论的大量涌入，迫使一些行政机关将邮件处理工作外包给承包商，由其协助行政机关组织和保存公众评论，或者实际上负责对评论进行审查并作出概述。信息技术的发展使行政机关不需要采取这样精疲力竭的方式，审查相同的或几乎相同的公众评论。其中，自然语言处理软件是一项颇具前景的技术，它可以帮助工作人员识别重复评论，而且不会忽视一些重复评论中所包含的独特的和个性化的观点。不过，此种节省时间的做法，实施效果极其有限，因为它并没有减少行政机关考虑的时间，行政机关仍要面对收到的所有评论并阅读其内容。

行政机关有必要通过相互的合作以及与电子制规项目管理办公室合作，提高自然语言处理软件的有效性。目前，一些机关已经使用该软件，更有效率地审查公众意见，而其他行政机关，要么因为预算或采购上的限制，要么因为工作人员不了解或不确定这类软件的价值，没有在规章制定中予以使用。对此，行政机关应当评估"考虑"重复评论所需投入的时间和其他资源，如果费用较高，可以求助于软件的帮助，反之则否。此外，跨机构的讨论也有助于提高工作人员的认识，并鼓励工作人员探讨在规章制定中是否值得使用该软件。电子制规项目管理办公室已经在试验是否可以将自然语言处理工具并入 FDMS 电子卷宗中，此举可以减少单个行政机关评估并购买软件的需要，并帮助其向已经使用这类软件的行政机关学习。

三、电子评论的容许性

（一）提交方式的限制始终存在

针对行政机关是否可以要求公众通过电子方式提交评论，《联邦行政程序法》没有作出明确规定，它仅要求行政机关"让有兴趣的人有机会通过提交书面数据、观点、论点或口头陈述，参与规章制定"。有人可能会认为，《联邦行政程序法》所采取的这种语言上的表述，禁止行政机关限制公众参与立法的方式。问题在于，实践中行政机关普遍对公众提交评论的方式采取限制。目前，各行政机关通常提供多种提交评论的方式，如信件、传真、电子邮件或 Regulations. gov 等。如果某人希望通过语音信箱的方式提交评论，在行政机关未事先约定提供语音信箱转录服务的情况下，通过此种方式提交的评论，一般不会被放入电子卷宗。原因是行政机关认为运行该系统的成本过高，尽管这样做可能会妨碍某些人无法以自己喜欢的方式参与规章制定。

然而，如果有人认为《联邦行政程序法》应要求行政机关提供语音信箱转录服务、外语评论的翻译或其他方式等，这样的建议实际上是要求行政机关提供"每一个"参与机会，即不考虑成本地提供"每一个"参与机会。为了在实现参与目标的同时平衡效率上的考虑，行政机关的普遍态度是，基于效率或降低成本的因素，对评论方式规定一些限制是合法的，只要这些限制未排斥公众参与立法的机会。

（二）电子评论的容许性争议

据估计，电子卷宗在五年内节约的行政成本达 3000 万美元。然而，如果行政机关一方面接受纸面评论，另一方面又允许在线提交评论，是不可能实现成本节约的目标。问题是，行政机关是否可以在不修改《联邦行政程序法》的前提下，要求公众只能以电子方式提交评论。此举取决于互联网的普及性。如果几乎所有的公众都可以接近互联网，即便不是通过自己家里的电脑，至少可以认为，电子评论所带来的效率收益要高于其负面性。然而，基于目前的互联网应用状况，行政机关还不能将互联网作为公众参与的唯一方式。这是因为通过对不同类别群体访问互联网的程度的调查，已经揭示出某些人群落后于其他人。考虑到这些差异，《联邦行政程序法》并不排斥电子评论，只要行政机关能够证明自己已提供给公众参与规章制定的机会。

总之，尽管一些学者对修改《联邦行政程序法》持支持态度，希望借此将电子化规章制定纳入法律规范，但需要指出，这不是一个必须的法律修改。事实上，在法律中特别提出公众参与应采纳某种技术，会使现在非常灵活的公告评论程序变得僵硬。至于如何确保行政机关对有组织的群发邮件进行考虑，应尽量选择利用相关的软件帮助工作人员从事审查。当然，对于那些已经广泛使用电子化规章制定系统的行政机关来说，《联邦行政程序法》的修改可能会消除任何围绕着互联网产生的法律不确定性。但同样要注意的是，始终存在着反对电子评论的坚实的政策理由，除了"数字鸿沟"问题外，还存在着对电子数据库的可靠性担忧。不过，后者完全没有必要，电子数据库的风险不见得大于纸面记录，纸张更容易被水火毁坏，或者干脆就找不到。归纳言之，《联邦行政程序法》虽在互联网作为公众和政府部门之间的沟通渠道之前就已公布实施，但并未对行政机关使用电子化规章制定系统构成任何法律上的妨碍。[①]

第二节　实施中的限制因素

美国前副总统戈尔在第三届亚太地区城市信息化论坛上曾提出，世界各国在发展电子政务时都面临四个障碍：一是文化障碍，官僚主义的文化与电子政务格格不入；二是政府的保密制度，限制了大众对信息资源的分享；三是官员腐败，电子政务带来的公开性和透明度使某些有私心的官员竭力阻碍电子政务；四是公务员缺乏培训，不懂得在自己的机构里怎样做好电子政务。[②] 具体到电子化行政立法，除面临上述四个障碍外，在运行过程中还存在以下限制因素，影响到电子化行政立法的进一步发展。

一、不平等接近

电子化行政立法的兴起衍生出一个问题：是否存在接近途径上的歧视？

---

① Bridget C. E. Dooling, "Legal Issues in E – Rulemaking", Administrative Law Review, 2011, Vol. 63, pp. 897 –932.

② 腾锐："我国电子政务立法的思考——以政府信息公开法律制度为视角"，载《法学杂志》2010 年第 6 期，第 132 页。

比如，行政机关能否将互联网作为公众参与立法的唯一方式？或者行政机关是否更偏爱或反感公众通过在线方式提交的评论？可以说，电子化行政立法的可接近性问题——有或没有，是一个关涉社会平等的基本争议。

（一）数字鸿沟的表现

"数字鸿沟"又称电子鸿沟，是指基于掌握和运用网络信息技术的差别而催生的，横亘于信息富有者和信息贫困者之间的客观差距。[①] 数字鸿沟在经济社会不同的发展时期，具有不同的内涵。在互联网时代，由于信息技术设备的成本昂贵，数字鸿沟原先被认为是使用相关信息技术基础设施的问题。近年来，随着技术的发展，设备和资金限制都不再是问题，挑战更多地来自于个人能力，因此，数字鸿沟术语主要表现为获得和使用信息技术的能力问题。

社会、经济发展的不平衡，严重影响到某些弱势群体如妇女、老年人、残障人士、教育水平低下的人群等利用信息技术的能力，并导致数字鸿沟的出现。美国的一个调查显示，基于种族、性别、财富和教育程度，存在着接近互联网上的不平等，其中，种族和性别间的差异逐渐地缩小，收入和教育方面的差异则特别地难以处理。[②] 在我国，数字鸿沟的主要影响因素可以概括为：语言和读写能力、素养和能力、性别和收入、地域和年龄。[③] 根据中国互联网络信息中心（China Internet Network Information Center, CNNIC）组织的互联网行业发展状况调查，截至 2015 年 12 月，中国网民规模达 6.88 亿，互联网普及率达到 50.3%，半数中国人已接入互联网；从网民性别结构看，男女比例为 53.6∶46.4，趋向均衡；从学历结构看，网民中具备中等教育程度的群体规模最大，与 2014 年年底相比，小学及以下学历人群占比提升

[①]　张凤凉、扶柏军："论电子政务对行政决策的影响及对策"，载《科技管理研究》2010 年第 17 期，第 222 页。

[②]　Stephen M. Johnson, "The Internet Changes Everything: Revolutionizing Public Participation and Access to Government Information through the Internet", Administrative Law Review, 1998, Vol. 50, p. 306.

[③]　丁艺、刘密霞、张晓欢："电子政务发展中的'数字鸿沟'问题与解决对策"，载《中国市场》2014 年第 33 期，第 11 页。

了 2.6 个百分点，继续向低学历人群扩散；从收入结构看，网民中月收入在 2001～3000 元、3001～5000 元的群体占比较高。[①] 调查显示，在我国，性别、学历及收入所导致的数字鸿沟越来越小，而互联网知识与应用技能的缺乏是造成鸿沟的主要原因。

然而，具体到某些专门的应用领域，如电子政务，数字鸿沟问题仍很突出。对于社会弱势群体而言，即使信息技术普及率、接受程度和便利性均得到改善，也不代表他们参与公共事务的程度发生显著的变化。目前，在我国电子化行政立法的应用中，参与立法的公众之间呈现出性别和受教育程度上的严重不均衡。下面表 4－1 以广东省 2011～2016 年六年间公众参与人数 100 人以上的电子化立法为例，揭示参与者之间的性别、学历分布状况。

表 4－1　广东省电子化立法中公众参与的性别、学历分布状况[②]

法规规章草案名称	征集时间	参与人数	性别分布		学历分布				
			男	女	初中	高中	大学	硕士	博士
广东省医疗纠纷预防与处理办法	2011-11-16 至 2011-12-15	240	70%	30%	2%	0%	81%	9%	8%
广东省劳务派遣管理规定	2012-02-01 至 2012-03-02	268	81%	19%	0%	7%	81%	8%	3%
广东省车辆通行费年票制管理办法	2012-08-20 至 2012-09-20	1057	90%	10%	3%	7%	84%	5%	2%
广东省散居少数民族工作条例	2013-03-29 至 2013-04-28	222	94%	6%	1%	5%	74%	14%	7%
广东省按摩服务场所治安管理规定	2014-07-07 至 2014-08-06	219	87%	13%	3%	6%	77%	8%	6%
广东省活禽经营管理办法	2014-09-17 至 2014-10-17	728	77%	23%	4%	8%	69%	15%	4%

[①] "CNNIC 第 37 次中国互联网统计报告"，载 http://www.cnnic.net.cn/hlwfzyj/hlwxzbg/hlwtjbg/201601/P020160122444930951954.pdf，访问日期：2016 年 6 月 10 日。

[②] 表格数据来自对广东省政府法制办立法意见征集情况的统计，载 http://www.fzb.gd.gov.cn/publicfiles//business/htmlfiles/gdsfzb/lfyjzj/list.html，访问日期：2016 年 6 月 10 日。

（二）平等原则的要求

1. 不平等接近（unequal access）的负面性

信息技术所带来的数字鸿沟问题并不新颖，类似于选举中始终存在的文化鸿沟（literacy divide）或交通鸿沟（vehicle divide）问题，社会经济上的差异所导致的对政治资源的不同接近程度，一直影响着少数人的政治权力行使。[①] 然而，数字鸿沟的产生和加大，难免对政治稳定和社会和谐产生巨大的威胁，这是因为"获得信息不仅是个人财政资源的问题，更是经济系统甚至社会公平结构的副产品"。在网络时代，普遍地接入和平等使用网络已成为实现民主的前提之一。公众在网络接入上的不平等和网民在信息获取和占有上的不平等，必将导致公民的网络参与权和话语权的不平等。美国政治学者阿尔温·托夫勒指出："各个高科技国家的政府所面临的一种潜在的可怕威胁来自于国民分裂为信息富有者和信息贫困者两部分……这条大峡谷一样深的信息鸿沟最终会威胁到民主。"[②] 具体到行政立法中，如果行政机关过于依赖互联网而忽视其他参与方式，没有途径接近互联网的公民将可能无法在政府决策中发出自己的声音，而另一部分公民将具有更突出的地位。在线参与的不平等性，导致行政立法无法最大限度地涵盖社会各个阶层的利益和诉求，不仅有可能削弱行政立法的质量，严重的，甚至会破坏社会稳定。

2. 应对措施

平等原则要求所有公民都应在行政上受到同等的对待。在法国，如行政机关将自己与公众的交流限制为在线方式，这是一种歧视性的权力行使方式，与平等原则相冲突。在德国，对行政机关的排他性的电子接近，因侵犯平等原则和正当程序而构成违宪。公共行政机构有义务将文件以电子

---

①　Eben Moglen & Pamela S. Karlan, "The Soul of A New Political Machine: the Online, the Color Line and Electronic Democracy", Loyola of Los Angeles Law Review, 2001, Vol. 34, p. 1090.

②　郑兴刚："从'数字鸿沟'看网络政治参与的非平等性"，载《理论导刊》2013 年第 10 期，第 42 页。

方式发给适当的接受者，或当接受者宣称电子文件不适于进一步的处理时，向其送交纸质文件，这是对确保每一个人接近公共行政的传统的回应。德国既未偏爱，也没有在法律上规定排他性的电子交流的可能性。美国的情况是，电子化交流并未代替纸质交流，后者仍是标准的行政实践。尽管法律以及一些文件允许电子化交流，但其并未获得与纸质交流同等的法律地位。①

对公众来说，不同的访问方式意味着不同的参与成本，仅从互联网所传递信息的数量和质量来看，是传统的参与方式无可比拟的。这就要求政府应努力提供给公众多样化的接近途径，缩小"信息弱势群体"在享受数字化技术方面的差距，使每一个生活在信息社会的人都享受到技术带来的好处。例如，为了缩小数字鸿沟，英国政府建设电子政务突出了"平民化"色彩。政府在发展电子政务过程中，既考虑到熟悉、了解信息技术的人，也充分考虑到不熟悉、不了解信息技术的人。通过向低收入家庭出租计算机、提供免费的计算机技能培训以及为没有上网条件的人们提供上网天地等措施，尽量缩小地区和阶层之间的数字鸿沟。② 我国行政机关在行政立法过程中，尽量拓宽参与渠道，允许公众通过多种参与方式，如网站、信函、传真或电子邮件等提交意见，并公平处理来自不同途径提交的公众意见。

尽管目前的电子化行政立法实践在提供在线评论和在线信息方面取得了一定成效，大大节省了政府以及公众、利益相关者的财务负担，但是为弥合数字鸿沟所做的努力并没有产生较好的效果，尤其是对于那些无法使用网络的群体和个人并未提供有效的帮助。总之，数字鸿沟不可避免地与当前信息世界里的社会公平联系在一起，缩小数字鸿沟需要多种因素共同作用，不仅包括网络覆盖和信息技术能力问题，也包括人类健康、经济发展和社会幸福，其中任何一个因素的缺失都会对问题解决产生影响。

---

① J. E. J. Prins. *E - Government and Its Implications for Administrative Law*, T. M. C. Asser Press, 2002, pp. 119 - 120.

② 张基温、张展为、史林娟编著：《电子政务导论》，人民邮电出版社 2014 年版，第 48 页。

二、隐私保护

（一）信息时代隐私保护的特殊性

1. 隐私问题的凸显

美国前副总统戈尔在第三届亚太地区城市信息化论坛发言时指出，发展电子政务需要解决好两个关系：一是与保护个人隐私权的关系；二是与消除数字鸿沟的关系。① 就电子化行政立法的应用而言，极大便利公众对立法过程的接近，提高了行政功能的透明性，但却带来一个问题：电子卷宗中包含的私人的或敏感的信息可能会广泛传播，损害个人的隐私权？例1，某一社会保障受益者在写给美国社会保障局（Social Security Administration，SSA）的信中，附着其社会保险号（Social Security Number，SSN），以及对该机关某一拟议规章的评论；或者例2，某位老师写信给美国教育部，解释其对拟议规章中关于残疾学生课程的观点，信中包括他的专业背景和不同于拟议规章的教学方法的详细实例。作为证据支持，该老师提供了关于自己上课时某些特定学生的学习障碍的总结，并附上他们的名字。② 两个事例之间的差异是，后一评论分享了其他人而不是评论者自己的私人信息。尽管评论者可以自由地分享自己的信息，但是否有权分享他人的信息，实践中尚存在争议。

公众对行政立法过程的在线接近，有助于揭开行政立法程序的面纱，促进公众教育、可负责性和公共信任。但是，强烈的反对意见始终存在，认为在线接近带来的利益极小，公开的信息很可能被用于私人的或不良的目的，例如数据采掘、跟踪和窥探，对公众教育和行政的可负责性没有任何益处。可以说，行政机关在立法过程中面临着两难困境：平衡个人隐私保护与提供更便利的公众接近之间的冲突。一般认为，对政府滥用权力的最好制约是提

---

① "戈尔指出：电子政府面临四大障碍"，载 http：//www. e - gov. org. cn/egov/web/article_detail. php？id = 7837，访问日期：2016 年 6 月 11 日。

② Bridget C. E. Dooling，"Legal Issues in E - Rulemaking"，Administrative Law Review，2011，Vol. 63，p. 906.

供公众接近以及司法审查。过度保护立法记录中的个人信息，仅带来政府运行中的更大的保密性，而不会必然地改进隐私保护。然而，一个不适当的扩大公众接近的政策也会限制行政功能的发挥。

2. 信息时代的特殊性

在信息技术普遍应用于行政立法之前，行政机关一般是通过档案室等内设机构，向公众提供行政立法信息的查询服务，有时也借助出版物等形式公开。可见，行政立法信息的纸面公开早已存在，公众知情权与个人隐私之间的冲突也并不新颖。之所以要专门讨论电子化行政立法中的隐私保护问题，是因为互联网的应用显著增加了隐私扩散风险，使行政机关过去在纸面公开基础上形成的做法遇到新的挑战。如学者所言，"行政机关历来掌握当时的技术手段和能力。现代科学技术成果为行政开辟了崭新的、不可预料的发展空间……这种自动化的危险——尤其因为其继续发展——不能预测"。[1]

总之，由于电脑、电子化资讯收集系统、大众传播、电子化记录设备的发展，今日已经可以组织大量的有关于个人的事实，而由这些事实的组合，便可以追踪个人的行为。今日一般政府皆可获取令人吃惊的各种资讯。这些资讯赋予政府更大的权力去课税、规范和掌握其公民。而电脑化的成长，则使得资料的分析与处理能力上产生革命性的变革。将各种不同的资料拼在一起，便可以产生对于个人的新的监视与控制之方法。而这便是边沁所建构出来的环形监狱，也就是每一个人都知道他们的一举一动都是别人所知道的，这便足以有效地控制人的行为，而不需要使用暴力。这种福科所指出的社会的环形监狱，已经因为当代科技的进步，而成为可能。[2]

3. 利益平衡上的差异

人们很容易产生这样的想法，电子记录和纸面记录在平衡个人隐私与公众接近这一对相竞争的利益时，具有同样的效果。不过，这并不是事实，严

---

① ［德］哈特穆特·毛雷尔：《行政法学总论》，高家伟译，法律出版社 2000 年版，第 438 页。

② 廖义铭：《行政法基本理论之改革》，翰芦图书出版有限公司 2002 年版，第 168 页。

重低估了二者之间的差异。从纸面到电子的转变，将极大改变已有的平衡状态，表现在远离个人隐私的保护，同时在行政可负责性方面产生极少的利益。在过去，纸面状态下的立法记录，虽然有公开方面的法律要求，但一直保持着"事实上的默默无闻"（practical obscurity）。这是因为个人信息虽被公开给公众，在这个意义上，任何成员均可接近它，但成本作为一个实际因素限制了接近。仅那些对信息具有重要利益的人，愿意花费时间、金钱去行政机关复制必要的信息。一旦立法记录上网，用户可以在几分钟内，以极低的成本，随时随地浏览、复制、下载、保存及加工这些行政立法信息，并可与其他公共信息相结合，形成特定个人的"自画像"，这在纸面公开情况下是完全不可能的。更严重的问题还表现在，网上公开意味着立法信息能以它们以前从未有过的方式和程度，容许大规模的商业化利用，将使个人隐私保护问题变得更加棘手。

纸面记录不同于电子记录，其存在有着时空上的限制。它就像人一样，是有机的，经历着一个衰弱和改变的自然演进。随着时间经过，当纸面信息日益陈旧时，必须被清除以腾出空间给新的信息。与之相比，电子记录是非有机的，它们不会变老，一直存在到永远。对电子记录的不受限制的使用，意味着对商业化的容许，这是行政机关传统上应当避免的。更进一步，如果从纸面到电子记录的转变，在没有适当的安全保障措施的前提下发生，意味着社会将以牺牲参与者的隐私、安全为代价，获得立法信息自由流动的抽象价值。不仅不能增加公众对行政的信任，反而将削弱行政已获得的尊重和信任。

（二）信息隐私的宪法基础

1. 信息隐私的含义

在美国，隐私权虽未明确规定在宪法中，但可以从宪法原则和权利法案中默示地推导出来。不过，关于隐私权的保护范围，却没有达成共识。学者Jerry Kang总结出三种类型的隐私权关注领域：物理上的空间（即空间隐私）、选择和个人信息流动。而学者Anita Allen - Castellitto则将隐私分为四种基本类型：信息隐私（informational privacy）、身体隐私（physical privacy）、决定隐私（decisional privacy）和财产隐私（proprietary privacy）。相比探究隐私权的内涵以及隐私利益的性质，对信息隐私下定义以及阐明其来源和法律限制要困难得多，特别是在互联网大规模应用的情况下，信息隐私有可能处于传统隐私概念的内部或外部，带来了法律保护上的困难。

美国联邦最高法院在 Katz 案认为，隐私保护并不限于物理上的侵入，而是来自"隐私的合理期待"（reasonable expectations of privacy）。该审查标准建立了美国宪法第四修正案的隐私概念，即仅倾向于保护私人已经"保密"的事项，严格限制了美国宪法对技术时代出现的各种隐私关注领域的适用。如 Daniel Solove 观察到的，"隐私的合理期待标准"看起来是：首先，是否某人表现出对隐私的实际的或主观的期待；其次，是否该期待是社会打算承认为合理的。据此，在互联网背景下，信息隐私的保护所涉及的主要问题是在何种程度上，宪法层面的隐私权能够延伸到个人信息的保护。

2. 信息隐私的保护范围

针对该问题，在 Whalen v. Roe 案中，美国联邦最高法院指出：我们并不是没有意识到数据库或其他政府档案中储存的大规模个人信息对隐私构成的威胁，为公共目的而收集和使用这些数据，通常伴随着避免不必要的信息披露的法定责任。该案阐述了宪法上的隐私权至少包括两种利益：避免个人事务披露的利益；以及独立作出某些类型的重要决定的利益。前者已普遍被视为信息隐私的保护范围，即控制个人信息流动的权利。后者涉及个人自治，即隐私保护的目的还包括"促进自由、自治、个性和人际关系，更进一步，促进自由社会的存在"。因此，一些评论者认为，即使信息隐私不能明确地被视为一个宪法权利，考虑到商业组织和政府实体经由互联网接近个人信息上的不平衡权力，信息隐私应被视为一项"基本的"权利，并给予更大的法律保护。还有人认为，应将信息隐私视为一个"有限的"宪法权利，以考虑与之相冲突的公众接近政府信息的利益。[1]

（三）电子化行政立法中的隐私问题

1. 行政机关能否筛选公众评论

美国目前尚没有政府层面的指导手册，明确指示行政机关的工作人员如何处理公众提交的评论中包含的个人信息。一些行政机关已经开始尝试审查评论的内容，从中筛选出各种不适当的内容，包括不适当的披露（如个人信息、受知识产权保护的信息或非法获得的信息）以及不恰当的行为（如淫秽、威胁性语言）等。电子化行政立法的应用，放大了行政机关能否筛选公众评论的问题。虽然在互联网普遍应用前的数十年里或行政机关采用电子卷宗前，公众就可以在行政机关的档案室浏览立法卷宗，在这种情况下，也存在不当披露的可能性，但时空上的限制所导致的"事实上的默默无闻"，使信息不当披露的风险不致成为一个问题。

电子化行政立法的应用，使公众更容易通过网络获得制规文件，由此引发了行政机关能否以及如何筛选评论的问题，并使之具有更大的紧迫性。虽然储存在公共阅览室的包含个人信息的公众评论是安全的，将它们放置在网上却增加了隐私受到损害的风险。鉴于这一现实，一些行政机关的工作人员在将评论放到公开的政府网站前，会对其内容进行识别和编辑。一个关键的问题是，行政机关是否有责任监控 Regulations. gov 上的内容，即使该内容并非由其制作。也就是说，行政机关是否有责任在公布评论前对其进行筛查，如果是，那么行政机关所投入的筛查费用是否值得付出。

为保障公众利益而进行的评论筛选，并不是毫无代价的。首先，筛选评论会占用工作人员的时间，假设需要筛选 1 万份评论，每份耗时 2 分钟，将花费工作人员 333 小时或 8200 美元，还不包括编辑意见的时间。其次，筛选会导致评论的延迟公开，时间可能从数小时至数周，取决于收到的评论数量和筛选的程度，这样会影响到公共辩论的进行。最后，对评论的筛选涉及美

---

[1] Natalie Gomez - Velez, "Internet Access to Court Records - Balancing Public Access and Privacy", Loyola Law Review, 2005, Vol. 51, pp. 386 - 388。

国宪法第一修正案的适用，筛选标准为何，为什么 Regulations. gov 不能像其他网站那样，让更多的用户可以立即发表评论，也引出普遍的关注。

2. 行政机关的处理方式

行政机关目前面临的法律问题是，是否、如何以及何时审查公众提交的评论。法律要求行政机关必须防止某些类型的信息披露，因此需要建立一些机制，避免这些信息被张贴在网上。在前述的例 1 和例 2 两种情形中，行政机关的工作人员可以筛选评论，将其中包含的评论者或其他人的个人信息排除在外。隐私法禁止个人信息未经授权的披露，在缺乏个人的书面同意时，该法规定了行政机关有权披露的 12 种例外情形，其中之一是行政机关的"日常使用"（routine use）。要构成此种情形，信息披露必须"对有效开展政府活动是适当的和必要的"，以及行政机关的使用必须与收集信息的目的相一致。电子制规项目管理办公室为 FDMS 设计了立法记录公告的隐私保护系统（a Privacy Act system of records notice），该系统有助于行政机关遵守隐私法及隐私影响评估的要求，收集、处理和披露信息。

除了在技术上遵守隐私法的要求外，行政机关的工作人员还应保护那些无意间将个人信息透露的公众。值得注意的是，一些市民可能不知道他们提交的评论将在网上公开，而非局限在行政机关内部。为解决该问题，Regulations. gov 应在评论提交的网页上放置下面的警告："您在本评论表或附件中提供的任何信息（如个人或联系人），可能被公开披露，由部门或机构将之公之于众，并在互联网上或纸面卷宗中搜索到。为审查评论中的任何附加信息，如匿名或敏感的意见，（您应）参考联邦公报或部门或机构网站上的隐私和使用注意事项。"

3. 其他的替代处理方法

审查公众评论的意图虽然是好的，但要耗费许多行政资源，并导致行政机关收到评论后不能很快将之张贴在网上。实践中出现的一种替代审查的处理方法是，将评论者提交的评论立即张贴在 Regulations. gov 上，事后如发现任何不适当的内容时，公众可及时反馈给行政机关处理。据此，电子制规项目管理办公室应将 Regulations. gov 网站设计为，可将收到的公众评论自动张贴在网上，国家秘密或商业秘密除外；同时，为不适当的内容设计专门的标志，公众在阅读评论时，如认为某些内容不应公开，可将该标志附着其上。在采取此种举措时，电子制规项目管理办公室应考虑到其他政府网站和非政府网站如何处理内容审查的问题，以及 Regulations. gov 是否有充分的理由采取与之不同的做法。

行政机关有必要思考设置标志的方式，是否可以取代对不当信息的内容审查。必须看到，没有任何法律规定行政机关在将公众评论张贴到 Regulations. gov 或其他网站前，应当审查这些信息。也许一个不同的方法可以更好地保护这类信息免遭不当披露，同时促进电子化行政立法目标的实现。比如说，行政机关可以提供奖金，鼓励用户举报不适当内容。当然，行政机关仍然要面临如何处理这些信息的问题。

信息的在线审查问题并非仅存在于电子化行政立法中，类似的，接受公众意见的其他政府网站的管理员，也必须解决公众提交的意见是否适度的问题。其中，一个处理办法是美国总务管理局（General Services Administration）运营的 WebContent. gov 网站提供的"管理美国政府网站的在线指南，（它）帮助机构网站管理人员分享经验、共同的挑战、取得的教训、成功、关于最佳实践的新观点、内容管理，以及可用性和设计问题"。通过电子制规项目管理办公室和总务管理局之间的更深层次的合作，有助于分享在线信息内容审查上的最佳做法。①

（四）平衡公众接近和隐私保护之间紧张关系的建议

1. 一般原则

确保公众接近立法信息是为了服务于以下目的：向公众提供关于行政立法运作的信息以及教育公众，是作为一个监督机制和应责性机制而存在，而不是为了获得关于一个特定的个体公民的信息。决策者在寻求平衡的过程中，

---

① Bridget C. E. Dooling, "Legal Issues in E‑Rulemaking", Administrative Law Review, 2011, Vol. 63, pp. 908–916.

必须牢记在关注个人隐私和安全方面的利益时，也不能忽视伴随而来的负面效果。当公众接近的目的有助于确保行政立法程序的有效性和完整性时，应更倾向于保障公众接近；反之，当接近的目的与促进行政立法的公共监督无甚联系，而是意图利用立法记录中的信息为商业利益或与公众对行政体系的监督无关的其他事项服务时，应倾向于保护个人信息。亦即，公众对立法记录中有关个人敏感信息的接近通常应受到禁止，除非有利于确保政府的可负责性目的。

2. 具体建议

为何公众接近与个人隐私保护之间的冲突在互联网背景下变得如此激烈？它反映了一个持续性的矛盾，即在确保对行政立法记录的公开接近与在相竞争的确保行政体系的有效运作及尊重参与者的隐私这两个目标之间的艰难平衡。纸面记录的"事实上的默默无闻"很大程度上庇护着我们免于信息滥用的威胁，然而，电子信息世界却远远不是一个宽容的地方，在这里，公众接近和隐私保护之间的冲突变得更尖锐，也更难解决。

解决这一冲突的对策不是放弃立法记录的网上公开，而是继续鼓励行政机关通过互联网提供更大程度的公众接近和透明性，平衡公众接近和隐私、安全之间内在的紧张。与此同时，行政机关应采取措施减少信息滥用的机会。不过，改善对立法信息的公众接近以及解决普遍存在的互联网隐私和安全问题，并不只是行政机关的工作，需要通过有效的立法以及严格的法律执行来实现。

当然，这并不意味着行政机关可以完全忽视由互联网公开引发的争议。在行政立法实践中，有必要注意以下几点：（1）行政机关必须面对由立法记录的网上公开所引起的政策上的挑战；（2）行政机关有必要与其他机关合作，相互学习，推动最佳实践的形成；（3）行政机关必须认识到自己在权力分立体制中的独特角色；（4）行政机关应以现有的立法记录公开规则为基础，思考这些规则怎样适应互联网背景或进行适当的修改；（5）行政机关应当积极鼓励和支持工作人员利用互联网，扩大公众接近。具体而言，行政机关在判断什么类型的信息应给予隐私保护时，可以参考美国联邦最高法院提出的 the Westinghouse test 审查标准，认真思考以下问题：这是一种社会作为整体准备承认的对隐私的合理期待的信息类型吗？该信息的披露，会对公民造成什么样的潜在损害？什么样的安全保障措施可以适当地保护这些以电子方式储存的信息？当允许公众接近这些信息时，应遵照什么样的程序和标准？最后，什么才是公众和媒体的接近需要？等等。①

三、技术因素

（一）技术的潜力

信息技术在行政立法过程中的应用，就本身而论，不是简单地增加公众参与——为评论而评论，而是为行政机关和公众提供用于管理参与，并产生期望的结果的技术工具。公众所担忧的因提交的评论过多而压垮行政机关的可能性，在电子化行政立法背景下，很容易得到处理。电子卷宗可以帮助行政机关迅速对信息进行处理，在线评论可以很容易地归类、索引及搜索。而且，对于重复的评论，行政机关只需实质性地一次回复，不必对公众提交的每一份评论的每一个方面都作出回应。

短期内，技术因素可能会制约行政机关利用互联网发布信息以及扩大公众参与的能力。首先，网速、搜索引擎、网站设计及电子卷宗建设等方面存在的困难，都会给电子化行政立法的应用带来一些障碍。其次，行政机关将信息输入互联网是非常费时和昂贵的，由于启动成本较高，可能阻碍行政机关使用这些技术工具，即使长期看可以为机关节约时间和金钱。最后，互联网的普遍应用引发一个额外的问题，公众虽能广泛地接近立法信息，却面临着搜索上的困难。如果公众不知道哪一行政机关拥有其需要的信息，那么这些增加的信息也是无用的。因此，行政机关必须花费大量的时间和金钱设计一个容易阅读且经合理组织的网页，储存行政机关公布在互联网上的所有信

---

① Peter A. Winn, "Online Court Records: Balancing Judicial Accountability and Privacy in an Age of Electronic Information", Washington Law Review, 2004, Vol. 79, p. 326.

息，并帮助公众能够容易地将他们所需的特定信息与具体的行政机关联系起来。

可以说，信息技术虽使民主的缺陷暴露在前台，但也提供了相应的补救手段。通过发挥技术潜力，行政机关更容易管理公众参与，加强政府和公众之间的合作。如果设计得当，信息技术能促进协商，并给予公众在政策制定中发出更强的声音。行政立法中的公众参与不再是仅能由法院在事后执行的程序权利，而是政府可以通过技术手段实现的一套民主实践。

（二）技术的局限性

当前，电子化行政立法过程中对信息技术的依赖产生了一些问题：一方面，技术提供给公众更多参与行政决策的机会；另一方面，反对者也将有更多的机会从事策略性行为，通过"信息超载"推迟行政机关的决定，进一步僵化行政立法程序。就后者而言，电子化行政立法很可能会挫败公众参与的目标，这是因为太多的参与增加了立法成本，导致更糟糕的而不是更好的公共政策。某些情形下，信息技术的应用不仅未促进民主，反而强化行政机关对公众参与的控制，当作实现政府不良目的的工具，亦即，所谓的"电子革新"有导致专制统治的风险。

互联网在促进公众参与上的优势确实非常明显，可以增进公众对政策争议的了解，并以更有用的方式加工信息。当公众拥有更多的信息以及能以非常低的机会成本参与决策时，理论上，他们自己就可以决定重要的公共政策争议，而不是将这些问题留给专门的行政机关处理。然而，调查显示参与者对政策争议实际上有三种回应：第一，如果某人认为没有充分了解信息，就绝对不能对争议投票，这就把决定权留给那些更不谨慎的人，或者导致关心该争议的人对决定的作出具有不成比例的影响力。第二，某人可以随机性投票，一般而言，当不了解情况时，人们通常倾向于投否决票，这是一种保守的或反对风险的态度。第三，某人可以将时间花在寻找他人的帮助，告诉其怎样投票。最后一种回应似乎是最合理的，却再次带来对媒介机制的依赖，而互联网原本的目标就是促进公众与争议之间的直接非媒介性的联系。由此印证以下结论：互联网可以节约公众接近信息的成本，但在时间和认识理解上却不能提供帮助。①

总之，信息技术本身不是公众参与的救世主，带来革新的不是技术工具本身，而是嵌进工具内的个人相互间交流和信息交换的方式。这些技术工具可以促进组织协作，形塑和限制交流，清除无关的和过剩的瓶颈路段，使交流更有用。行政机关可以在行政立法中使用这些工具去推动更有质量的和更易于管理的交流。然而，即使互联网运行得再快，政府信息以一种更容易阅读、更好接近的方式加以组织，互联网也不可能提供公众接近所有政府信息的入口。行政机关掌握的许多历史信息仅记载于纸面形式，一定程度上计算机储存设备的成本也限制着行政机关通过互联网提供的信息的数量。这并不意味着互联网是一种发布政府信息的不适当的方式，仅仅揭示行政机关必须将互联网作为一种补充方式，而不是取代传统的发布信息和鼓励公众参与的做法。

（三）技术设计选择

关于信息技术的关键选择，应围绕电子化行政立法的主要目标来进行设计。实践中提出了多种设计选择，如灵活性、准确性、安全性以及规模。这些不同层面的选择取决于电子化行政立法的目标设定，并需要与用户的需求和能力相联系。具体包括以下几个方面。

1. 统一化程度（degree of uniformity）

如果各行政机关应用的电子化规章制定系统在设计时均采用统一的术语、数据结构和培训材料，系统的性能会大大提高。然而，为满足多样化的需求，需要将该系统分散设计为能够适应不同的立法程序或不同的行政机关，或满足不同的规章制定需要。有些人认为，机构间的统一性是至关重要的，特别是对于参与许多行政机关立法活动的公众来说，而且，统一的电子化规章制定系统可以更好地实现规模经济。不过，相应的也就不再具有分散化系统在

---

① Eben Moglen, "The Soul of A New Political Machine: The Online, The Color Line and Electronic Democracy", Loyola of Los Angeles Law Review, 2001, Vol. 34, pp. 1108 – 1109.

促进创新上的积极影响。另一些人则认为，有必要开发非统一性的（或适应性的）系统，满足不同用户和机关的需求，这样更容易适应新的情况，尤其是面对不同监管领域的独特问题时。目前，美国采取的是统一化方式，为满足行政机关各自的需要和个别化的要求，应允许各机关有设计其电子卷宗的自由。

2. 复杂化程度（degree of complexity）

电子化规章制定系统既可以采用复杂的方式建构，以反映受规制的争议和过程的复杂性，也可以采用更简单的方式构造。而且，系统界面对于用户而言，既可以是复杂的也可以是简单的。不同的设计，将对公众参与产生不同的影响。

3. 元数据的使用（use of metadata）

电子化规章制定系统可以设计成搜索数据本身，或替代为元数据搜索，或有时包括这两种搜索方式。

4. 定义系统结构（structure definition）

谁有权决定电子化规章制定系统的结构？电子化规章制定系统可以被构建成由行政机关的高层管理人员来决定，也可以由用户自己来构建，以适应不同的用途和需求。

5. 扩展性（scalability）

电子化规章制定系统可以根据不同数量的用户或不同的数据量进行设计。电子化规章制定系统应在什么规模上设计？或系统应被设计为可以随用户需求的不同而改变其规模吗？

6. 隐私（privacy）

隐私问题出现在若干情形中。一个是与行政立法相关的商业秘密的保护，涉及电子化规章制定系统的安全性问题；另一个是与在线卷宗中公众评论的处理相关，如美国交通部将标有评论者姓名的名单在线公开，而环境保护署却未这样做。问题是，提交评论的个人或组织的身份应在行政机关的在线卷宗中轻易搜索到吗？还是应当给予一定程度的限制？

7. 安全（security）

电子化规章制定系统的安全性通常是通过访问控制（access control）来确保的，[1] 以限制人们获得系统中储存的信息。但也可以通过复位控制（release control）来实现，或通过过滤信息的方式来保证。二者的差异在于，复位控制比访问控制更有效，不过，也更昂贵。

8. 准确性（accuracy）

在信息检索和提供文本摘要过程中，准确性是一个关键问题。电子化规章制定系统需要达到什么程度的准确性？系统需要100%的准确，或者只是与普通人一样准确，或者需要准确到其他程度呢？不管如何解决这些问题，都有助于增加人们对系统的信任度。

9. 人机界面（human‐computer interface）

在设计电子化规章制定系统时，关于如何将信息传输给用户，有着无数的设计选择。因为有大量的输入设备和输出显示，这是一个庞大而复杂的问题。所以，如果要实现使尽可能多的公众可以访问规章制定文件，其中包括残疾人、使用即将淘汰的技术的用户，或者试图弄懂技术资料的一般人，电子化规章制定系统的构建将对人机界面和图形设计的各个方面构成巨大的挑战。

10. 公共宣传（public outreach）

行政机关可以被动收到公众评论，也可以主动寻求公众意见，如通过随机选择方式调查公众意见。目前，为获得评论而公开拟议规章草案的做法是被动式的，即行政机关发出公告，并等待公众提交评论。通过信息技术，行政机关可以很容易地主动寻求公众评论，即行政机关积极主动联系个人或组织，征求他们的意见。此外，评论方式还可以设计为行政机关和评论者之间的不同层面的互动，从典型的一次性提交评论到评论者之间的在线讨论，后者既可以是在行政机关主持下进行，也可以是公众自发的讨论。

---

[1] 访问控制是通过一组机制来控制不同级别的主体对受保护的资源客体的不同级别的授权访问。访问控制就是要在这些主体和客体之间建立可否访问、可以如何访问的关系，将绝大多数攻击阻止在到达攻击目标之前。

11. 公众意见的结构化（structure of public input）

电子化规章制定系统在设计时，还要考虑的一个技术选择是开放式评论与结构式评论之间的比较。行政机关可以通过提供一系列的关键问题，引导评论者就此输入意见或依据自己的喜好选择特定的答案。此种结构式的评论方式，更容易对评论进行分类和分析，有利于行政机关，然而，开放式的评论可能更适合民主合法性的目标。当然，即使某一行政机关确实谋求结构式的评论，电子化规章制定系统也可以被设计为允许评论者超越限定的结构并提供开放式的意见，而不是仅作出结构式的反应。

12. 系统运行成本（system costs）

行政机关作出设计和运行电子化规章制定系统的决定时，不同的设计选择将产生不同的行政成本。对技术设计选择的成本影响的承认，引出了一个问题，即电子化行政立法必须面对技术以外的管理体制上的挑战和制约因素。①

总之，电子化行政立法的长期发展依赖于将现有技术运用于行政立法过程所付出的努力，以及未来在技术上取得更大的进步。这一电子革新究竟是促进还是破坏民主，将取决于信息技术是否被设计为加强普通公众参与的权利。

四、过度参与

（一）公众参与的基本原理

1. 行政正当程序对公众参与的要求

传统上，行政法的核心聚焦于确保行政机关遵从公正的、无偏见的程序，在立法机关授予的权力界限内行动，以维护法治原则和保障公民自由。其功能主要是否定性的，即阻止侵犯私人权利的不合法的或专断的行政权力的行使。然而，自 20 世纪 50 年代以来，行政法的功能日益趋向肯定性，表现在

---

① Cary Coglianese， "E‑Rulemaking: Information Technology and the Regulatory Process"，*Administrative Law Review*, 2004, Vol. 56, pp. 380 – 382.

行政机关应以一种合理的方式行使裁量权，回应受影响的社会、经济利益。①
通过转向到寻找促进冲突利益调和的方法，行政法日益服务于提供一个替代
的政治过程，确保行政决策过程中所有受影响的利益均能得到公正的代表，
公众参与由此成为行政正当程序的核心内涵。

　　行政正当程序要求保障利益相关人参与行政机关决策的权利，其立基于
这样一个前提：一个扩大的公众参与体系，可以确保行政机关充分考量到不
同的利益诉求，所作出的决策更符合社会整体利益。很明显，公共利益并不
是一块完整的石板，涉及许多不同利益的平衡，通过公众参与，可以使那些
未经代表的观点呈现在行政机关面前。对行政机关而言，这是一个潜在的帮
助，而不是对行政运行的阻碍。

　　在诸种行政活动方式中，公众参与最频繁地出现在与行政立法相联系的
背景中。理论上，行政立法非常适合公众参与，因其关注相对特定的主题，
且受到立法机关制定的法律的拘束。在信息时代来临之前，未经选举的行政
官员通过一个在很大程度上隔离于普通公众的立法过程，作出重要的政策决
定。行政立法领域的公众参与，基本上是非直接的，受到利益组织的制约，
既费时又毫无成效。可以说，公众参与与其说是公共事件，还不如说是由政
府驱动的自上而下的运动。信息技术的应用改变了上述状况，为公众参与行
政立法提供了信息实时共享的最大可能性，有望真正实现正当程序的要求。
使行政立法中的公众参与不仅是一个由法院在事后执行的权利，而且是提供
民主运作的事前框架，有助于个人和组织组建参与共同体，在行政决策过程
中扮演更有意义的角色。

　　2. 参与的正当性分析

　　根据不同的民主理论，公众参与具有不同的正当性基础，主要表现为：
一是参与能够促进个人自治和个人自我统治权利的实现；二是参与能够服务
于普遍的公共利益，通过将公众意见考虑进政策解决方案中，使个人偏好被

---

　　①　Richard B. Stewart, "Administrative Law in the Twenty – First Century", New York University Law Review, 2003, Vol. 78, pp. 438 –439.

容纳到公共福利。具体到行政立法中，公众参与的价值在于：有助于发现真相，为规章起草提供信息；通过确保民主负责性，增强立法过程的合法性；提升规章权威，构建社会团结，促进规章实施。上述假定的基本原理是，公众参与导致"更好的"立法。在这里，"更好的"可以被理解为立法质量上的任何改进，包括草案内容的合理性以及执行上的便利。例如，如果行政机关打算颁布一个规范汽车安全带使用的规章，它需要知道更多的关于公众如何使用安全带的知识，并在出现各种可能的反对意见时，获得公众对该规章的支持。为达此目的，需要确保汽车业、消费者组织和驾驶员在立法过程中有发言机会，以增进他们对规章的服从度。

行政立法程序是一个准立法程序，模仿的是立法机关代议的、政治的过程，参与的重要性在这一领域是不言而喻的。具体而言，行政立法中的公众参与具有以下优点：

（1）确保行政立法的基础建立在经验事实基础上；

（2）为行政立法过程提供信息，帮助行政人员起草更简洁的规章；

（3）在某一争议及其潜在影响的所有面向，获得公众的意见，包括行政机关根本未想到会受到规章影响的人群；

（4）公众协商可以提供一个机会，检验公众对拟议规章草案的态度。尽管公众的满意并不是必不可少的，但如果起草者收到数以千计的愤怒意见，起码可以反映出公众对立法的态度；

（5）更好地揭示公众的反对意见，为潜在的诉讼和其他增加的守法成本做好准备；

（6）提供"安全阀"，促进社会的凝聚；

（7）允许公众参与行政立法程序，确保行政立法过程的合法性，并在团体间建立对程序的信任；

（8）如果公众在规章起草中扮演了一个民主负责性的角色，规章将具有更大的合法性，公众将来也更可能遵守该规章；

（9）减少受规制组织的抵抗，降低执行成本；

（10）对于公众而言，行政立法中的公众参与提供了一个实现民主自我统治的机会，以及在这一重要的立法阶段发挥作用的机会；

（11）在行政机关做出重要的公共决定时，公众能够对稀缺资源的社会分配发出声音；

（12）参与冲淡了"规制俘获"，使每一个人的意见都有可能获得考虑；

（13）如果行政机关必须向公众咨询，将迫使机关对公众更加负责；

（14）参与使行政立法过程更加透明，它将公众监督的光亮投向这一重要的规制活动，否则其将受到很少的民主控制；

（15）通过在政治生活中为活跃的公众参与提供一条大道，行政立法中的公众参与将因其"培育公民"的角色而受到鼓励。①

（二）公众参与面临的民主阻力

1. 对公众参与的质疑

尽管公众参与有诸多优点，但对其的质疑也始终不断。传统的观点认为，公众参与会威胁行政中立。实践中，行政管理的专业性和技术性一定程度上阻碍了公众参与，这是因为公众虽然可以对行政决策提出批评，却无法提供替代性建议，过多的信息反而阻碍行政决策。归纳起来，对公众参与的批评集中在六个方面：规制俘获（regulatory capture）、对抗关系（adversarial relationship）、一些参与者了解的信息过多（some participants know too much）、一些参与者了解的信息过少（some participants know too little）、过度代表（over – representation）及代表性不足（under – representation）等。② 具体而言：

（1）即使是非常广泛的公众参与，也无法确保所有的相关利益都能在行政机关决策前完整地呈现出来。原因是这些利益通常是很模糊的，没有任何

---

① Beth Simone Noveck, "The Electronic Revolution in Rulemaking", Emory Law Journal, 2004, Vol. 53, pp. 459 – 460.

② Beth Simone Noveck, "The Electronic Revolution in Rulemaking", Emory Law Journal, 2004, Vol. 53, pp. 456 – 458.

一个单一的个人，其权益受到损害的程度，大到足以引发他参与决策的动机。而且，行政机关并不受公众意见的制约。事实上，行政决策的内容大部分是透过非正式协商形成的，在这个过程中，有组织的利益团体占有更大的优势。

（2）公众参与对于行政资源的耗费和决策的品质，可能造成极为严重的不利影响。即使是程序上较为轻省的公告评论程序，也无法作为一个有效的途径，使所有受影响的利益都能够在没有耗费过多的行政资源的前提下，获得充分的代表。

（3）如果说公众参与真的能够提高行政决策的品质和公平性，它所产生的困难和所耗费的资源也就很容易被人们接受，但这是令人怀疑的。普通公众的参与，有可能为行政机关提供一些额外的信息和观点，导致行政机关重视许多本来可能会被忽略的特殊问题。然而，行政机关始终面临着受规制组织的压力，且又必须从这些受规制组织处获得信息、政策支持和其他形式的合作。给予普通公众更多的参与机会，并不会减少这种压力，也不会改变行政机关对受规制组织的依赖。

基于以上因素，扩大公众对行政机关决策的参与权，可能降低行政程序的效率。事实上，由于太注重争议的多元性，导致利益协调更具分歧性与复杂性，反而给行政机关造成更大的负担。

2. 行政立法中过度参与（over‑participation）的弊端

（1）过度参与对代议民主构成严重冲击，腐蚀了直接民主和代议民主之间的界限。

一定程度上，民主被理解为在多元主义社会中试图建立统治的合法性的制度，从而公正地处理与社会共存的个性和世界观的多重性。根据传统的民主理论，选民的参与对于民主体系的运作有许多极为重要的功能：首先，高比率的参与使政府的统治权力正当化；其次，参与可以使一般民众增加力量；最后，政治过程中人民有充分资讯来参与，被视为是激发公民智识发展的方法。这些优点，只有在有高度参与的情况下，才能显现出来。① 然而，基于

---

① 廖义铭：《行政法基本理论之改革》，翰芦图书出版有限公司 2002 年版，第 167~168 页。

选举的代议民主并不适合这一情形，因为它不能给公民提供一个直接影响日常的行政规制的机会，据此，有必要构建一个超越传统的民主体制的多维的协商和决策框架。

当民主被想象为一个复杂的政治框架、渗入到统治的所有方面时，意味着公民有机会参与重要的行政决策。互联网能够很好地适应这一民主观念，因为它为大规模的公众参与提供了实现的可能性。实践中，有三种不同形式的电子民主：首先，互联网提供的透明性，对于有意义的协商是必要的；其次，行政机关可以利用互联网获得公众意见，或对它的决策进行投票；最后，互联网促进行政机关和公众之间的对话，在公众内部产生多维度的交流。在这种情况下，任何人都不可能排他性地控制交流的时间和内容，非常接近直接民主的理想图景。①

我们在赞美资讯科技的便利性时，也必须体认到："直接民主将个人与私人的偏好予以集合，来作为公共政策选择的基础，会成为对于自由民主的威胁。"例如，一些非常边缘性的团体，尤其是新纳粹和许多无政府主义者，会运用沟通成本较低的网络，在大众之间联结、散布如何制作炸弹和其他攻击武器的方法的资讯。因此，有人认为，网络并不是哈贝马斯所说的"公共领域"，事实上，它是非常私人的领域。② 而民主需要的是集思广益，它需要时间来发展理性的公共论证与讨论。

此外，不断扩大的公众参与也可能会侵蚀代议制政府的基础。麦迪逊在《联邦党人文集》中阐释了选择代议制的理由，纯粹的民主政体并不能制止派别斗争的危害，而且，没有任何东西可以阻止牺牲弱小党派或可憎的个人的动机，因此，这种民主政体就成了动乱和争论的图景，同个人安全或财产权是不相容的，往往由于暴亡而夭折。共和政体即采用代议制的政体，情形就不同了。通过某个选定的公民团体，使公众意见得到提炼和扩大，因为公

---

① Oren Perez, "Electronic Democracy as a Multi – Dimensional Praxis", North Carolina Journal of Law & Technology, 2003, Vol. 4, p. 288.

② 廖义铭：《行政法基本理论之改革》，翰芦图书出版有限公司2002年版，第167页。

民的智慧最能辨别国家的真正利益，而他们的爱国心和对正义的热爱似乎不会为暂时的或局部的考虑而牺牲国家。在这样的限制下，很可能发生下述情形：由人民代表发出的公众呼声，要比人民自己为此集会，和亲自提出意见更能符合公共利益。① 有鉴于此，有学者指出，集权主义的产生通常都是伴随着中介制度的崩溃，造成人民直接面对政府的丑陋面。更迅速便宜的通讯形式，会造就更大、更集权的政府，这是因为政府能更轻易地收集资讯，从而掌控其公民。② 在信息时代，公众参与仍是有限度的，直接民主和代议民主之间的界限仍应维持。

（2）过度参与并不意味着参与质量的提高。

互联网可以促进参与机制更广泛的使用，表现在行政立法中，公众能够更方便、更快捷地提交评论。但问题是，互联网真的能在数量上和质量上改善公众参与吗？数量上的疑问很容易解决，美国的一个调查显示，62%的公民认为电子政府可以使政府更加负责，当进一步问到怎样改进负责性时，29%的公民认为可以让他们更快、更便利地提出意见。然而，对于参与质量上的改进，情况就不乐观了，表现在：首先，一些规制争议并未获得公众的专业意见，他们给出的仅是一个直截了当的回答；其次，公众掌握的知识不够全面，导致提交的评论通常是短视的以及封闭的；最后，很多争议常常需要在冲突的公众价值之间作出选择，每一个公民都有不同的偏好，如选择保留工作还是更严格的环境标准。例如，美国《清洁水法》（the Clean Water Act）的水质标准制定过程就"漂移在一种分析瘫痪状态"中，这是因为技术架构模糊了"在污染者之间分配负担的困难的政治决定"。③

目前，在线参与过程中存在着语言上的"权力游戏"，在专家与未经训练的公众之间已经出现一道不可逾越的断裂。如果一项建议对公众而言太复

---

① ［美］汉密尔顿、杰伊、麦迪逊：《联邦党人文集》，程逢如、在汉、舒逊译，商务印书馆1980年版，第48～49页。

② 廖义铭：《行政法基本理论之改革》，翰芦图书出版有限公司2002年版，第168页。

③ Barbara H. Brandon & Robert D. Carlitz, "Online Rulemaking and Other Tools for Strengthening Our Civil Infrastructure", Administrative Law Review, 2002, Vol. 54, pp. 1453 – 1454.

杂而不能理解时，他可以轻易地批评它，却无法提供一个替代性意见，这种语言上的失败进一步加深了对公众参与过程的不信任。可以说，互联网带来了更多的评论，但并未产生更有用的信息，或者更有回应性或更合理的评论。关键的是，相比传统参与方式，电子化行政立法虽然减少信息公开及处理上的成本，但并不能减少决策的复杂性以及公众为提交有价值的意见而需耗费的时间。而且，过度的公众参与也带来一定的负面性，即"不再有协商，不能在一个较长的时间内对争议进行细致考虑，没有地区的和种族的利益的平衡，没有对少数观点的保护"。①

（3）过度参与所增加的透明性将以效率为代价，导致行政立法程序僵化。

电子化行政立法通过将行政立法过程从纸面转向完全的电子形式，打开了公众参与的数量闸门。"公告和垃圾邮件"（notice and spam）取代了公告评论（notice and comment），损害了规制效率。一些学者通过成本收益评估发现，目前的规章制定程序非常"僵化"（ossified），尤其当进一步扩大公众参与时，所带来的延迟风险似乎超过了参与的潜在收益，而且，增加的透明性也确实带来了效率损失。② 不断增加的行政负担，具有彻底摧毁行政机关使用规章和规章制定程序来贯彻实施制定法的效果。如果行政机关仍可以像过去一样依赖解释性规则、政策声明和非正式裁决等方式作出政策决定，作为这些措施的替代方式的行政立法，在效率低下的情况下，怎么能够指望行政机关愿意借助互联网来制定更多的规章呢？相比公告评论程序，如果行政机关能够通过解释性规则、政策声明和非正式裁决等方式更快、成本更节约地制定政策，怎么可能会愿意花费额外的时间和金钱，经由互联网扩大公众参与？这些疑问似乎难以回答。

因此，必须明确的是，互联网时代公众参与的扩大化，绝不意味着由公

---

① Stephen M. Johnson, "The Internet Changes Everything: Revolutionizing Public Participation and Access to Government Information through the Internet", Administrative Law Review, 1998, Vol. 50, p. 316.

② Barbara H. Brandon & Robert D. Carlitz, "Online Rulemaking and Other Tools for Strengthening Our Civil Infrastructure", Administrative Law Review, 2002, Vol. 54, p. 1455.

众作出关于行政立法事项的所有决策，以及政府放弃其统治的权力和责任的极端情形。公众参与的利弊性，要求电子化行政立法在程序设计上，应当在满足建设有效政府的需要与确保公众参与行政决策的权利之间取得适当的平衡。

（三）公众参与的电子化革新

1. 正在发生的变化

在互联网应用之前，行政立法过程并未收到很多的公众评论。政治学家玛丽莎·金（Marissa Golden）对随机选择的由美国环境保护署、国家高速公路交通安全管理署与住房和城市发展部在 1992 年至 1994 年发布的 11 份拟议规章草案的调查显示，针对这些草案提交的评论数量从零到 268 条，平均每个规章草案收到 12 条评论，只是这些评论很少来自普通公众。然而，在 2005 年发表的一篇文章中，行政法学者认为参与的模式已经发生改变，在一些规章的制定过程中，来自"门外汉"公众的评论占据了大多数。但进一步的研究显示，互联网的应用总体上并未导致行政立法过程中公众参与的数量或质量方面的急剧改变，绝大多数拟议规章收到的评论量仍保持基本不变。[1]

有学者认为，也许在行政机关使用更具互动性的技术工具后，如在线对话，将带来公众参与方面的巨大改变。来自美国环境保护署的经验显示，即使一个规制机关能够建立和使用在线对话机制实现全国范围内的公众讨论，很难说这样的对话是否改进了传统的公告评论过程。在线讨论使得再频繁，似乎也不可能产生重要的改变。[2] 这是因为行政立法中公众参与面临的主要障碍不是技术上的，而是来自深层次的激发性的、认知的和知识的裂痕，后者并不能通过信息技术得到克服。电子化行政立法是否最终能实现公众参与方面的一个真正的革新？在认真思考目前的证据后，回答是确定无疑的——

---

[1] Cary Coglianese, "Citizen Participation in Rulemaking: Past, Present, and Future", Duke Law Journal, 2005, Vol. 55, pp. 950 – 953.

[2] Cary Coglianese, "Citizen Participation in Rulemaking: Past, Present, and Future", Duke Law Journal, 2005, Vol. 55, p. 961.

"否"，因为没有任何革新的标志出现在地平线上。

2. 未来的举措

目前，电子化行政立法应用中令人失望的结果，主要来自技术设计过程的封闭以及对预期结果的缺乏思考。今天的技术选择决定了明天的实践，在进入信息时代后，决策者应采取偏重实证的研究而不是脱离实际的思考。电子化行政立法的主要优势在于能够加强公众参与，伴随着对代议民主的不满而产生发展。批评者认为，代议民主不具备统治机制所必要的正当性，在产生更宽的共识以及适当地控制权力上都无法让人满意。为使公众能以有意义的方式参与统治游戏，应聚焦于互联网作为一个政治媒介的独特能力，努力抑制将离线的民主实践复制到互联网上。

"正像民主并不是一条通往政府管理的简单途径一样，公众参与也不是将民主引入公共事务管理的简单工具。为了实现有效的公众参与、有效的公共管理和有效的民主制度目标，我们必须找到出路并沿着它一直走下去。"① 据此，当前应尝试开展对电子化行政立法的前景的实证式评估，帮助决策者和行政程序的设计者作出更好的、更现实的决策。亦即，在规制过程中是否以及怎样使用信息技术，或者根据新的信息技术，是否以及怎样改变行政立法程序，这可能是未来能够期望的更好的解决方法。

---

① ［英］约翰·密尔：《论自由》，许宝骙译，商务印书馆 2007 年版，第 154 页。

第五章

电子化行政立法的评估

信息技术发展的多种可能性提出了一个问题：什么样的电子化行政立法才能被视为是成功的？一般认为，信息技术具有改善公众参与和夯实行政合法性的潜力，有助于克服立法过程中的不连贯性、缺乏效率和透明性等一些常见的问题。然而，信息技术在凸显其优势的同时，也对行政立法过程中的所有游戏者，如公众、行政机关、立法机关或法院，造成程度不一的影响。围绕电子化行政立法效果的不确定性，制定相应的评估标准成为必要。以此为基础，使信息技术在行政立法领域中的应用能更加关注行政机关和公众的现实需求。

第一节　电子化行政立法的评估体系

一、电子政务的评估准则

（一）评估的必要性

自 20 世纪中后期以来，随着信息技术在经济、管理、社会各领域的广泛应用，电子政务逐步成为行政改革中用以提高效率、提升效能的必选方案。在此过程中，鉴于电子政务属于高风险的项目，为指导电子政务高效、健康、持续的发展，绩效评估也日益受到重视。

根据 The Standish Group 的调查，美国 2000 年的政府和工业部门的所有 IT 项目，仅 28% 成功，另外 23% 被取消，其余的 49% 部分合格。为此，经济合作与发展组织（Organization for Economic Caoperation and Development, OECD）在 2001 年 3 月专门指出要防范电子政务的潜在威胁。联合国在 2003 年"处于十字路口的电子政务"的报告中，将电子政务划分为三类：第一类，浪费的电子政务，即有投入、无产出；第二类，无目标的电子政务，即有产出、无效益；第三类，有意义的电子政务，即有产出、有效益。它对全球电子政务的调研表明，经济处于发展中的国家，电子政务项目失败的概率达 60% ~ 80% 之高。因此，结合不可衡量则无法管理的公共管理理念，政府责任和绩效的日趋公开，财政的约束硬化，公民知情权的声张等多方面的因素，决定了电子政务绩效评估的必然性。① 而换个角度，评估过程也可以成为增加用户使用量的政策中不可或缺的一部分，这对于向公众推广电子政务的益处是非常重要的，最终可以带来使用量的增长。

（二）基本准则

电子政务是网络信息技术等现代科学技术的应用与行政改革的有机结合，主要的着眼点是修改政府的基础架构，提高公民、企业与政府之间的直接接触，尽量减少或消除公民、企业与政府之间的延迟和中间环节，减少统治的交易成本。据此，在设定其目标时，应围绕以下三点进行考虑：一是便于公众参与政府公共管理，实现政务信息公开；二是提供各类高效优质的政府服务，以提高公民、法人和其他组织获取信息和服务的便利性；三是提高行政效能，以提升政府的竞争能力。

基于上述的目标，有必要构建电子政务绩效评估的基本准则，准确评估电子政务建设所取得的效果。一般常会借鉴的共识准则为四"E"：经济（economical）、效率（efficiency）、效益（effectiveness）、公平（equity）和三"R"：责任（responsibility）、回应（response）、代表性（representation）。以经合组织为例，提出电子政务应以促进善治（good governance）为准则，细化为：第一，合法（legitimacy）；第二，法治（rule of law）；第三，透明、负责、完整（transparency，accountability，integrity）；第四，效率（efficiency）；第五，连贯（coherence）；第六，适应（adaptability）；第七，参与、咨询（participation and consultation）。该标准的优势是：强调公共行政精神，凸显公共行政理想，有助于强化电子政务重在政务的建设思路；弱势是：比较笼统、宽泛，无法直接进行定量分析。② 评估准则的确定使政府能更好地控制

---

① 张成福、唐钧："电子政务绩效评估：模式比较与实质分析"，载《中国行政管理》2004年第5期，第21页。

② 张成福、唐钧："电子政务绩效评估：模式比较与实质分析"，载《中国行政管理》2004年第5期，第22~23页。

电子政务的发展方向，重视和提高电子政务建设的实效，以避免重复建设、盲目投资和缺乏效益，保证电子政务建设预期目标的达成。

二、电子化行政立法的评估标准

（一）评估标准

电子化行政立法发展过程中必须解决的一个前提问题是：是否能产生更好的行政立法？或者是否能更好地实现公共利益？对此存在着争议。支持者认为，电子化行政立法可以改善公共治理能力，增强决策理性，所付出的代价仅仅是一些投资和运行成本，且这些成本长期来看均会从受益中抵消；相反的观点则认为，电子化行政立法实际上侵蚀了决策理性，并导致决策延误。①

为确保电子化行政立法能真正改善公众参与，提高行政立法质量，非常有必要制定具体的评估标准。然而，在任何精确的层面上，对于像参与这样的事务进行评估是极其困难的。不仅是因为无法就评估的对象以及什么才称得上成功等达成共识，评估本身也是昂贵且费时的。但是，实践中仍然需要超越"改善公众参与"或"起草更好的规章"这样简单化的讨论，设计更可行的评估标准。对此，美国学者卡瑞·科格里安内斯（Cary Coglianese）通过将电子化行政立法的评估标准归纳为四项：提高民主正当性、改善政策决定、降低行政成本及增加规制服从，分别建立相应的具体指标，以判断电子化行政立法相比传统的纸面立法，是否取得实质性的改进。

（二）具体指标

1. 提高民主正当性（increase democratic legitimacy）

随着行政国家的出现，行政立法对社会和经济的影响日益显著，然而，作出立法决策的行政官员本身既不是选举产生的，也无须对公众直接负责。事实上，即使行政立法中的关键决定是由政治任命的行政官员进行审查和批

---

① J. E. J. Prins. *Designing E - Gov*, Kluwer Law International, 2001, pp. 13 – 15.

准，主要的分析和起草工作仍由专业性的行政人员负责。从民主正当性的角度看，行政立法远离公共监督的现实，使公众参与具有突出的重要性。听证会、专家咨询会以及常规性的公开征求意见，这些是将公共观点输入立法过程的传统手段。信息技术可以通过提高公众的立法意识以及简化立法程序，使公众在决策中发出更大的声音。不过，鉴于民主正当性的含义过于笼统，对电子化规章制定系统的设计者和行政官员基本上无甚帮助，有必要将其分解为以下四个具体目标：（1）加强公众对行政立法过程的理解；（2）提高公众提交的立法评论的数量和质量；（3）改进公共评论过程的互动性和协商性；（4）加强立法机关对行政立法过程的监督。

目前，公众对行政机关正在制定的规章以及规章的发布过程均了解很少，这是有效参与行政立法必不可少的前提。信息技术能够改善沟通方式，将行政立法过程告诉公众，使其认识到自己的工作或生活即将受到的影响，并理解立法中的政策选择。当公众更深入地了解立法中的争议，提交的评论的质量也会随之改善，不再是简单地表示支持或反对，而是解释他们为什么支持或反对规章。即使信息技术不能提高公众评论的质量，也可以增加评论的数量，特别是让那些在立法过程中代表性不足的人群有更多的发言权，从而提高行政立法的民主正当性。

信息技术通过将立法中的沟通方式从一个相对单向的过程转变为更具协商性和互动性的过程，不仅使公众和行政机关之间可以相互交流，也实现了公众相互间的交流以及对他人提交的评论的再评论。此外，信息技术还可以帮助其他国家机构监督某一行政机关的立法活动，影响规制政策的做出。考虑到这些因素在不同方面细化了民主正当性标准，可以从中归纳出一些具体的评估指标：（1）公众对行政立法过程或实体规制争议的认识；（2）提交评论的数量；（3）评论中反映的观点或所在领域的分配；（4）评论中提出的争议的数量和类型；（5）挑战行政立法的诉讼的频率；（6）议会或其他政府机构干涉的次数或方式；（7）公众对政府规制的支持等。

2. 改善政策决定（improve policy decisions）

如果信息技术能够帮助规章起草者更轻松地检索和加工信息，有可能作出更好的行政决策。毕竟，良好的规制决策通常需要对潜在的问题、发生原因以及不同解决方案的预期后果等，具有充分的了解。当行政机关对影响规制的问题及其解决方案的行为和技术条件有了全面的认识后，就可以更好地起草规章，使之更有效或更具成本效益。电子化行政立法应当使规章起草者作出的决策，优于在没有信息技术的帮助下作出的决策，否则，改善政策决定的目标就不能实现。

就像民主正当性标准一样，改善政策决定的标准也需要进一步具体化，这就需要在以下三个不同的目标之间作出区分。第一个目标是提高规章的影响力，例如，针对空气污染带来的健康风险或者汽车事故导致的死亡问题，如果立法目标仅仅是提高规章的影响力，信息技术通过帮助行政机关起草减少空气污染风险或汽车碰撞导致的死亡率的规章，就可以实现该目标。第二个目标是改善规章的成本效益，为了降低空气污染或提高汽车安全性，受规制者需要负担配备安全装置或污染控制装置的成本。在评估规章的质量时，除了考虑收益外，也要将这些成本纳入其中。当取得的收益一样，但在服从成本方面 A 规章更划算时，可以认为 A 规章比 B 规章更具成本效益。如果信息技术可以使规制者更好地分析成本和收益问题，电子化行政立法可以帮助行政机关制定更具成本效益的规章。第三个目标是改善规章的效率，类似于成本效益标准，效率包括对收益和成本的考虑，但不同的是，它涉及以可能的最低成本获得特定的收益，即收益必须超过成本。换句话说，即使是最具成本效益的规制措施，在某些情况下，所施加的成本也可能会超过所获得的收益的价值。相反，有效率的规制政策可以最大化正的净收益。另外，其他标准如规制的成本和收益在整个社会中的分配，也可用于评估行政立法的质量。

据此，电子化行政立法的改善政策决定的标准，可以采用以下具体指标进行评估：（1）对社会的利益，如减少风险或其他规制问题；（2）对社会的成本，即与规制利益的实现相联系的机会成本和服从成本；（3）通过成本效益分析或效率分析，比较成本和收益；（4）与成本收益分配相关的公平考虑。

3. 降低行政成本（decrease administrative costs）

实践中，行政机关对行政立法过程的管理既昂贵又费时。电子化行政立法的第三个评估标准是减少与立法相关的行政成本，也就是降低政府制定新规章的成本。信息技术使行政机关能以更低的成本，履行现有的立法责任。例如，美国交通部的报告指出，自电子卷宗系统应用以来，每年在存储成本上节约 100 多万美元。

信息技术还可以帮助行政官员更好地协调立法中所需的人员和其他资源的分配。例如，能够追踪到每个规章的电子卷宗系统，可以向行政官员提供有关程序瓶颈的信息，建议调整人员配置情况，以减少立法中的延迟。而且，信息技术可用于评估工作人员的履职表现，改善机构间的沟通，帮助行政机关积极主动地监测新规章的执行情况，并据此调整执法措施。最后，信息技术可以帮助工作人员审查和回应公众意见，以更有质量、更低成本的方式分析这些意见，识别不同的问题，甚至提供自动化摘要。归纳起来，这些反映行政成本降低的指标包括：（1）制定规章所花费的时间，包括从最初的考虑到正式文本的发布；（2）工作人员的数量；（3）与行政立法相关的预算成本。

4. 增加规制服从（increase regulatory compliance）

电子化行政立法的最后一个评估标准是增加对规章的服从度。行政规制被设计为通过将企业和个人的行为导向法律规范，以实现规章所服务的社会目标。在某种程度上，信息技术可以改善规章的遵守水平。如果个人或企业不知道或不理解适用于他们的规章，也就无从谈起遵守规章，因此，增加服从的第一步是提高对规章的认识和理解。服从帮助系统（compliance assistance system）可以使企业更容易识别适用于他们的规章，例如，一个无力负担律师费用的小印刷店，可以获得系统提供的一个软件包，其中包括一系列店铺运营方面的问题，以及适用于该店铺的健康和安全方面的规制信息。

除了了解适用的规章，受规制者还需要知道怎样才能符合规章的要求。目前行政机关颁布的规章中，并未对非法律人士提供清晰简单的守法指南。服从帮助系统可以帮助小企业识别需要遵守的规章，并将它们转变成简单易懂的文字和守法信息，使之了解规章对其作出的要求。因此，为判断增加规制服从的标准是否实现，可通过以下指标进行评估：（1）公众对规章的认识水平，以及规章对受规制领域所要求的内容；（2）对规章的服从程度。

（三）不同指标间的权衡

不同的指标之间必然存在着冲突，在现实的行政立法过程中，需要对之进行权衡。首先，应判断不同主体的目标需求，参与电子化行政立法的主体具有高度多样性，包括行政机关、立法机关、受规制企业和行业协会、非政府组织、公民、学术研究人员和专业机构等。目标的设定，很大程度上取决于谁是技术的主要使用者，不同的主体有不同的目标和优先性考虑。电子化规章制定系统的设计者和决策者需要认识到，某些信息工具更适合某一目标，而不是其他的目标。可以说，电子化行政立法不是一个单一的策略，而是一般性的术语，它包括许多不同类型的基于信息技术的工具和程序，这些工具和程序有不同的目标适合性。亦即，电子化行政立法中不同的技术选择，可能会影响到不同目标的实现度，有时甚至导致不同目标间的相互冲突。

其次，信息技术在增加评论数量（提高民主正当性的指标）的同时，也增加了与立法相关的行政成本。更多的评论对应着更多的观点、更多的关注、更多的冲突或需要解决的更多问题，造成立法过程需要较长的时间才能结束。即使信息技术可以更迅速地处理评论中包含的大量信息，也会导致行政机关的决策过程更复杂或不确定，尤其当这些信息是相互矛盾时。很明显，行政立法中存在着时间和质量之间的冲突，或者说，满意并不等同于质量。

因此，理想的情况是寻找到解决指标间的冲突或使之最小化的信息技术。认识到这种情况的存在，是朝向克服冲突的第一步。然而，在许多情况下，至少在短期内，这样的权衡很难做到。电子化规章制定系统的设计者和决策者需要在各种指标间进行优先性排序，这是更具现实性的做法。①

三、电子化行政立法的评估方式

（一）机构层面的评估

每一个行政机关均有不同的立法需求，相应的在选择电子化行政立法的目标时，应根据自身的经验积累，确定适合的侧重点。例如，美国交通部在自己的专业领域，能够很好地判断什么情况下行政立法的质量得到提高，或者什么构成有效的公众参与。美国环境保护署可以很明智地识别出利益相关者，以及哪些组织的意见应或不应被倾听。行政机关在应用电子化行政立法时，应清楚地确定公众参与的目标及相应的评估标准。不过，这些认识不能基于对单个规章的考虑，否则可能受到特定立法活动中的政治因素的影响。

公众参与的评估过程的制度化，应在行政机关制定其立法规划的日常工作中确立。也就是说，对于每个机关来说，确定评估标准是行政立法中不可缺少的一环。行政立法开始于行政机关和公众之间的持续对话，信息工具应被设计为协助这一反馈过程。例如，行政机关将特定格式的调查问卷通过电子邮件发给每个参与者，并要求相关的利益组织劝说他们的成员提出反馈意见，鼓励人们对识别最佳实践发挥贡献。此种问卷不是评估公众对特定政策选择的满意度或支持度，而是要求参与者思考立法过程的公平性、公众意见被倾听的机会以及其他人的参与质量等。参与者的满意度虽然只是一个最简单的评估变量，但现实中主要受特定的政治关注或私人利益所驱动，而不是对公众参与实践怎样更好地满足行政机关和相关公众的持续需要的评估。借助信息技术的帮助，可以使满意度调查更具有客观性。

在机构的层面上发展评估标准，以判断电子化行政立法目标的实现程度，这是说服行政官员接受电子化行政立法并对其不断完善的最好方式。在投入电子化行政立法所需要的时间、资金和人力前，行政机关、利益相关者和公

---

① Cary Coglianese, "E - Rulemaking: Information Technology and the Regulatory Process", Administrative Law Review, 2004, Vol. 56, pp. 372 – 379.

众都有权利要求"投资回报率"。信息技术帮助行政机关轻松地尝试不同的对话方法，机关可从中选择并试点实施，再根据预先确定的标准来评估其效果。在试点过程中，行政机关不仅可以改善行政立法的最佳实践，还可以进一步完善评估机制。

（二）集中化评估：OMB 对公众参与实践的监督

1. 集中化评估的必要性

尽管每一个行政机关必须负责贯彻适当的公众参与实践，仍有必要对参与进行集中性监督。为确保评估结果的客观性，应由特定机构，在美国主要是由白宫管理和预算办公室负责集中性协调，这样可以实现不同机构间的比较。而且，由白宫管理和预算办公室承担评估责任也可以减轻行政机关的负担，促进数据的独立审查。同时，集中化的评估还强化了对行政机关的政治控制。具体而言：第一，集中化的评估可以实现参与结果的比较和数据的独立审查；第二，集中化的评估促进有意义的参与实践的公开和传播，提高程序透明性，使行政机关更有动力对公众负责；第三，集中化的评估将公众参与实践放在首要位置，并要求收集相关的数据，可以推动行政机关将他们的关注点转到这一民主优先性领域，否则就要承担违法风险；第四也是最重要的，通过评估公众参与实践的效果，可以将白宫管理和预算办公室的注意力和资金聚焦于产生这些成功实践的技术上，有助于实现"以公众为中心"的电子政务目标。根据美国《电子政府法》，白宫管理和预算办公室实际上负责电子政务工具箱的设计，它可以通过一系列法律手段确保行政机关遵守这些设计要求。因此，白宫管理和预算办公室应当确保资金投向于能够显著加强民主实践的电子化行政立法工具。

2. 集中化评估实践

美国《灵活规制法》（the Regulatory Flexibility Act）要求行政机关制定公众参与策略以及行政立法中扩大参与的革新措施，由美国小企业管理局（the Small Business Administration）的首席宣传顾问（the Chief Counsel for Advocacy）负责审查这些措施的实施效果。该法并未要求首席宣传顾问对公众参与实践的每一种情况都进行评估，而且，在对小规模企业未造成重要影响的前提下，该法也并不要求行政机关提供参与分析报告。不过，如果总统的执行命令，如规制计划过程命令（the Regulatory Planning Process order）要求白宫管理和预算办公室审查，行政机关必须准备单独的参与分析报告。此外，作为对每一行政机关的规制日程进行两年一次审查的一部分，白宫管理和预算办公室下属的信息和规制事务办公室（the Office of Information and Regulatory Affairs）可以要求所有行政机关提供一个包括改善参与在内的计划。

这些机制为行政立法活动的集中化审查，提供了一些良好的操作经验。可以说，如果研究参与实践的目的是开发使参与更具可行性的技术工具，那么将评估的制度化作为《电子政府法》的一部分，也就具有重要的现实意义。行政机关据此制作公众参与报告，阐述自己实施的在促进以公众为中心的参与实践上的试点，并提交给白宫管理和预算办公室。然后，通过行政机关与白宫管理和预算办公室的协商，能够在一个前瞻性基础上，制订公众参与计划以及相应的评估标准。美国环境保护署在该领域已经取得一些经验，在公众参与报告中向白宫管理和预算办公室提出资助申请，试验革新性的电子工具，以改善未来的立法活动。借鉴这一模式，美国一些行政机关已开展一定数量的试点活动，并制定评估其效果的时间表。白宫管理和预算办公室则为这些试点提供财政上的支持和技术上的帮助，并推动更多的行政机关使用相同的技术去从事类似的试点，目的是确保能够采集到适当的数据。

一旦这样的民主试验获得实施并采集到相应的数据，对他们进行评估并转变成可复制的模型，将是首席信息官委员会（The CIO Council）的工作。首席信息官委员会代表了许多不同的行政机关，能够判断在不同的背景下什么模型能够或不能发挥作用，并向白宫管理和预算办公室推荐贯彻最好的实践。通过这种方式，所有的行政机关都能在发展电子化行政立法及其实践上具有发言权。为进一步提高行政机关改善立法中的公众协商的动力，白宫管理和预算办公室应对发展出最好的公众协商实践以及利用网站开展公众参与最成功的行政机关给予奖励。这种"参与奖"（participation award）的设立，充分表明"以公众为中心"的电子政务的重要性。

作为白宫的一个下属机构，管理和预算办公室在推动公众参与方面，可以协调行政机关进行持续的试点、分析以及知识分享，通过从中心到外围的互动，形成最好的实践，并将之贯彻及进行后续的评估。白宫管理和预算办公室的集中化评估可以节约资金投入，提高技术质量，以及实现Regulations. gov 网站上的统一公布。通过在线公布这些最好的实践，利益组织和公民组织可以复制它们，从而在全社会推动参与实践并促进参与文化的形成。总之，通过将公众参与从一个抽象的权利转变成一套在行政立法每一个步骤都可实践的程序，美国联邦政府成为电子革新先锋，教育下一代在数字时代实现"进行中的民主"（do democracy）。[1]

第二节　电子化行政立法的影响

一、对行政机关的影响

（一）一般性考虑因素

任何关于行政立法程序的设计本身就是一个政策选择。互联网在扩大公众参与的同时，也会造成行政决策的破碎化。针对信息技术可能产生的正面或负面影响，在决定采纳新的技术工具之前，决策者应当认真考虑不同的技术选择对行政立法过程的影响。

归纳言之，一般性的考虑因素有如下六点：（1）时间，从行政立法程序开始到行政机关发布正式文本为止，电子化行政立法花费的时间是更多还是更少？（2）成本，电子化行政立法需要工作人员投入更多的时间分析公众评

---

[1]　Beth Simone Noveck, "The Electronic Revolution in Rulemaking", Emory Law Journal, 2004, Vol. 53, pp. 512 –516.

论吗？针对扩大的公众参与，行政机关是否相应的增加倾听、阅读和回应公众评论的时间？（3）回应，行政工作人员怎样回应公众意见？他们是将公众意见作为建设性的观点还是作为一个负担？他们是否更关注回应个别参与人的意见，而不是服务于更广大的公众利益？（4）角色，行政工作人员是否认为他们作为决策者的角色出现任何变化？电子化行政立法是否削弱或改变他们作为专家决策者的角色？（5）协商，透明性的提高使行政官员或工作人员与公众之间的协商是更容易还是更困难？（6）结果，相对于现状，结果有无任何改善？[①] 通过分析这些一般性因素，可以大致地判断电子化行政立法相比传统的纸面立法，对行政机关所造成的不同影响。

（二）具体的影响分析

美国学者 Jeffrey S. Lubbers 从行政机关的角度出发，设计了一系列问题，分别对 13 个联邦机构进行调查，其中包括交通部、环境保护署、劳工部和联邦通讯委员会等重要的规章制定机构，试图发现相比纸面评论的传统过程，电子化行政立法产生的积极或消极影响到底有多大（见表 5 - 1、表 5 - 2 与表 5 - 3）。

表 5 -1　电子化行政立法的积极影响

序号	问题	平均分数
1	主动向公众通知和宣传	5.51
2	识别和发现合适的利益相关者	4.81
3	传播行政机关拟议规章的信息，从而产生更明智的评论	5.67
4	给公众提供与拟议规章相竞争的或替代性的方案	4.73
5	一般性地促进公众评论	5.33
6	一般性地对公众评论进行排序和分析	5.02
7	获得就拟议规章特定部分或段落提交的公众评论	4.64
8	对拟议规章的特定部分提出的公众评论进行排序和分析	4.70

① Cary Coglianese, "The Internet and Citizen Participation in Rulemaking", I/S: A Journal of Law and Policy, 2004, Vol. 1, p. 49.

续表

序号	问题	平均分数
9	使用"回复评论"	5.44
10	更快速地将单方面交流的总结放入立法记录中	5.16
11	通过允许许多人阅读相同的制规记录，内部协调立法活动	5.70
12	与白宫管理和预算办公室或其他相关政府实体的外部性协调	5.23
13	立法中的互动性程序，例如"协商性规章制定"	4.19
14	为正式立法文本起草序言，内容包括对评论的回应以及所有相关的研究和分析	5.05
15	制定并实施与规章相关的适当的归档工作	5.25
16	定期评估和审查规章	5.19

很明显，所有问题的分数都超过了"4"（该分数代表电子化行政立法的效果等同于纸面评论的传统方式），其中有 11 个问题的分数超过了"5"，意味着电子化行政立法的出现，对每一项活动都带来积极的影响。获得最高得分的项目是"通过允许许多人阅读相同的制规记录，内部协调立法活动"（5.70），以及"主动向公众通知和宣传"（5.51）和"传播行政机关拟议规章的信息"（5.67）。获得较低分数的四个问题分别是："协商性规章制定"（4.19）；"获得规章特定部分的评论"（4.64）；"对上述评论进行排序"（4.70）；以及"提供相竞争的或替代性方案"（4.73）。通过分数的高低，可以判断出电子化行政立法应用中的短板，行政机关借此可有针对性地进行补足。

表 5 - 2　电子化行政立法的消极影响

序号	问题	平均分数
1	外部干预（黑客）闯入规章制定程序	3.32
2	被公众提交的评论附件感染病毒	3.31
3	制规卷宗中可能包含的商业秘密信息的不当披露	3.11
4	制规卷宗中可能包含的版权材料的不当披露	3.20
5	制规卷宗中可能包含的不雅或淫秽语言或材料的不当披露	3.30

续表

序号	问题	平均分数
6	制规卷宗中可能导致国家安全问题的信息的不当披露	3.82
7	规章制定过程中的资料损坏或其他不可挽回的信息风险	4.09
8	将电子邮件或电子方式提交的评论，整合（扫描）成纸面评论	4.14
9	评论的真实性	3.81
10	确保评论者的隐私保护	3.13

以上 10 个问题的平均分数，有 8 个低于"4"（该分数代表电子化行政立法的效果等同于纸面评论的传统方式），意味着电子化行政立法的应用，加剧了一些担忧。最大的忧虑（即最低的平均分数）是关于"制规卷宗中可能包含的商业秘密信息的不当披露"（3.11）。接下来的三种情形是："确保评论者的隐私保护"（3.13）、"制规卷宗中可能包含的版权材料的不当披露"（3.20）以及"制规卷宗中可能包含的不雅或淫秽语言或材料的不当披露"（3.30）。行政机关最不担忧的是两种情况："将电子邮件或电子方式提交的评论，整合（扫描）成纸面评论"（4.14），以及"规章制定过程中的资料损坏或其他不可挽回的信息风险"（4.09）。

表 5-3 电子化行政立法的其他影响

序号	问题	平均分数
1	公众提交的评论数量是否增加	5.36（总分 7，意味着有所增加）
2	评论是否提供新的、有用的信息或观点	3.80（意味着相比以前，没有发生变化）
3	评论是否仅提出意见，而没有支撑性的事实或观点	2.81（意味着大多数公众仅提出意见，而未提供支撑性的事实或观点）
4	评论相同或几乎相同	2.59（意味着大多数评论是或几乎是相同的）

续表

序号	问题	平均分数
5	普通公众提交的评论的价值	4.27（意味着电子化行政立法并未导致行政机关看轻普通公众提交的评论的价值）
6	根据你的经验，随着电子化行政立法的应用，你看到更多的评论者对其他人的评论做出回应吗	赞成（20人）、反对（16人）、不知道（14人）
7	根据你的经验，随着电子化行政立法的应用，你看到更多的评论者引用卷宗中的经济分析或其他支撑性文件吗	赞成（7人）、反对（22人）、不知道（20人）
8	你所在的办公室收到的关于规章制定中的问题的数量	4.21（意味着有轻微的增加）
9	作为一个立法起草者，你有多少机会与其他机关的同行就电子化行政立法中的争议相互协商	没有（13.5%）、很少（42.3%）、适度（30.5%）、很多（13.5%），即超过半数的调查者认为，这种机会未达到适当的程度
10	总的来讲，电子化行政立法的应用，使你所在的行政机关在制定规章上更有效率还是更没有效率	4.61（意味着大多数机关认为效率有所增加）
11	总的来讲，电子化行政立法的应用，使你所在的行政机关更容易或更不容易制定更高质量的规章	4.36（意味着虽有部分机关认为质量有所增加，但多数机关认为相比以前没有发生变化）

（三）总的评价

1. 肯定性评价

（1）电子化行政立法是鼓励公众发表评论，并实现从任何地方接近行政机关的立法记录而无须担心损坏原始纸面文件的不二之选。唯一的不足是，这个过程尚未完全电子化，行政机关仍然要为每个规章或提案准备许多文件副本。

（2）电子卷宗使行政机关能够更轻松地管理公众评论，行政立法活动可以通过 Regulations. gov 网站进行管理，而不必定期向工作人员提供评论的纸面复印件。

（3）电子化行政立法可以改善公众接近和提高行政内部的效率，但其潜在的能力还未获得行政机关的充分利用。

（4）信息技术是一个非常强大的工具，行政机关需要继续向公众提供怎样才能最好地利用技术的信息，同时为起草者设计更多的技术工具。

（5）随着更多的人使用互联网，电子化行政立法已成为行政机关开展立法活动的适当方式，尤其是对那些从不阅读联邦公报的公众来说。

（6）电子化行政立法是一个有趣的话题，尽管尚有许多问题未得到解决。从行政机关的角度而言，其带来的利益目前还不明显。在不久的将来，期望电子化行政立法能够证明比以前基于纸面的系统更加高效。

（7）电子化行政立法可以让公众更好地了解行政机关正在做什么，但无法为行政决策提供有意义的观点。

（8）除了使公众更容易接近行政立法过程外，电子化行政立法还能够使行政机关很容易知道其他机构的立法活动和相关的公众评论，这是一个伟大的研究工具。

（9）电子化行政立法有一个良好的开端，但还需要进一步细化其过程，以更好地发挥功能。

（10）电子化行政立法使公众更容易看到其他人提交的评论，减少行政机关向公众提供评论副本的工作量，因工作失误而丢失重要评论的可能性也随之降低。

（11）电子化行政立法并没有改变立法过程，它所做的只是让已经公开的文件更容易获得，也就是说，利害关系人可以在自己的桌面上得到所需要的文件，而不必亲自去行政机关的档案室。

2. 否定性评价

（1）对电子化行政立法的许多忧虑，例如评论的真实性、病毒传播，虽未实际发生，但一直引起行政机关的经常性关注。

（2）由于担心电子化规章制定系统出现故障，行政机关必须在内部继续维持与之并行的纸面处理过程。而且，除非系统的可靠性得到提高，否则，行政机关不可能远离纸面。

（3）以某行政机关为例，使用 FDMS 还不到一年的时间，电子化规章制定系统中只有两个规章在制定。其中一个规章只收到一份（支持性）评论，另一个规章收到一千多份评论，绝大多数是流水线方式产生的纸面信件。工作人员必须将这些参与者的姓名和地址输入 FDMS 中，导致他们累得喘不过气来。

（4）如果某一行政机关不经常从事立法活动，工作人员很难记住电子化行政立法的所有技术步骤。

（5）行政机关很难将电子化行政立法的效果与规章起草过程隔离开来，由于有更多的工具可以使用，所产生的压力会推迟决定的作出，常常临近截止日期才能完成规章起草工作。

（6）电子化规章制定系统对公众非常人性化，对行政机关却极不友好。事实上，该系统的设计似乎是为了阻止行政机关有效地整理和审查公众评论。例如，行政机关很难对评论进行处理、打印、按主题排序以及为之匹配附件等，而且，工作人员在浏览每份评论的内容前，必须将其单独下载、打印，当收到成千上万份评论时，所花费的时间会漫长到极不合理的程度。结果是，行政机关过去常常在征求评论阶段结束后的一两天之内就可以得到的公众意见，现在却可能需要数周。

（7）Regulations. gov 网站很难使用，网页混乱且不直观。

（8）电子化行政立法降低了审查的质量，并导致审查者更倾向于修改文本以满足个人风格，总体而言，这会延长行政立法的时间并影响其质量。

（9）电子化行政立法对行政机关而言更加费钱，因为必须同时维持纸面和电子两个系统。

（10）电子化行政立法对公众有利，行政机关从中并未获得巨大的利益。①

二、对议会的影响

（一）议会撤销行政立法的可能性有无增加

有学者认为，随着信息技术在行政立法过程中的作用的凸显，有可能导致议会撤销行政立法的概率的提高。原因是：（1）信息技术促进公众的在线参与，使行政立法过程更加公开透明，至少在某些情形下可能导致更多的公众参与行政立法，这是离线参与下不可能出现的；（2）如果有更多的公众被动员参与行政立法，他们很可能就立法的内容更有效地游说议会；（3）如果增加的游说影响到议会对行政立法采取行动或不行动的决定，那么电子化行政立法可能会导致议会在行政立法公布后对其予以撤销。

针对上述的推理链条，关于电子化行政立法的应用，能够使公众在立法过程中更加积极主动，这样的结果即使暂时还不明显，但无疑是可能的。就此而言，该链条的第一环似乎是合理的。第二环也是合理的，因其仅仅指出公众能够更有效地游说议会。最大的疑问在于第三环，电子化行政立法能够帮助公众更有效地游说议会是一个方面，而导致议会对行政立法采取行动或不行动则是另一方面。实践中，议会事后撤销行政立法的情形极其罕见。因此，即使电子化行政立法对议会的行为产生一些影响，这些影响也不可能导致议会撤销行政立法的可能性的增加。也就是说，对议会来讲，电子化行政立法在事实上与传统的纸面立法并无任何不同之处。

（二）议会介入行政立法过程的可能性有无增加

信息技术在行政立法中的应用，是否导致议会在事前更频繁地介入行政立法过程？对行政立法最终的正式文本是否造成更大的影响？答案是没有这

---

① Jeffrey S. Lubbers, "A Survey of Federal Agency Rulemakers' Attitudes about E – Rulemaking", Administrative Law Review, 2010, Vol. 62, pp. 460 – 474.

种可能性。电子化行政立法使公众在立法过程中更为活跃，有人可能会认为，一部分公众将对行政机关的工作更感兴趣，从而采取对议会施加压力的方式，指示行政机关采取特定的行动。然而，这样的联系非常脆弱。这是因为电子化行政立法最大的改变是急剧降低了公众的参与成本，但并未显著降低公众了解行政活动的成本。①

三、对法院的影响

（一）法院从严审查行政立法的可能性有无增加

国家机构中经常回应行政立法的分支当然是法院，而不是议会。行政立法的公布并不意味着行政过程的结束。行政机关制定的规章可能面临当事人的合法性质疑，此时，需要由法院对规章的合法性进行审查。假设如支持者所言，电子化行政立法对司法审查活动产生重要的影响，那么这一影响表现为何？亦即，在线参与所带来的公众评论在质上和量上的增加，是否影响到行政机关，即是否说服法院要求行政机关本应更认真地对待评论。

在行政立法的司法审查中，法院必须确保所有受影响的利益相关人参与立法过程。程序方面的审查包括：首先，审查拟议规章的公告，确保提供适当的信息给公众；其次，审查规章的内容，判断是否在行政机关的权限范围内，是否反映制定法要求考虑的所有因素。因此，对行政立法的司法审查的一个重心是，行政机关是否合理考虑相关材料，这在一定程度上涉及法院对行政机关的事实发现的审查。如果行政机关忽视了不利于自身的证据，法院将基于相关的审查标准（如任意恣意标准或实质证据标准），拒绝考虑行政机关的事实发现。实践中，法院通常是根据从严审查标准宣告行政立法无效。基于该标准，如果法院认为行政机关未认真考虑反对意见，或未对拒绝考虑替代性方案提供一个适当的解释，法院将宣布行政立

---

① Stuart Minor Benjamin, "Evaluating E - Rulemaking: Public Participation and Political Institutions", Duke Law Journal, 2006, Vol. 55, pp. 913 - 915.

法无效。

电子化行政立法中公众参与的扩大，可能对法院的从严审查造成重要影响，增加法院将行政立法无效化的可能性。这是因为参与在量上与质上的变化，对法院的司法审查产生两个后果：首先，增加的公众评论以及公众与行政机关交流的频繁，意味着行政机关立法时面对着更多的材料；其次，这些额外的材料意味着更多的意见，法院更可能从中发现行政机关本应认真考虑的替代性方案。对于公众来说，如果他们发现一个重要的而行政机关未认真考虑的评论，他们可能会将这个问题提起法院注意。很明显，更多的评论当然可以为原告提供更多的机会去发现某些被行政机关忽视的意见，以及更有可能发现在行政机关和法院之间就替代性方案的重要性存在判断不一致的地方。

问题是，如果行政机关收到了数十万份评论，很可能会错过其中一个好的意见。而且，关于某个意见是否重要，或某一特定的替代性方案是否应认真考虑，法院与行政机关的观点并不总是一致。在线参与所带来的实质性交流的增加，也同时扩大了行政机关与法院之间就参与者提出的某一观点是否值得考虑而发生冲突的可能性。当行政机关拒绝考虑参与者提出的某一观点，而法院认为行政机关应当这样做时，法院很可能认为行政机关制定的规章不合法。实践中利益组织已经充分意识到这一点，事实上，利益组织很明显地发现他们的意见不会影响到行政机关的决定，但是通过提交评论，可以减缓行政机关作出决定。更重要的是，这样做可以创造出相应的立法记录，未来有可能导致法院宣布行政机关的行为无效。例如，美国联邦通信委员会的一个拟议规章放松了对媒体所有权的一些限制，有多达100万公民提出评论，其中99.9%反对该规章。然而，反对方的领导者，并不期望这些评论能够影响到美国联邦通信委员会的决定。相反，他们将之视为在随后的对规章合法性提出的司法挑战中，可以援引立法记录的一个机会，同时也是影响国会推翻该规章的一个机会。换言之，这些评论的目标对象是法院和国会，尤其是法院，而不是希望行政机关接受这些评论。

（二）行政机关的应对

上述策略对行政机关有着巨大的影响，可以说，尽管互联网相比传统的纸面立法过程提供给法官更多的信息，但法院的审查方式似乎保持不变。行政机关不得不投入更多的人力和资源到行政立法中，否则法院将更有可能宣布规章无效。关于行政资源上的耗费，前已述及，计算机程序无法识别出实质上重复的公众评论，工作人员必须花费时间阅读评论，由此带来行政成本的增加。当然，如果可以忽视这些重复性评论，就不会增加行政机关的额外开支，但这是以削弱参与的价值为代价。从严审查的重要性在于，忽视这些评论会增加法院无效化行政立法的可能性。在今天这个时代，一个重要的行政立法，从开始到结束大约花费 3 年时间，无效的成本是非常高的。因此，司法审查的隐约可能性，逼迫着行政机关必须认真阅读所有的评论，以免忽视重要的观点和数据。

然而，单纯的阅读评论并不足够，行政机关还需要认真考虑法院将来可能认为重要的所有信息，即使这样做花费很高。因此，行政机关一方面需要雇用更多的人手来阅读评论；另一方面要求负责起草规章的工作人员，证明他们已经从严审查公众提出的所有观点和数据。行政机关对公众评论的从严审查通常表现在它对规章的解释上，如解释 X 选择为什么不具吸引力，或 Y 观点为什么不具说服力。如果在规章解释中没有这样明确的讨论，行政机关就需要向法院证明它的确已经对其他选择给予认真的考虑，此举反而会耗费更多的资源。总之，一旦公众在立法过程中提出许多观点，行政机关不得不拿出更多的时间和精力去回应以前已经拒绝过的观点。不过，从某种意义上讲，这可能是一件好事。毕竟行政机关在立法过程中不能只关注于减少行政成本，即使可能对普通公众是有利的，关键是行政机关应当意识到公众提供的信息本应对自己发挥影响。[1]

---

[1] Stuart Minor Benjamin, "Evaluating E - Rulemaking: Public Participation and Political Institutions", Duke Law Journal, 2006, Vol. 55, pp. 916 - 920.

四、对公众参与的影响

(一) 一般性考虑因素

关于电子化行政立法对公众参与的效果分析，应避免毫无价值的一般性陈述，即信息技术能够"改善公众参与"，转为深入分析各种可能的具体变化。主要的考虑因素有：(1) 动员，有更多的人参与立法过程吗？(2) 分配，参与立法的公众在类型上有任何改变吗？若电子化行政立法在参与者数量上有所增加，那么参与者类型上的分配，如公司与普通公众之间的参与比例是否还维持不变呢？(3) 频率，特定的个人或组织是否更频繁地参与立法？以及参与人次在数量上的增加，是源于参与者数量上的增加还是同一参与者参与频率上的增加？(4) 知识，电子化行政立法是否增加公众的知识还是未发生改变？人们有无得到新的或相反的观点？(5) 语气，公众评论中表达的语气、风格、重心或复杂性改变了吗？(6) 意见，公众提出的意见或表达的观点是否有所改变？表达了新的或更好的信息吗？意见是更复杂还是更简单？(7) 冲突，电子化行政立法缓和还是恶化了立法中的冲突？什么类型的争议可能减少或强化冲突？(8) 洞察力，人们怎样评价自己的参与以及他们在立法过程中与其他人的交往？他们对政府的评价，如在信任、合法性及赞同方面，有任何不同吗？(9) 溢出，有任何立法过程中的影响溢出到其他政策讨论或政治领域吗？立法程序倾向于使公众更加两极分化吗？(10) 组织，商会或公共团体怎样改变自身的角色？公众更容易、更直接地接近立法过程，可能会减弱"看门人"(gatekeeper) 组织的价值吗？这些组织如何适应不同的角色？[①]

(二) 具体的影响分析

1. 参与数量上的增加

首先，如果电子化行政立法的应用，未能增加普通公众对立法过程的参

---

① Cary Coglianese, "The Internet and Citizen Participation in Rulemaking", I/S: A Journal of Law and Policy, 2004, Vol. 1, p. 48.

与，行政机关所作出的投入将得不到任何的补偿。目前来看，在线参与增加了公众评论的数量，但没有提供更多的新观点。不过，只要计算机能够很好地处理重复性评论，无须行政人员耗费大量的时间阅读这些评论，增加的参与给行政机关带来的额外开支仍将限制在一个适度的范围内。然而，如果这些评论只是内容上相似，而计算机无法将它们识别出来，对行政机关会造成巨大的不利影响。

其次，不考虑重复性评论问题，仅仅是公众参与数量上的增加，对一个具体的行政立法活动会产生什么影响呢？换言之，行政机关从单纯的参与数量上，能够获得什么样的信息？可以说，即使行政机关从中没有得到新的观点，参与数量上的增加仍有相当的意义。表现在：一是行政机关可以确定公众对争议问题的意见；二是评论数量反映出公众的情绪；三是公众情绪会影响到规制结果。当然，对于上述三点价值也存在着质疑。毕竟行政机关如果想要判断公众的意见，民意调查能够给出更精确的结果。而且，即使行政机关认为评论的数量可以显示出公众的情绪，问题是这样的情绪与行政机关的任务完全是不相关的。这是因为法律从未要求行政机关在从事规制时，需要考虑公众情绪。尤其是当议会要求行政机关基于科学依据或损害的现实存在而制定规制措施时，并未给公众意见留下空间。就算有些法律要求行政机关立法时考虑公共利益，这时也是公共利益而不是公众情绪。

2. 参与质量上的改善

电子化行政立法追求的不仅仅是公众参与量上的增加，而是更高的参与质量。为此，行政机关必须投入更多的行政资源去阅读每一份公众评论，确保未错过不同的或新的观点，这样必然会增加立法成本。如果议会没有就行政机关增加的花费提供额外的补偿，结果就是行政机关只能制定更少的规章，或虽制定同样数量的规章，但要花费更多的时间或金钱。

如果因电子化行政立法的应用而增加的公众评论提出了行政机关未曾考虑到的观点，可能有助于立法质量的提高。不过，此种情形需要两个基本前提：一是这些观点必须是行政机关无法从其他来源获得的，或是其自身想不到的；二是这些观点必须实际上说服行政机关。对于前者，有合理的理由予以怀疑。实践中利益组织对立法过程的参与，使争议的每一方面都有相应的代表，而且，行政机关依法应依据公共利益从事规制，并不需要顾及每一种观点。至于后者，即新的信息是否说服了行政机关。该问题的回答依赖于对行政机关现实运行的观察，即从外部的非正式交流中获得的观点或数据是否能够影响到行政机关的决策。

电子化行政立法试图使普通公众的参与对行政机关更有用、更有效，问题是参与带来的额外信息是否实际上改变了行政机关的决定。如果行政机关被强有力的利益组织俘获，或被政治力量控制，额外的信息对其而言，仅仅是无价值的零碎杂物。因此，有必要将这两个问题，即行政机关获得了更多的信息与行政机关被这些信息说服结合起来进行分析。

（1）增加的参与未改变行政机关的决定。假设电子化行政立法所增加的公众参与并不能改变行政机关的实质性决定，决策者还会继续推进电子化行政立法吗？答案自然是否。不过，这一回答并未考虑到公众从参与本身获得的潜在利益。面对面的交流对参与者是有利的，因为参与者感到自己的观点被行政机关倾听，有助于其理解他人的立场，从而改变自己或他人的观点，最重要的是，使他们成为更负责任的公民。电子化行政立法的一个目标是激励公众参与具体的政策争论，成为积极的、富有责任心的公民。这不仅对参与的公众有价值，也对社会整体有价值，即更多的参与将是一个公共的善。因此，即使电子化行政立法并未带来更高质量的规章或改变规章的内容，也不能就此认为参与是没有价值的，而是它的价值可能较低。当然，这样的情况也是存在的，就算参与对立法结果没有影响，参与者也将从参与本身获得快乐。不过，这是很罕见的，因为一旦参与者意识到他们的评论不会对行政机关产生任何影响，他们的积极性很可能会受挫。

（2）增加的参与影响到行政机关的决定。行政法中有一个核心性争论：行政机关应当受到公众的影响吗？或反之，应当隔离于公众吗？对此存在着矛盾的观点。一些学者认为，行政机关不应回应外部的力量，而应仅仅服从于自己专业的、独立的判断，应求助于技术专家而不是政治考虑，根据这一观点，行政机关应避免受到公众的影响。相反的观点则认为，行政机关应回应公众的关注，不应试图依赖于他们自己的处在真空中的专业判断。[①]

总之，虽然行政机关早期将电子化行政立法视为"公众的福音、机关的祸根"，现在都已普遍接受了电子化行政立法。事实上，大多数行政机关均认为它能够提高立法效率和立法质量，不过，也普遍对由此增加的公众评论的有用性表示怀疑。此外，关于电子化行政立法是否带来了一些负面性，相关的忧虑也有所增加。[②] 这些认识均影响到电子化行政立法的未来发展。

第三节 电子化行政立法的未来发展

一、目前的评估结果

（一）电子化行政立法效果的不确定性

1. 相关的质疑

信息技术在行政立法过程中的使用，一方面，可以使行政机关进一步靠近公众，了解公众对行政决策的需求与偏好；另一方面，可以使公众进一步靠近行政机关，随时随地、更便利地获取更多的公共信息，并表达他们的心声。信息技术的吸引力当然不容怀疑，但对于它的使用情况，更应采取现实性的评估而不是毫无质疑的欢迎。决策者应考虑电子化行政立法是否有助于解决一些重要的公共问题或取得一些重要的目标？是否能更好地贯彻规制决

[①] Stuart Minor Benjamin, "Evaluating E - Rulemaking: Public Participation and Political Institutions", Duke Law Journal, 2006, Vol. 55, pp. 904 - 913.

[②] Jeffrey S. Lubbers, "A Survey of Federal Agency Rulemakers' Attitudes about E - Rulemaking", Administrative Law Review, 2010, Vol. 62, p. 474.

策？甚者，在实现上述要求的同时，是否会带来任何令人不快的结果？所获得的利益能否抵消它的不利之处？

对许多研究者来说，电子化行政立法的出现，明显值得肯定，这是因为行政立法中存在着从纸面到电子的长期发展趋势。在前互联网时代，行政立法过程很少能够吸引普通公众提出评论，主要的参与者均是重要的利害关系人。然而，互联网和电子邮件的出现带来了变化吗？令人沮丧的是，目前的答案是否。参与成本的下降并未导致参与的扩大，与之相类似的情形是，选举投票方面的障碍在过去半个世纪已基本消除，但投票率却在下降。如果互联网对公众参与的数量很少或几乎没有影响，那么对参与的质量呢？结果也是令人沮丧的。研究显示公众提交的评论并未包含新的数据或观点，信息技术所增加的公众参与，既未产生不同的规制结果，也未带来公众本来期望的参与深度。

到目前为止，普通公众经由电子媒介的参与仍是少量的，且倾向于表达简单的支持或反对立场，很少提供关于规章实质内容的协商。信息技术虽然使决策过程更透明，却不可能在很大程度上改变公众参与或政府决策。也许最明显的结果是冲突的增加，即公众或利益组织借助电子邮件对抗行政机关的决策。表现在利益组织在其网站上公布吸引大众眼球的警告性或误导性的统计数据，怂恿公众向行政机关提交评论。当然，这是一个有效的组织工具，但并未对行政机关提供有用的信息。

2. 电子化行政立法仍值得投入

信息技术的应用需要大量的投入，如果它能够推动更多的公众参与立法，行政机关将不得不投入相当的资源；反之，如果电子化行政立法的应用不能提供新的、重要的观点，行政机关的投入将得不到适当的回报。根据当前令人失望的实证数据，可以合理地认为电子化行政立法并未产生一个积极的影响。不过，若认真地思考，该结论存在一定的偏颇。首先，电子化行政立法取得的一些形式上的利益不宜低估，这些利益可能高于行政机关为此投入的资源；其次，电子化行政立法才刚刚起步，更多的改变还没有尝试，因此，尚不能轻易得出上述结论。

　　电子化行政立法效果上的不确定性，导致行政机关不能判断未来如进一步应用电子化行政立法且充分发挥技术的互动性潜力所可能获得的利益。如果分析到此结束，必然形成一种怀疑立场：电子化行政立法可能并不值得行政机关投入。需要指出的是，电子化行政立法效果的不确定性，很大部分来自立法活动在很长时间以来是一个内部者游戏的事实。因此，分析不能止步于此，决策者有必要鼓励行政机关继续针对电子化行政立法的应用开展新的、适度的试点。亦即，怀疑主义的态度导致反对在该领域进行巨大的投资，但对其可能带来的利益的不确定性，又支持开展额外的试点，以获得更多的信息。

　　总之，决策者和专家不应让扩大公众参与和提高立法透明性的热情，分散他们对不同技术选择对公众和行政机关所造成的影响的现实评估。是否及怎样在行政立法过程中使用信息技术的决定，是一个政策选择，而不仅仅是技术问题。

　　（二）开展适度的、持怀疑态度的试点

　　电子化行政立法的应用提出了一个行政法中最基本的问题：在行政立法过程中，我们需要更多的参与吗？从目前的实践看，电子化行政立法可能并不会带来更多的公众参与、更好的公众评论或者改变行政机关的决策，但其清楚地揭示了行政立法如何运行，使公众可以追踪评论是怎样到达行政机关，以及行政机关选择怎样回应或不回应这些评论。如果电子化行政立法在量上和质上改变了公众参与，但对行政机关却未造成影响，这个结果虽然令人失望，但对于了解行政机关是怎样运行的，特别是行政机关被利益组织俘获的程度，还是有一定价值的，因为它可以促进对行政决策的公共监督。

　　此外，行政机关从普通公众提交的评论中所获得的有用信息极少，这一事实可能意味着单纯的允许公众发邮件给行政机关，并不能改变什么，重要的是应创造有意义的协商机会。同样地，公众意见似乎并未改变行政立法内容的事实，可能意味着行政机关不愿受到个体意见的影响，从而有必要努力实现公众之间的协商互动，提供更多有价值的意见，以影响到行政机关。考虑到社会的发展带来不断增加的复杂性，以及在一个复杂的现代社会运行的法律体系必然存在着认知的和规范的限制，因此，一个合理的改革方案是适度推进，而不是追求过度的有野心的社会变革。以此为基础，行政机关应严格地、适度地开展电子化行政立法，将之视为民主的实验室，有秩序地逐步推进该项工作。

（三）评估不同的技术选择

不同的建议，沿着不同的方向，必将产生不同的效果。这就是为什么需要清楚地界定电子化行政立法的目标以及根据这些目标评估不同的技术选择的效果的重要原因所在。如果设定的目标是提高公众的参与水平，而不是扩大协商或提高决策质量，决策者就应更加关注于参与的数量和频率。然而，如果目标是改善协商的质量或提供更好的信息，更多的参与就不一定是好的，原因是评论的增加并不意味着新的、有用的信息的增加。如果设定多个目标，决策者应将不同的效果纳入考量，很多时候一个目标的实现需以其他目标作为代价。

一旦行政机关决定在立法过程中使用新技术，就应进行认真的实证调查，评估其实际效果。美国将行政立法过程电子化的一系列努力，是意图使普通公众更容易接近立法信息以及与行政官员交流他们的意见，目的是增进公众参与。例如，美国国会制定《电子政府法》是为了促进互联网和其他信息技术的使用，增加公众参与政府决策的机会。布什总统在描述他的电子政府动议时，宣布其目标是使政府对所有美国人而言更容易接近。因此，在设计Regulations. gov 网站和新的在线卷宗系统时，布什政府的一个关键的优先性目标是：使公民和公司更容易参与规制过程。应当承认的是，在线交流确实使公众更容易提交评论以及监督和参与规章制定过程，但不可能极大地减少参与成本以及实质性地改变行政立法中的公众参与水平，公众在立法中发出的声音仍很微弱。这是毫不奇怪的，在布什政府创建 Regulations. gov 网站后的最初几个月内，通过该网站提交的公众评论仅有 200 份。而且，在这段时期内，美国环境保护署收到的大约 30 万份评论中，仅 8% 左右是通过 Regulations. gov 提交的；美国交通部收到的 18 000 份评论中，只有 21% 是通过该网站提交的。①

不过，随着时间的流逝，更多的人将认识到 Regulations. gov 网站，并通过该网站提交评论。然而，即使将行政立法过程全部电子化，制约公众参与立法的关键性障碍仍将继续存在。就算有互联网的帮助，公众仍要花费时间提出评论，许多人并不愿意为此花费时间。而且，为参与行政立法，公众必须具有一定程度的知识，投入相当的努力去理解立法程序的基本要求，并对行政机关的需求以及所涉政策争议有一些了解。在绝大多数情形中，这些争议具有相当的技术性和复杂性，这在很大程度上也是议会为何授予规制机构这样的决策权的原因所在。考虑到公众在更简单的选举程序中，投票率都在逐渐下降，更不用说复杂的立法参与了。

尽管行政机关应尽量以清楚的、易理解的方式公开立法信息，但仅将现存纸面记录数字化，并不会使立法过程对于普通公众来说更容易接近。甚至那些具有足够的专业能力的人士，也需要花费时间了解机关正在做什么以及将要做什么。可以说，如果大多数法律专家都未提出过评论，更不可能期望看见更多的普通公众提出评论。因此，为确保公众的声音在行政立法中扮演一个更重要的角色，决策者可能需要创新性地应用信息技术。这是因为现有行政立法程序的数字化，主要是对公众参与的被动反应，导致行政机关收不到足够的评论。通过发挥信息技术的互动性潜力，如规制评审团或公众会议等方式，将带来不同的参与效果。然而，这些对立法过程的显著改变，可能会产生某些不受欢迎的结果，并引出以下问题：由此增加的公众参与是否值得？

即使信息技术不能增加公众参与，但其所带来的透明性，使公众能够更

---

① Cary Coglianese, "The Internet and Citizen Participation in Rulemaking", I/S: A Journal of Law and Policy, 2004, Vol. 1, pp. 51 – 52.

容易看见和听见行政官员所做的每一件事。以一种乐观的态度看，这些提高透明性的技术可能推动行政官员更好地服务于广大公众而不是特定的个人利益。不过，对于信息技术的创新应用也不能太过乐观。过多的透明性使行政官员趋于谨慎，过度规避风险，导致大量的行政资源用于搜集必要的信息和验证新的观点，这些对发展审慎的公共政策是有害的。再者，参与的扩大意味着那些持有好的意见的人们有形塑公共政策的机会，但也意味着一些更不准确或更无助益的意见同样有机会形塑公共政策。而且，扩大的参与会导致规制者的注意力偏离，从选择最大可能的满足法律或公共利益的要求，转为努力满足参与者的要求。这些都可能导致行政立法过程异化为全民公决。

有鉴于此，应当对增加公众在线参与的一系列措施进行认真地研究，避免由规制机关负责作出科学性或技术性专业决定的法律安排，被替代为全民公决。同时，当决策者需要作出价值判断，而作为基础的法律并未预先决定时，公众的偏好可以作为该价值判断的合理基础。信息技术可以帮助规制者利用互联网评估社会偏好，如果设计得当，电子化行政立法有助于提高规章的民主正当性。不过，为实现该目标，有必要对不同的技术选择在解决特定问题上的效果进行分析。仅因为新的信息技术能够促进公众参与，并不必然意味着我们应当选用这些技术，还应考虑是否会产生某些不受欢迎的结果。总之，电子化行政立法的未来发展反映了行政法面临的一个基本问题：怎样通过制度和程序的设计，实现法律、民主政治和专家判断之间的适当平衡。

二、未来的研究方向

短期内，信息技术的应用仍限于现有行政立法过程的电子化，即提供更大范围的公众接近和更高的透明性，但中长期而言，具有远远超出将现有程序电子化的潜力。即使未来不能达到彻底重新设计行政立法过程的程度，但现有程序的某些方面将发生显著改变，甚至出现革命性变化。为充分挖掘电子化行政立法的潜力，需要整合包括计算机科学、法学、经济学、政治学和组织理论等在内的不同学科的研究，从而能够评估电子化行政立法的中长期影响。因此，有必要为未来研究的开展提供一个政策分析框架。

（一）政策分析框架

电子化行政立法面临的最终考验是，它能否真正改善行政立法的内容或过程，或两者兼具。既然信息技术为解决行政立法中的问题提供了潜在的对策，进一步的研究需要确定，在何种程度上信息技术解决了这些问题或真正改善了行政立法的内容或过程。

1. 政策分析的步骤

常规的政策分析方法开始于识别和研究问题。归纳言之，电子化行政立法存在的问题包括：缺乏效率、立法延迟及缺乏民主回应性等。指出问题存在，这是政策分析的第一步。接下来需要尽可能精确地界定问题，评估问题的严重程度，并发现该问题的发展趋势，即未来是变得更糟还是更好？上述分析中最重要的是找出问题的原因，这样才可能寻找到适当的解决办法。通过对问题的准确认识，政策分析者可以制定相应的评估标准，对解决问题的不同方案作出判断。例如，增加规制服从性的措施可能会增加行政机关的开支，决策者需要在其有限资源的范围内，减少公众违反规章的概率。因此，开展政策分析时，行政机关应从不同角度评估各种替代性方案，包括行政成本及法律上的可行性因素等。

在分析问题和制定评估标准后，下一个步骤是确定解决方案。在对不同的解决方案进行比较时，着重考虑以下两个分析角度：现状和对现状的改变，也就是说，将现状（即选择"什么都不做"）始终作为基准，与解决方案所带来的变化进行比较。实践中通常会有几种可供选择的解决方案，信息技术在电子化行政立法中的应用，很多时候需要在这些不同的方案中作出选择。对解决方案的分析，应根据相关的评估标准，评估每一个方案。如果方案尚未实施，只能进行预测性分析；如果方案已经实施，则对实施效果进行实证研究，对现状和实施结果进行比较。

最后，在政策分析的基础上，作出是否实施或继续实施某一解决方案的建议或决定。许多情况下，需要考虑解决方案所产生的抵消效果。亦即，方案在解决某一问题时，又创造了新的问题。此时，仍要继续作出选择，根据评估标准，在清楚了解不同选择的影响后作出决定。

2. 政策分析的目的

政策分析的目的，并不是建议所有关于电子化行政立法的研究，都应采用政策分析方法。相反，它是为整合不同学科的研究提供一个总体框架，如计算机科学、社会科学、法学，使每个学科能以不同的方式对政策分析框架的不同组成部分作出贡献。

社会科学研究试图了解行政立法背景下的组织和个人的行为，其对立法过程的研究，为理解行政立法中存在的问题及其原因提供了更好的基础，同时也提供了理解现状的基准线。与此相反，计算机科学在识别可能的解决方案上非常有用，通过发展不同的技术工具，提供需要进一步评估的解决方案。这两种类型的研究相互支撑着关于电子化行政立法未来发展的决策。例如，社会科学研究通过识别和解释立法过程中的行为和决策的基本结构，有助于计算机科学分析；同时，通过揭露决策缓慢或低效的原因，社会科学研究还为借助技术上的设计来解决这些问题以及更好地满足用户需求，提供了所需的洞察力。除了社会科学和计算机科学上的研究，法学研究有助于更好地了解信息技术运行时面临的法律限制，识别促进信息技术革新利用所要求的行政法上的创新和程序上的改变。这些创新和改变，构成了需要进行评估的解决方案的一部分。

总之，这些不同的学科都可以促进对信息技术在行政立法过程中的影响的研究。具体而言，通过计算机科学研究，能够判断某一解决方案是否有效，以及根据评估结果怎样改进技术设计，并寻找新的解决方案。通过社会科学和行政法方面的研究，可以了解信息技术在立法过程中怎样影响不同主体的行为，以及产生不同的结果。所有这些研究，有助于将片段化的政策分析整合在一起，有效回答电子化行政立法应用中出现的以下问题：信息技术应当应用到行政立法中吗？哪些技术？如何设计？以及评估电子化行政立法影响的适当标准或指标是什么？等等。

（二）功能分析框架

对电子化行政立法的效果进行评估，不仅需要开展跨学科的分析，同时也需要从行政立法的功能角度分析，后者要求评估时应考虑行政工作人员和其他用户在制定和执行规章上承担的任务。功能角度在某些方面不同于社会科学和行政法的研究视角，后者主要描绘了行政立法的程序方式，包括一系列的法律步骤。虽然电子化行政立法确实需要经过适当的程序步骤，但这并不是将立法过程概念化的唯一方式。功能分析强调的是任务，而不是程序或步骤，这些任务是行政工作人员和其他用户在立法的某一特定阶段必须从事的。

具体而言，功能分析要求信息技术的应用应有助于以下任务的完成：

（1）收集信息。为分析规制问题的严重程度以及不同的解决方案，行政工作人员必须通过内部或外部的研究以及对可获得数据的分析，收集大量信息。涉及的技术包括信息检索、数据和文本挖掘、信息提取、汇总和语义分析等。

（2）确保公众意见的输入。公众意见是决策者另一个主要的信息来源，因此行政机关需要捕获和分析此种类型的意见输入。促进在线协商以及与文本分类和汇总相关的信息技术，有助于此项工作的开展。

（3）起草规章。起草规章的过程通常很费力，尤其涉及复杂的争议时。而且，该项工作需要工作人员从不同专业背景的人士（如律师、工程师、经济学者和执法人员）中获得意见。格式检查软件、模板和协作起草工具是与该项工作相关的一些信息工具。

（4）分享信息。行政立法的一个重要组成部分是与公众和其他政府部门分享信息。数字图书馆、信息检索以及问答系统是实现信息共享的可能工具。

（5）确保服从。任何行政立法的一个主要任务都是确保受规制者的服从，行政执法历来扮演着这个角色，不过信息技术会有所助益。相关技术包括规制符合软件或远程遥感技术。

（6）管理行政立法。规制机构内的管理者需要作出策略选择，决定制定哪些规章以及怎样在立法过程中分配行政资源。相关技术包括立法发展追踪系统，以及用于确定优先事项和作出预算决定的系统。

目前，在大多数行政立法过程中，功能分析尚未得到充分开展，因此，非常有必要揭示行政工作人员在处理上述任务时面临的具体挑战，并对之展开研究。同时，考虑到行政立法的功能任务随规章或行政机关类型的不同而有所差异，还应确定这些任务在不同的背景下是否发生着变化。对于不同的行政机关而言，这些任务的相对难度各不相同，在设计电子化规章制定系统时，应当将这样的差异考虑到任务完成过程中。从评估的立场看，每个不同的任务可以视为一种类型的问题，相应地，与之相关的系统设计，应当考虑这些问题的不同解决方案。总之，围绕电子化行政立法的功能方面的研究，可以评估不同的解决方案对完成相关任务所造成的影响，如及时性、费用以及有效性，最终选择适当的解决方案。

（三）需要深入研究的具体问题

1. 信息技术

电子化行政立法的进一步应用对计算机科学提出了一系列挑战，其长期发展潜力不仅有赖于改进现有的信息技术，也需要在计算机建模、自然语言处理和人机界面等领域取得更大的进步。实践中，需要深入研究的一些具体问题包括：（1）如何通过计算机仿真和建模软件技术的运用，协助经济分析活动，使之能用于不同的规制机构或各种规制问题？（2）如何通过软件设计，自动检查立法文件的内部和外部一致性？（3）信息技术工具可以被设计成执行自动交叉索引，并链接到相关的规章、案卷记录和其他有关文件吗？（4）对不同用户来说，包括行政机关和普通公众，行政立法系统怎样才能设计得清晰和易于使用？（5）结构和系统方面如何进行设计，更能促进行政立法中复杂的政策和程序问题的清楚、有效的沟通？（6）行政机关怎样设计公众参与方面的技术工具，才能鼓励市民更有意义地参与立法过程？（7）怎样的技术设计最能支持公众和行政工作人员之间的互动对话？（8）怎样设计信息技术工具，才能帮助行政工作人员处理和分析来自公众提交的评论？可以在设计系统时考虑对评论进行分类和汇总并回应它们吗？（8）使用什么样的技术可以实现问答交流？一些大公司使用的回答在线用户问题的技术，可以用于行政机关为市民提供有针对性的帮助吗？等等。

2. 行政机关的立法管理

目前，各行政机关及其功能仍然在很大程度上受 20 世纪早期公共管理模式的影响，各部门及领导人均在自己的"筒仓"内工作，以本部门的而不是一种合作的视角去解决问题。信息技术能够进行高效的知识管理，帮助行政机关克服与行政立法相联系的管理上的问题，促进机构间的合作与经验分享。

不过，这一增强机构间联系的努力，也创造出新的难题，主要有：（1）信息技术对行政机关收集立法信息的能力有何影响？能够帮助起草者更快或更高质量地完成信息分析或执法工作吗？（2）电子化规章制定系统的灵活性需要到什么程度才能支持行政立法活动？该系统有助于简化新规章的制定过程，还是为了适应系统将产生更多的工作？（3）行政工作人员怎样评价行政立法过程中应用信息技术所产生的收益和成本？信息技术是否改变了行政机关内部不同专业背景的工作人员的相对影响力？例如，电子化规章制定系统是否导致在行政立法过程中律师的影响力相比技术人员降低？（4）电子化行政立法是否对规制机构与其他政府部门之间的关系产生变化？（5）行政机关内部的组织文化影响到电子化行政立法吗？为充分释放电子化行政立法的潜力，行政机关需要开展怎样的组织变革？等等。

政府各部门之间的合作并不是一项简单的工作。电子化规章制定系统试图在基于合作的"整体政府"的基础上构建，面临的一个挑战在于各级行政官员对改变的抵制：质疑信息一体化及数据隐私；各机构信任缺失；各机构动机不同；部门机构之间恶意竞争；目标和工作重点不同，等等。这些都极大妨碍了电子化行政立法策略的成功实施。基于"整体政府"思路，行政机关在立法管理过程中，需要在国家和地方层面进行"协同治理"，这是解决上述复杂多样的挑战的关键。①

3. 公众参与

电子化行政立法不仅影响到行政机关的内部管理，也影响着行政机关与公众之间的互动。行政立法过程对公众而言通常是透明的，涉及外部的广泛参与，因此，对公众提出的意见进行管理本身就是行政立法过程的一个重要组成部分。关于信息技术怎样影响公众参与，总体而言，在线参与将呈现出跨越式发展的趋势，同时也面临着数字鸿沟、用户接受率低以及缺乏参与动力等严峻挑战。

一些需要研究的具体问题包括：（1）在引入新的技术工具后，公众参与行政立法的意识是否提高？此种意识的提高是否只出现在部分市民中？（2）信息技术增加了公众针对拟议规章提交的评论数量吗？是否改变了评论主体的分配比例？或者改变了话语的性质吗？（3）公众如何面对不同的交流和协商方式？如电子邮件、视频会议、聊天室等对公众参与产生怎样的影响？（4）公众接近信息的便利意味着什么？是否使信息更具相关性或相反？是否扩大规制争议的披露程度？信息技术有无改变其他的信息渠道，如律师、行业协会的作用？（5）当行政机关使用信息搜索软件，而不是通过工作人员或专家顾问来分析公众评论时，对行政机关决策是否产生不同的影响？（6）电子邮件相比纸面评论，或者视频会议相比亲临听证会，人们的"感受"发生变化了吗？（7）电子化行政立法影响到公众对规章合法性的认识吗？能否减少冲突或诉讼的发生？等等。

基于上述问题和挑战，行政机关需要出台有效的措施为公众在线参与创造一个良性发展的环境，包括合适的法律和制度框架，公众数字媒体能力培训以及公众参与线上、线下无缝式衔接。首先，行政机关应通过正式和非正式的方法提高公众参与度。比如，利用公众已经使用的平台和渠道来提高公众在线参与的积极性，而且，尝试将在线参与和社会共同关注的问题相结合。

---

① 整体政府是指各部门在多领域协力合作，共同对政策制定、项目管理和服务提供作出一致协调的努力。协同治理是指基于政府与非政府机构之间的合作进行的治理。

这是因为相比仅仅履行公民义务而言，公众参与更需要依靠一种对拥有共同传统和价值观的社会的归属感。其次，在线参与并没有代替传统的参与方式，行政机关应将线上线下的工具结合起来，更好地接近各个不同的社会群体。采取这样的多渠道路径的目的，不是利用所有的渠道，而是优化渠道以适应不同人群的需要。

根据《联合国 2014 年电子政务调查报告》，电子参与分为三个层次：电子信息、电子咨询和电子决策，这三个层次的公众参与依次从"被动型"向"主动型"转变。具体而言，（1）电子信息，通过向公众提供公共信息，并根据公众要求使其获取相应信息来实现公众参与；（2）电子咨询，公众可以对公共政策进言献策，参与审议，实现深层次的公众参与；（3）电子决策，通过与公众共同制定政策、共同提供公共服务来增强公众的权能。① 以此为基础，电子化行政法中公众参与的层次，也应实现从"被动型"向"主动型"的转变，真正增强公众的影响力，取得最佳的参与效果。

4. 规制服从

最后一组研究问题是信息技术在促进规制服从上发挥的作用。行政机关制定规章的目的是希望能改变所规范的行为，因此，相应的研究方向是发现信息技术促进规制服从的方法，以及了解信息技术对行政执法人员和受规制企业的行为所产生的影响。一些相关的研究问题包括：（1）服从辅助系统怎样处理用户的描述，并为用户识别出所有相关的规章？系统如何设计才能有效地帮助企业找到自己应遵守或未遵守的规章？（2）什么方式能够实现受规制企业有效地与行政机关进行沟通？（3）服从辅助系统如何才能更好地向用户解释规章适用问题，特别是关于所谓的"灰色地带"的规制问题？（4）执法裁量权怎样才能纳入系统？（5）信息技术在改善规章评估上可以起到什么作用？如远程遥感技术可以随着规制情况变化而改变基础条件吗？（6）在修

---

① "联合国 2014 年电子政务调查报告：电子政务成就我们希望的未来"，载 https：//www. un. org/development/desa/publications/e – government – survey – 2014. html，访问日期是 2016 年6 月 15 日。

改旧规章或制定新规章时，如何处理规制服从方面的数据，使服从辅助系统对行政工作人员更有用？等等。①

　　从最根本的层面讲，电子化行政立法必须重视需求者，让大多数人能够从中受益，而不是仅仅关注那些减少成本的方面。当前应以提高公众参与率为宗旨发展电子化行政立法，同时，还应该关注一系列与之相关的限制因素，尤其是在隐私、安全等领域。提高公众参与率的挑战归根结底是对政府执政能力的挑战，如果能够创建一个有效应对该挑战的强大而灵活的电子化规章制定系统，公众和行政机关都将从中受益。但在电子化行政立法的潜在利益成为现实之前，行政机关必须认识到，当前的系统虽然是一个了不起的成就，但只是第一步。如学者所言，要实现技术支持的行政立法的巨大潜力，现在需要一种全新的方法。②

---

① Cary Coglianese, "E - Rulemaking: Information Technology and the Regulatory Process", Administrative Law Review, 2004, Vol. 56, pp. 386 - 394.

② Cynthia R. Farina, "Achieving the Potential: The Future of Federal E - Rulemaking (2009)", Administrative Law Review, 2010, Vol. 62, p. 288.

结　语

过去半个世纪以来行政规制在数量和影响力上的不断增长，使行政立法成为今天政府决策中最重要的工具之一。为理解复杂的规制问题、识别规制需求及分析可替代的规制方案，信息成为关键要素。电子化行政立法提供了克服与规制相关的信息挑战的革新潜力，主要表现在图形用户界面方便了公众发表评论，以及互动交流能力促进了规制者和公众之间的对话。行政立法曾经的全纸面过程，很大程度上已经被一个电子过程所取代。

在行政立法实务中，成本，尤其是时间成本的难以承受往往成为行政机关排斥公众参与的重要理由。[①] 使公众参与具有现实可行性的工具的欠缺，已经显著削弱了参与的价值。既然"信息超载"导致过去的立法模式不太适合，不可避免地，行政机关将被迫使用新的信息技术来协助处理大量的立法信息。正如学者所言："如果说非正式规章制定程序是现代政府最伟大的一项发明，现在信息技术提供了改进这一发明的潜力。"[②] 电子化行政立法的应用，被视为"公众的福音、机关的祸根"，[③] 不仅使公众参与更具有实践性，也进一步激发了公众的参与潜力，未来甚至很可能在一些重要方面改变行政立法中的权力格局。

尽管互联网带来的技术革新正在塑造着行政立法过程，但总体而言，当

---

① 骆梅英、赵高旭："公众参与在行政决策生成中的角色重考"，载《行政法学研究》2016年第1期，第36页。

② Cary Coglianese, "E - Rulemaking: Information Technology and the Regulatory Process", Administrative Law Review, 2004, Vol. 56. p. 358.

③ Jeffrey S. Lubbers, "A Survey of Federal Agency Rulemakers' Attitudes about E - Rulemaking", Administrative Law Review, 2010, Vol. 62, p. 474.

前的实践仅触及电子化行政立法的表层，不过是将过去的纸面立法过程简单地搬到互联网上。信息技术虽使公众可以更快、更便捷地发表评论，但并未增加评论的有用性，评论的泛滥反而会削弱参与权利。可以说，当前的网络参与，关注重心朝向消极的信息收集而非促进活跃的参与，最大的效果就是吸引利害关系人注意，向公众告知有关立法信息。评估目前的电子化行政立法实践后，确定无疑的是没有任何革新的标志出现在地平线上，立法中的电子革命遥遥无期。不过，考虑到更多的技术手段还没有尝试，对于电子化行政立法尚不能轻易得出否定的结论。

信息技术的应用毫无疑问具有吸引力，但认为技术能够治愈民主的弊病是不合理的。技术对于制度的变革作用只是一种可能而非必然，并不能完全取代制度设计和制度本身。在行政立法中，制约公众参与的主要不是技术上的障碍，据此，电子化行政立法若只是定位于改善行政机关的信息管理以及便利公众发表意见，可能并不值得继续作出巨大的投资。然而，如果有意改变行政立法长期以来是一个内部者之间的游戏的事实，那么首选的方案是模仿议会的立法程序，通过民主参与来确保行政立法的正当性。今天的技术选择决定了明天的实践，就此而言，电子化行政立法未来在发展思路上，应被设计为在信息技术的帮助下加强公众参与行政立法的权利，提高程序的参与性和协商性，使公众不再是立法的被动接受者，而是成为治理国家的主体。

在行政立法过程中是否及怎样使用信息技术的决定，是一个复杂的政策选择问题，其背后涉及行政法中一个最基本的问题：在行政立法过程中，我们想要更多的参与吗？网络时代的到来导致人们直接参与政治的门槛大为降低，从而为一种全新的去代表的民主实践提供了可能，有可能在超越传统的民主理念的基础上构想和实践一种新型的直接民主。[1] 然而，此种扩展民主

---

[1]　聂智琪："代表性危机与民主的未来"，载《读书》2016 年第 8 期，第 128 页。

参与的改革措施侵蚀了直接民主和代议民主之间的界限，剥夺了本应享有自主性的行政权力，进而造成政治体系实际上被各种利益集团绑架，使其无法作出能代表多数人和社会整体利益的决策。从根本上而言，电子化行政立法的未来反映了行政法面临的基本挑战：怎样通过程序和制度的设计实现法律、民主政治和专家判断之间适当的平衡。

参考文献

一、中文文献

（一）中文著作

［1］张树义．行政法学新论［M］．北京：时事出版社，1991．

［2］应松年．行政行为法：中国行政法制建设的理论与实践［M］．北京：人民出版社，1993．

［3］廖义铭．行政法基本理论之改革［M］．台北：翰芦图书出版有限公司，2002．

［4］叶俊荣．面对行政程序法：转型台湾的程序建制［M］．台北：元照出版有限公司，2002．

［5］叶必丰．行政行为的效力研究［M］．北京：中国人民大学出版社，2002．

［6］刘莘．行政立法研究［M］．北京：法律出版社，2003．

［7］章剑生．行政程序法基本理论［M］．北京：法律出版社，2003．

［8］罗传贤．行政程序法论［M］．台北：五南图书出版股份有限公司，2004．

［9］应松年．行政法与行政诉讼法学［M］．北京：法律出版社，2005．

［10］汤德宗．行政程序法论［M］．台北：元照出版有限公司，2005．

［11］马怀德．行政程序立法研究［M］．北京：法律出版社，2005．

［12］吴庚．行政法之理论与实用［M］．北京：中国人民大学出版社，2005．

［13］姜明安．行政程序研究［M］．北京：北京大学出版社，2006.

［14］孟庆国，樊博．电子政务理论与实践［M］．北京：清华大学出版社，2006.

［15］宋雅芳．行政程序法专题研究［M］．北京：法律出版社，2006.

［16］翁岳生．行政法［M］．台北：元照出版有限公司，2006.

［17］杨建顺．行政规制与权利保障［M］．北京：中国人民大学出版社，2007.

［18］杨建顺．比较行政法：方法、规制与程序［M］．北京：中国人民大学出版社，2007.

［19］王锡锌．行政程序法理念与制度研究［M］．北京：中国民主法制出版社，2007.

［20］曾祥华．行政立法的正当性研究［M］．北京：中国人民公安大学出版社，2007.

［21］张千帆，赵娟，黄建军．比较行政法：体系、制度与过程［M］．北京：法律出版社，2008.

［22］杨桦，廖原．论电子政务与行政法治［M］．武汉：湖北人民出版社，2008.

［23］吴浩．国外行政立法的公众参与制度［M］．北京：中国法制出版社，2008.

［24］应松年．行政程序法［M］．北京：法律出版社，2009.

［25］周旺生．立法学［M］．北京：法律出版社，2009.

［26］胡锦光．行政法学概论［M］．北京：中国人民大学出版社，2010.

［27］余凌云．行政法讲义［M］．北京：清华大学出版社，2010.

［28］张锐昕．电子政府与电子政务［M］．北京：中国人民大学出版社，2010.

［29］姜明安．行政法与行政诉讼法［M］．北京：北京大学出版社，高

等教育出版社，2011.

［30］王法硕．公民网络参与公共政策过程研究［M］．上海：上海交通大学出版社，2013.

［31］张基温，张展为，史林娟．电子政务导论［M］．北京：人民邮电出版社，2014.

（二）中文译著

［1］［美］汉密尔顿，杰伊，麦迪逊．联邦党人文集［M］．程逢如，在汉，舒逊，译．北京：商务印书馆，1980.

［2］［美］欧内斯特·盖尔霍恩，罗纳德·M. 利文．行政法和行政程序概要［M］．黄列，译．北京：中国社会科学出版社，1996.

［3］［英］丹宁勋爵．法律的正当程序［M］．李克强，等，译．北京：法律出版社，1999.

［4］［德］哈特穆特·毛雷尔．行政法学总论［M］．高家伟，译．北京：法律出版社，2000.

［5］［美］理查德·B. 斯图尔特．美国行政法的重构［M］．沈岿，译.北京：商务印书馆，2002.

［6］［英］马丁·洛克林．公法与政治理论［M］．郑戈，译．北京：商务印书馆，2002.

［7］［美］简·E. 芳汀．构建虚拟政府：信息技术与制度创新［M］．邵国松，译．北京：中国人民大学出版社，2004.

［8］［美］杰瑞·L. 马肖．行政国的正当程序［M］．沈岿，译．北京：高等教育出版社，2005.

［9］［美］迈克尔·D. 贝勒斯．程序正义：向个人的分配［M］．邓海平，译．北京：高等教育出版社，2005.

［10］［美］约翰·V. 奥尔特．正当法律程序简史［M］．杨明成，陈霜玲，译．北京：商务印书馆，2006.

［11］［英］约翰·密尔．论自由［M］．许宝骙，译．北京：商务印书

馆，2007.

［12］［美］科尼利厄斯·M. 克温. 规则制定：政府部门如何制定法规与政策［M］. 刘璟，等，译. 上海：复旦大学出版社，2007.

［13］［英］保罗·P. 克雷格. 英国与美国的公法与民主［M］. 毕洪海，译. 北京：中国人民大学出版社，2008.

［14］［日］盐野宏. 行政法总论［M］. 杨建顺，译. 北京：北京大学出版社，2008.

［15］［日］大桥洋一. 行政法学的结构性变革［M］. 吕艳滨，译. 北京：中国人民大学出版社，2008.

［16］［美］肯尼斯·卡尔普·戴维斯. 裁量正义［M］. 毕洪海，译. 北京：商务印书馆，2009.

［17］［日］南博方. 行政法［M］. 杨建顺，译. 北京：中国人民大学出版社，2009.

［18］［英］维克托·迈尔舍恩·伯格，肯尼思·库克耶. 大数据时代［M］. 盛杨燕，周涛，译. 杭州：浙江人民出版社，2013.

［19］［日］平冈久. 行政立法与行政基准［M］. 宇芳，译. 北京：中国政法大学出版社，2014.

（三）中文论文

［1］汤德宗. 论行政程序法的立法目的［J］. 月旦法学杂志，2000（1）.

［2］王丽燕. 电子信息技术及其产业发展态势研究［J］. 科技进步与对策，2001（7）.

［3］国务院发展研究中心课题组. 电子政务在我国的发展与制度建设［J］. 经济社会体制比较，2002（3）.

［4］中国行政管理学会政府信息化建设课题组. 中国电子政务发展研究报告［J］. 中国行政管理，2002（3）.

［5］常安，朱明新. 电子政务法律问题探析［J］. 陕西省行政学院、陕西省经济管理干部学院学报，2003（2）.

［6］高家伟．论电子政务法［J］．中国法学，2003（4）.

［7］姜奇平，汪向东．行政环境与电子政务的策略选择［J］．中国社会科学，2004（2）.

［8］于立深．行政立法过程的利益表达、意见沟通和整合［J］．当代法学，2004（2）.

［9］张凤杰，潘文娣．电子政务及其对行政法的影响［J］．华东政法学院学报，2004（2）.

［10］俞华．电子政务法律法规问题研究［J］．现代图书情报技术，2004（3）.

［11］钟发斌．电子政务的发展与公民权的实现［J］．行政论坛，2004（3）.

［12］张成福，唐钧．电子政务绩效评估：模式比较与实质分析［J］．中国行政管理，2004（5）.

［13］王浦劬，杨凤春．电子治理：电子政务发展的新趋向［J］．中国行政管理，2005（1）.

［14］蔡立辉．当代中国电子政务：反思与走向［J］．中山大学学报（社会科学版），2005（3）.

［15］王贵松．论立法中的电子革命［J］．法学家，2005（5）.

［16］孙国锋，张少彤，武晓鹏．我国电子政务的现状与问题［J］．中国信息界，2005（19）.

［17］电子政务与行政法律建设课题组．电子政务与行政法律建设［J］．国家行政学院学报，2006（1）.

［18］张莉．浅谈电子信息技术的发展趋势［J］．内蒙古科技与经济，2007（3）.

［19］周汉华．电子政务法研究［J］．法学研究，2007（3）.

［20］张寒．我国电子政务立法现状及发展建议［J］．中国行政管理，2007（11）.

［21］杨解君，张黎．信息时代行政立法的信息利用［J］．南京社会科学，2008（5）．

［22］吴昊，孙宝文．当前我国电子政务发展现状、问题及对策实证研究［J］．国家行政学院学报，2009（5）．

［23］汪新胜．电子民主与中国人大制度的变革［J］．武汉大学学报（哲社版），2010（3）．

［24］金湘军．电子政务背景下的公民参与和政府管理创新［J］．马克思主义与现实，2010（3）．

［25］张志泉．电子政务法律问题探析［J］．东岳论丛，2010（6）．

［26］腾锐．我国电子政务立法的思考——以政府信息公开法律制度为视角［J］．法学杂志，2010（6）．

［27］郑兴刚．从"数字鸿沟"看网络政治参与的非平等性［J］．理论导刊，2010（10）．

［28］张凤凉，扶柏军．论电子政务对行政决策的影响及对策［J］．科技管理研究，2010（17）．

［29］方静．试论电子信息技术的应用特点与未来发展趋势［J］．信息与电脑，2011（1）．

［30］杨桦．论电子政务与行政法观念的更新［J］．广东社会科学，2011（2）．

［31］姜雷，陈敬良．美国电子政务的立法状况及其对我国的启示［J］．北京工商大学学报（社会科学版），2011（2）．

［32］杨建顺．论科学、民主的行政立法［J］．法学杂志，2011（8）．

［33］中国MBA网．电子信息技术在政府管理中应用［J］．硅谷，2012（1）．

［34］熊枫．电子政务管理内涵探析［J］．中国行政管理，2012（12）．

［35］姜丹丹．浅谈电子信息技术的应用与发展［J］．黑龙江科技信息，2012（14）．

[36] 熊宇. 电子政务：多元化治理视角下行政管理的新模式 [J]. 四川师范大学学报（社会科学版），2013（5）.

[37] 刘仕顺. 电子信息技术的发展前景分析 [J]. 硅谷，2013（9）.

[38] 郑兴刚. 从"数字鸿沟"看网络政治参与的非平等性 [J]. 理论导刊，2013（10）.

[39] 李志强，等. 浅析电子信息技术的应用与发展 [J]. 电子制作，2013（13）.

[40] 丁艺，刘密霞，张晓欢. 电子政务发展中的"数字鸿沟"问题与解决对策 [J]. 中国市场，2014（33）.

[41] 胡洪彬. 大数据时代国家治理能力建设的双重境遇与破解之道 [J]. 社会主义研究，2014（4）.

[42] 骆梅英，赵高旭. 公众参与在行政决策生成中的角色重考 [J]. 行政法学研究，2016（1）.

[43] 聂智琪. 代表性危机与民主的未来 [J]. 读书，2016（8）.

二、英文文献

（一）英文著作

[1] D. J. Galligan. Administrative Law [M]. Dartmouth Publishing Company Limited，1992.

[2] Charles H. Koch. Administrative Law：Cases and Materials [M]. LexisNexis，2001.

[3] J. E. J. Prins. Designing E-Gov [M]. Kluwer Law International，2001.

[4] J. E. J. Prins. E-Government and Its Implications for Administrative Law [M]. T. M. C. Asser Press，2002.

[5] Paul Craig. Administrative Law [M]. Sweet & Maxwell Inc. ，2008.

（二）英文论文

[1] Paul R. Verkuil. Judicial Review of Informal Rulemaking [J]. Virginia

Law Review, 1974, Vol. 60.

[2] Edward L. Rubin. Due Process and the Administrative State [J]. California Law Review, 1984, Vol. 72.

[3] Gerald E. Frug. The Ideology of Bureaucracy in American Law [J]. Harvard Law Review, 1984, Vol. 97.

[4] Henry H. Perritt. Negotiated Rulemaking before Federal Agencies: Evaluation of Recommendations by the Administrative Conference of the United States [J]. Georgetown Law Journal, 1986, Vol. 74.

[5] Arthur Earl Bonfield. The Quest for an Ideal State Administrative Rulemaking Procedure [J]. Florida State University Law Review, 1991, Vol. 18.

[6] Henry H. Perritt. The Electronic Agency and the Traditional Paradigms of Administrative Law [J]. Administrative Law Review, 1992, Vol. 44.

[7] Richard J. Pierce. Seven Ways to Deossify Agency Rulemaking [J]. Administrative Law Review, 1995. Vol. 47.

[8] Richard J. Pierce. Rulemaking and the Administrative Procedure Act [J]. Tulsa Law Journal, 1996, Vol. 32.

[9] Stephen M. Johnson. The Internet Changes Everything: Revolutionizing Public Participation and Access to Government Information through the Internet [J]. Administrative Law Review, 1998, Vol. 50.

[10] American Bar Association Section of Administrative Law and Regulatory Practice. Twenty – First Century Governmance: Improving the Federal Administrative Process [J]. Administrative Law Review, 2000, Vol. 52.

[11] Eben Moglen & Pamela S. Karlan. The Soul of A New Political Machine: the Online, the Color Line and Electronic Democracy [J]. Loyola of Los Angeles Law Review, 2001, Vol. 34.

[12] Mark LaVigne. Electronic Government: A Vision of a Future That is

Already Here [J]. Syracuse Law Review, 2002, Vol. 52.

[13] Barbara H. Brandon & Robert D. Carlitz. Online Rulemaking and Other Tools for Strengthening Our Civil Infrastructure [J]. Administrative Law Review, 2002, Vol. 54.

[14] Oren Perez. Electronic Democracy as a Multi – Dimensional Praxis [J]. North Carolina Journal of Law & Technology, 2003, Vol. 4.

[15] Richard B. Stewart. Administrative Law in The Twenty – First Century [J]. New York University Law Review, 2003, Vol. 78.

[16] Beth Simone Noveck. The Electronic Revolution in Rulemaking [J]. Emory Law Journal, 2004, Vol. 53.

[17] Daniel C. Esty. Environmental Protection in the Information Age [J]. New York University Law Review, 2004, Vol. 79.

[18] Cary Coglianese. E – Rulemaking: Information Technology and the Regulatory Process [J]. Administrative Law Review, 2004, Vol. 56.

[19] Beth Simone Noveck. The Future of Citizen Participation in the Electronic State [J]. I/S: A Journal of Law and Policy, 2004, Vol. 1.

[20] Peter A. Winn. Online Court Records: Balancing Judicial Accountability and Privacy in an Age of Electronic Information [J]. Washington Law Review, 2004, Vol. 79.

[21] Cary Coglianese. The Internet and Citizen Participation in Rulemaking [J]. I/S: A Journal of Law and Policy, 2004, Vol. 1.

[22] Natalie Gomez – Velez. Internet Access to Court Records – Balancing Public Access and Privacy [J]. Loyola Law Review, 2005, Vol. 51.

[23] Cary Coglianese. Citizen Participation in Rulemaking: Past, Present, and Future [J]. Duke Law Journal, 2005, Vol. 55.

[24] Cary Coglianese, Stuart Shapiro & Steven J. Balla. Unifying Rulemaking Information: Recommendations for the New Federal Docket Management System [J].

Administrative Law Review, 2005, Vol. 57.

［25］ John C. Reitz. E – Government ［J］. The American Journal of Comparative Law, 2006, Vol. 54.

［26］ Stuart Minor Benjamin. Evaluating E – Rulemaking: Public Participation and Political Institutions ［J］. Duke Law Journal, 2006, Vol. 55.

［27］ William Fenwick, Erin John, Jason Stimac. The Necessity of E – Government ［J］. Santa Clara Computer and High Technology Law Journal, 2009, Vol. 25.

［28］ Cynthia R. Farina. Achieving the Potential: The Future of Federal E-Rulemaking (2009) ［J］. Administrative Law Review, 2010, Vol. 62.

［29］ Jeffrey S. Lubbers. A Survey of Federal Agency Rulemakers' Attitudes about E – Rulemaking ［J］. Administrative Law Review, 2010, Vol. 62.

［30］ Bridget C. E. Dooling. Legal Issues in E – Rulemaking ［J］. Administrative Law Review, 2011, Vol. 63.